# TEXT BY SNORRI STURLUSON
IN *ÓLÁFS SAGA TRYGGVASONAR EN MESTA*

By
ÓLAFUR HALLDÓRSSON

VIKING SOCIETY FOR NORTHERN RESEARCH
UNIVERSITY COLLEGE LONDON
2001

© 2001 Ólafur Halldórsson

ISBN: 0903521 49 0

Published with the help of a grant from The Icelandic Research Council

The Introduction has been translated by Keneva Kunz

The cover design is based on a carving on a piece of wood from Bergen

Printed by Short Run Press Limited, Exeter

# CONTENTS

ACKNOWLEDGMENTS ............................................................. iv
REFERENCES ............................................................................. iv
INTRODUCTION ........................................................................ v
   Passages from *Óláfs saga helga* in *Óláfs saga Tryggvasonar* ........... vi
   The text of *Óláfs saga helga* in *Óláfs saga Tryggvasonar* ............ xiii
   Text from *Heimskringla* in *Óláfs saga Tryggvasonar* ..................... xix
   The first third of *Heimskringla* in Peder Claussøn ........................... xliv
   Conclusion ................................................................................ lv
   The compiler's selection of material and working methods ........... lvi
   About this edition ..................................................................... lx
MANUSCRIPT INDEX ............................................................... lxi
INDEX TO INTRODUCTION ...................................................... lxii
ÓLÁFS SAGA TRYGGVASONAR EN MESTA .............................. 1
   Text from Snorri's separate *Óláfs saga helga* ............................... 3
   Text from *Heimskringla* ............................................................ 21
INDEX TO TEXT ........................................................................ 155

# ACKNOWLEDGMENTS

This book was largely finished in 1997, but for various reasons its final completion was delayed until the Viking Society for Northern Research agreed to publish it last autumn. I am grateful to Peter Foote for his good offices in bringing this about. Anthony Faulkes has read and corrected my manuscript and done the layout, read the proofs and prepared the work for printing. It is thanks to him and his extraordinary careful work that the book has finally appeared in print. I am also grateful to Desmond Slay, who read the first proof, for very many suggestions for improvements.

I must also thank Rannsóknarráð Íslands (Icelandic Research Council) for its help towards the completion of this work by a grant of 200,000 Icelandic krónur from the limited resources it had available for the support of philological research in 1977.

Stofnun Árna Magnússonar á Íslandi, 15th June 2001
Ólafur Halldórsson

# REFERENCES

Bjarni Aðalbjarnarson, *Om de norske kongers sagaer*. Skrifter utgitt av Det norske videnskaps-akademi i Oslo. II. Hist.-filos. klasse 1936. No. 4. Oslo 1937.

Jørgensen, Jon Gunnar, 'Sagaoversettelser i Norge på 1500-tallet'. *Collegium Medievale* 6, 1993, 169–97.

Louis-Jensen, Jonna, *Kongesagastudier. Kompilationen Hulda-Hrokkinskinna*. Bibliotheca Arnamagnæana XXXII. København 1977.

Ólafur Halldórsson, 'Sagnaritun Snorra Sturlusonar'. *Snorri, átta alda minning*. Reykjavík 1979, 113–38. Reprinted in *Grettisfærsla*. Reykjavík 1990, 376–95.

Storm, Gustav, *Snorre Sturlassöns Historieskrivning, en kritisk Undersögelse*. Kjöbenhavn 1873.

Storm, Gustav, (ed.). P. Claussøn Friis. *Samlede Skrifter*. Udgivne for den norske historiske Forening. Kristiania 1881.

# INTRODUCTION

*Óláfs saga Tryggvasonar en mesta* (ÓlTr) has been compiled from numerous sources, in all likelihood during the second quarter of the fourteenth century. The person who constructed the saga, the compiler, gathered by far the greatest part of the text from written works, sometimes copying them word for word, apart from common copyist's errors, sometimes changing the wording, sometimes adding to it, sometimes shortening or merely summarising it, but there is precious little which appears to have been original writing. His model would have been the separate *Óláfs saga helga* by Snorri Sturluson (ÓlH) and it is not unlikely that his objective in writing the saga was to honour Óláfr Tryggvason with a saga as long as the one composed by Snorri about Óláfr helgi.

Most of the passages taken by the compiler from written sources can still be found preserved in manuscripts and have been published in printed editions. Some of these passages were derived from the same versions of the written sources as those preserved, or very similar ones, but where there is a difference between the text of the saga and corresponding texts in preserved sources it can indicate either that the compiler had access to a text different from the one which has been preserved in other manuscripts, or that he has re-written the text to some extent by changing the wording and order of the material. Since, however, none of the manuscripts which he himself used still exists, he cannot be irrefutably caught in the act, so to speak. The main sources of help in any attempt to determine which deviations in the text are the direct responsibility of the compiler are stylistic characteristics, which are highly evident in those chapters actually written by him, and a special type of deviation which appears in all the text which he has taken from written sources and is generally the result of his attempt to clarify it.

The compiler's principal source was the first third of *Heimskringla* (Hkr I). From this material he has put together the framework for the saga, into which he has fitted passages and chapters of other sagas, including one entire saga (*Hallfreðar saga*) and a few independent tales (*þættir*) including, for instance, *Qgmundar þáttr dytts ok Gunnars helmings*. He also had access to at least two manuscripts of ÓlH, from which he has taken on occasion a few sentences, or else individual sections, even entire chapters. In the following discussion the attempt will be made to distinguish between passages which are taken from ÓlH and those taken from *Heimskringla*. The editions referred to and the abbreviations used for their titles are as follows:

FlatChr: *Flateyjarbók. En Samling af norske Konge-sagaer med indskudte mindre Fortællinger om Begivenheder i og udenfor Norge samt Annaler.* Udgiven efter offentlig Foranstaltning. I–III. Christiania 1860–68.
FskFJ: *Fagrskinna. Nóregs kononga tal.* Udgivet for Samfund til Udgivelse af gammel nordisk Litteratur ved Finnur Jónsson. København 1902–03.
HkrBA: Snorri Sturluson. *Heimskringla.* I–III. Bjarni Aðalbjarnarson gaf út. Íslenzk fornrit XXVI–XXVIII. Reykjavík 1941–51.
HkrFJ: *Heimskringla. Nóregs konunga sǫgur af Snorri Sturluson.* Udgivne for Samfund til Udgivelse af gammel nordisk Litteratur ved Finnur Jónsson. I–IV. København 1893–1901.
ÓlHJH: *Saga Óláfs konungs hins helga. Den store saga om Olav den hellige.* Utgitt for Kjeldeskriftfondet av Oscar Albert Johnsen og Jón Helgason. Oslo 1941.
ÓlOFJ: *Saga Óláfs Tryggvasonar af Oddr Snorrason munk.* Udgivet af Finnur Jónsson. København 1932.
ÓlTrEA: *Óláfs saga Tryggvasonar en mesta.* Udgivet af Ólafur Halldórsson. Editiones Arnamagnæanæ. Series A, vols. 1–3. København 1958–2000.
PCl: *Snorre Sturlesøns Norske Kongers Chronica.* Udsat paa Danske/ aff H. Peder Claussøn. Kiøbenhafn 1633.
Skjd.: *Den norsk-islandske Skjaldedigtning.* Udgiven af Kommissionen for det Arnamagnæanske Legat ved Finnur Jónsson. A. Tekst efter Håndskrifterne. I–II. B. Rettet Tekst. I–II. København 1912–15.

References to manuscripts are made in the same manner and using the same abbreviations for names and numbers as in these editions.

## Passages from *Óláfs saga helga* in *Óláfs saga Tryggvasonar*

The opening chapters of the saga, from ch. 1 to ch. 12, have been gathered mainly from *Ynglinga saga, Hálfdanar saga svarta* and *Haralds saga hárfagra* in *Heimskringla*, but texts from ÓlH are inserted in these chapters in eight places: ÓlTrEA I 1.1–6 'Haralldr — dæma', 4.12–14 'HAralldr — sinum', 4.17–6.19 'hann — sinna', 7.8–18 'Eiriki — til', 10.11–11.2 'ROgnualldr — Iaðri', 14.5–7 'æ — ambatt', 14.19–20 'hæðiligt — son' and 17.11–18.5 'Eptir — konungs.'

Although it is obvious in most places where the text is derived from, there are some passages that are very similar in ÓlH and Hkr where it can be difficult to determine which of the sources the compiler used. The passage I 6.1–19 'þa — sinna' is practically identical in Hkr (HkrFJ I 147.12–148.15) and ÓlH (ÓlHJH 8.1–18), but the deviations from the text as in Hkr common to both ÓlH and ÓlTr indicate clearly that the compiler took this chapter from his manuscript of ÓlH. The first sentence of this chapter provides sufficient evidence of this (in the following examples references give the page and line numbers in HkrFJ I, then the

# INTRODUCTION

Kringla reading before the square bracket and the common ÓlH and ÓlTr reading after it):

I 147.12–13 Haraldr konungr var þá l. at aldri, er synir hans váru margir rosknir, en sumir dauðir] Þá er hann var sextøgr at aldri, þá (÷ *ÓlTr*) váru margir synir hans alrosknir, en sumir dauðir.

The section I 7.8–18 'Eiríki — til' is also practically identical in Hkr and ÓlH, but where there are differences the following readings are common to ÓlH and ÓlTr (Hkr] ÓlH, ÓlTr):

I 148.21 hann sjálfr] sjálfr Haraldr konungr. 149.4 ríki] + til forráða. 5 sagt er] sǫgur eru til.

There is, on the other hand, one reading in ÓlH which has no parallel in Hkr or ÓlTr:

I 148.21 hans dag] dag hans *ÓlTr*, Haralld konung *ÓlH*.

Another reading in ÓlTr points to a connection with Jöfraskinna:

I 148.22 hann sjálfr *Hkr, 68, 61*, hann *St2 etc.*, sialfr konungr *J1*, konungr siálfr *ÓlTr*.

The last two examples are possibly an indication that the compiler may have taken a glance at his manuscript of Hkr while copying this chapter from ÓlH.

A passage corresponding to ch. 4 in ÓlTr (I 10.11–11.2) is identical in Hkr and ÓlH with the exception of the final sentence, 'Guðrøðr liómi drukknaði fyrir Iaðri', which is identical in ÓlH, ÓlTr and PCl, while Hkr has a different text. This sentence indicates strongly that ch. 4 of ÓlTr was taken from a manuscript of ÓlH; an indication also supported by the common readings in ÓlTr and some of the manuscripts of ÓlH (325 VI, Bæjarbók and Codex Resenianus):

I 150.8–9 ok kom á Haðaland. Hann brendi *Hkr, St2 etc.*, Ok er hann kom á Haðaland brenndi hann *ÓlTr, 325 VI, Bæjarb., Cod. Res.*

A passage corresponding to ch. 5 of ÓlTr (I 11.3–13.10) is also to a considerable extent identical in Hkr and ÓlH, with the exception of the beginning. The sections corresponding to I 11.3–8 'BJorn — far mann', and to 11.17–12.2 'Biorn — manna' differ considerably in Hkr and ÓlH, and here ÓlTr is identical with Hkr. On the other hand, there are readings common to ÓlH and ÓlTr in other parts of the chapter which differ from the text of Hkr (Hkr] ÓlH, ÓlTr):

I 152.3 greiða] gialda. 5 ok fór] *thus St2 et al.*; Fór hann (+ siþan *68, 61*) *ÓlTr, 68, 61, Tóm*. 17 Eiríkr konungr fór um vetrinn eptir] Eptir um vetrinn fór Eiríkr. 153.6 fór] + norðr. 11 maðr] + ok ættstórr.

The compiler may perhaps have copied these variants from his manuscript of ÓlH, but they could also have come from his manuscript of Hkr which may have had readings in these places closer to the original than did other preserved manuscripts of Hkr.

In chs 7–9 the deviations from the text of Hkr are more extensive than in most other places where text has been taken from Hkr. In two places the text of ÓlH has been preferred to the text of Hkr: I 14.5–7 'aa — ambatt' and 14.19–20 'hæðiligt — son.' In these passages ÓlTr shares readings with manuscripts of ÓlH other than St2:

> ÓlHJH 12.10 vęnst] mest *68, 61, 325 V, 75c, Tóm. (and J1 in Hkr)*, vænst ok mest *ÓlTr.* in — var²] ÷ *325 VI, U, 61, ÓlTr.* 10–11 oc var] ok var hon *325 VI*, hon var *61, ÓlTr.* 13 Harallz] + konungs *325 V, 325 VI, ÓlTr.*

Here the correspondence is between the readings of ÓlTr and those of the manuscripts of the A- and B-classes of ÓlH, and it is not certain that these readings are deviations from the original text. They can thus scarcely serve as evidence that the compiler took these passages from his manuscript of ÓlH. There is also a possibility that the passages may come from a common source of ÓlH and ÓlTr, see pp. xii–xiii.

In ch. 10 of ÓlTr (I 17.11–18.5) the arrangement of material is the same as in ÓlH, while corresponding material in Hkr is organised differently. In other respects the text is for the most part identical in ÓlH, Hkr and ÓlTr, though occasional readings in ÓlTr fit better with those of ÓlH than with those of Hkr (Hkr] ÓlH, ÓlTr):

> I 160.2 Haraldr konungr var þá] Þá er Haraldr konungr var. 5 til hásætis síns] í hásæti sitt. 11 ok] + tók. 12 ok¹] ÷. 15–16 En er Víkverjar spurðu, at Hǫrðar hǫfðu tekit til yfirkonungs Eiríkr] En er þetta spurðu Víkverjar.

One reading in ÓlTr differs from that of ÓlH and corresponds instead to Hkr (Hkr, ÓlTr] ÓlH):

> I 160.2–4 gerðisk hann þá (÷ *ÓlTr*) þungfœrr, svá at hann þóttisk eigi mega (fœrr at *ÓlTr*) fara yfir land (ríkit *ÓlTr*)] þá þóttiz hann eigi hressleik til hafa fyrir elli sakir at fara yfir land.

This ÓlH reading is found in the main manuscript, St2 and, with occasional deviations, in 325 VI, Tóm., U, 68 and 61, i. e. A- and B-class manuscripts, so that the preserved manuscripts show no indication that it is other than original (the text is altered in Bæjarbók and Cod. Res.). In C-class manuscripts the sentence is missing. As a result, it must be considered highly likely that the compiler took this reading from his manuscript of Hkr. On the other hand, the readings in St2 and other A-class manuscripts (ÓlHJH 13.13), 'en er þat spurðiz norðr í Þrandheim', and of B-

class manuscripts, 'en er þat spurði halfdan svarti', are no doubt deviations from the original text of ÓlH here: 'En er þat spurðu aðrir synir Haraldz konungs' in Hkr (HkrFJ I 160.6–7), ÓlTr and the C-class manuscripts of ÓlH. Since this sentence is identical in Hkr and the C-class manuscripts of ÓlH there is no reason to assume that the compiler took it from a manuscript of Hkr. It must thus be considered most likely that the compiler took ch. 10 of ÓlTr from his manuscript of ÓlH, with the exception of the words in 17.16 'gerðiz — rikit', which he has taken from his manuscript of Hkr.
The twelfth chapter of ÓlTr is practically identical to ch. 43 of *Haralds saga hárfagra* in Hkr. Part of this chapter, HkrFJ I 163.10–164.1 'Eiríkr — Uplanda' appears in ÓlH (ÓlHJH 14.11–15.2) with minor differences of wording. In one place in this passage Hkr and ÓlTr agree against ÓlH (Hkr, ÓlTr] ÓlH): I 163.12 ok er] áðr.

With ch. 13, ÓlTr begins to run parallel to *Hákonar saga góða* in Hkr. A passage corresponding to chs 13 and 14 and the beginning of ch. 15 in ÓlTr, I 19.18–22.5 'HAkon — Englands ok', is for the most part identical in Hkr and ÓlH, but individual readings make it clear that this text does not come from ÓlH; the beginning of ch. 13, for instance, I 19.18–20.3 'HAkon — þa', which is identical in Hkr and ÓlTr, but different in ÓlH, and I 21.20 'Víkveriar hǫfðu ok her mikinn úti' Hkr, ÓlTr, 'en Víkveriar austan ok með allmikinn her' ÓlH. In three places in these chapters there are readings shared by Hkr and ÓlTr which are lacking in ÓlH (Hkr, ÓlTr] ÓlH; references are to page and line in ÓlTrEA I):

I 20.17 Þá var hann fimmtán vetra] ÷. 21.4 Hann tók því þakksamliga] ÷. 18–19 hit efra um Upplönd] ÷.

On the other hand, there is a surprisingly large number of readings in ÓlTr which differ from Hkr but are identical to those in some or all of the manuscripts of ÓlH. The principal ones are as follows (references are to page and line in HkrFJ I):

165.12 ok fekk *Hkr, St2,* ok fekk hann *other manuscripts of ÓlH,* fekk hann *ÓlTr, Bæjarb., Cod. Res.* 166.2 ii. ok ii. *Hkr,* tveir. oc .ii. *St2, 325 VI, Bæjarb., Cod. Res, Bergsb., U,* sumir menn (÷ *Tóm.*) *ÓlTr, 325 VII, 75c, 68, 61, 325 V, Tóm.,* cf. *PCl:* oc en Part sagde indbyrdis. þá²] ÷ *ÓlTr, 68, 61.* 3 Haraldr] + konungr *ÓlTr, 75c, 325 V, Bergb., Tóm.* 9 svá mikill *Hkr, St2, Bergsb., U,* mikill svá *ÓlTr and other manuscripts of ÓlH.* 12 alt land *Hkr, St2, 68, 61, 325 VI, Bæjarb., Cod. Res, U,* allt landit *Bergsb.,* allan Þrándheim *ÓlTr, 325 VII, 75c, 325V, Tóm.* 167.1 sín] + ǫll *ÓlTr, 325 VII, 75c (after* bóndum), *325 V, Tóm.* 168.15–16 Hákon konungr dró saman her mikinn í Þrándheimi, er váraði *Hkr,* Um varit (+ eptir *U*) bauð Hacon konungr ut her miclum or

Þrandheimi *St2, Bergsb., U*, ok bauð út her miklum ór Þrándheimi (um allan Þrándheim *ÓlTr (A, B, C)*) *most other manuscripts of ÓlH* and *ÓlTr*. 169.1 bauð ok liði út um mitt land *Hkr*, dró um mitt landit her saman *ÓlH*, dró her saman um mitt landit *ÓlTr*. 169.3–4 mótstǫðu *K, F, 61, Bergsb.*, viðstoðu *St2, 325 VIII, J1, 68*, viðtoko *325 VII, Tóm.*, viðrtǫku *ÓlTr, 75c, 325 V, 325 VI, Bæjarb., Cod. Res.* (169.3–4 en — Hákonar] ÷ *U*.)

In these chapters there are a few readings shared by ÓlTr and one or more manuscripts of Hkr against those of Kringla and ÓlH:

I 167.1 aptr at gefa bóndum] at gefa bóndum aptr *ÓlTr, F*. 7 hans menn vildu gerask] vildu geraz hans menn *ÓlTr, J1*. 168.2 menn] ÷ *ÓlTr (except C), J1*.

These readings by themselves are not sufficient to prove a connection between texts. They are changes of the sort which copyists may be expected to have made to the wording of their original text independently of each other. It is, on the other hand, difficult to say conclusively what has caused the many readings common to ÓlTr and some of the manuscripts of ÓlH in chs 13–15 of ÓlTr. They could be the result of the compiler combining texts from manuscripts of Hkr and ÓlH, although this is rather unlikely, and there is in fact another possible explanation, see pp. xii–xiii below.

The twentieth chapter of ÓlTr is for the most part identical to ch. 11 of *Hákonar saga góða* in Hkr. A few of the sentences and clauses in this chapter are identical in Hkr and ÓlH, but there is nothing to indicate that in these places the compiler of ÓlTr was basing his work on his manuscript of ÓlH.

In chs 34, 35 and 36 of ÓlTr five passages from ÓlH occur in the text of Hkr:

(1) I 54.11–12: 'Þat var tveim vetrum eptir fall Hákonar konungs Aðalsteinsfóstra, at sǫgn Ara prests hins fróða Þorgilssonar.' Cf. ÓlHJH 20.8–9. In this passage the following readings in ÓlTr agree with those in some manuscripts of ÓlH (references are to page and line in ÓlHJH):

20.8–9 siðar en Hacon konungr fell] eptir fall (andlatt *75b*) Hákonar konungs *ÓlTr, 325 VI, 75b, Cod. Res., +* Aðalsteinsfóstra *ÓlTr*. 9 sogo] sǫgn *ÓlTr and all manuscripts of ÓlH except for St2 and Bæjarb*.

(2) I 54.14–16: 'Hákon var ættstórr ok frændmargr ok Sigurðr faðir hans vinsæll ok ástúðigr ǫllu fólki. Varð Hákoni gott til liðs, svá at allir Þrœndir sneruz til hans.' Cf. ÓlHJH 20.10–13. The difference between ÓlH and ÓlTr (ÓlH] ÓlTr) is as follows:

20.10 hann] Hákon. 10–11 frendmargr oc frennstoʀ] ættstórr ok frændmargr. 11 var] ÷ .

The readings shared by ÓlTr and some of the manuscripts of ÓlH are as follows:

20.11 frennstoR] ættstórr *ÓlTr, 325 VII, 75c, 68, 61, 325 V, 75b*, storættadr *Tóm.* 12 sva] *after* liðs *ÓlTr, 61.* fire þa soc] ÷ *ÓlTr, 325 VII, 75c, 68, 325 V, 75b, Tóm.* (3) I 55.2–3: 'Þá var hann nær tvítøgr at aldri.' Cf. ÓlHJH 20.9–10. The difference between the texts of ÓlH and ÓlTr is as follows:

20.10 Hacon son Sigurðar] hann.

(4) I 55.7–8: 'ok engi þeira náði at koma inn um Þrándheimsmynni.' Cf. ÓlHJH 20.13–14. The difference between the texts of ÓlH and ÓlTr is as follows:

20.13 sva at] ok.  matti] náði at.

(5) I 58.9–11: 'Tryggvi konungr Óláfsson var ríkr maðr ok gǫfugr; hann þótti Víkverium bezt til konungs fallinn at ráða landi ǫllu. Guðrøðr konungr Biarnarson var ástvinr Tryggva konungs.' Cf. ÓlHJH 21.11–14. The difference between the texts of ÓlH and ÓlTr is as follows:

21.12–13 hann átti Ástríði dóttur Eiríks bióðaskalla] ÷.  13–14 son Biarnar var ok gǫfugr maðr, ok] Biarnarson.

In the following chapters there are also bits of text with the same wording as in ÓlH and Hkr, and there are examples where ÓlTr follows the text of ÓlH (Hkr] ÓlH, ÓlTr; references are to page and line in HkrFJ I):

I 234.11 á Qgló] inn á Qgló.  238.9 ráði ríkra] fortǫlum gǫfugra.  242.16 yfir] um.  245.7 þeira] + manna *ÓlTr, 325 VI, 325 V, Bæjarb., Cod. Res, Tóm., U.* 12 Haraldr] hann *ÓlTr, 68, 61, 325 V, 75b, Bæjarb., Cod. Res, Tóm.* 13 svarkr] svarri *ÓlTr, 75b, Bæjarb., Cod. Res, Bergsb., Tóm.*

There are also a few identical correspondences with Hkr and ÓlH in a passage which corresponds to ch. 54 of ÓlTr. The sentence in ÓlTr I 96.20 'hann hafði siau hundruð skipa' is taken from ÓlH, see ÓlHJH 24.16–17 'oc — scipa.'

After this no text taken from ÓlH is to be found in ÓlTr until ch. 261 (from II 301.10 'þa'); after that there are both entire chapters and passages of varying length taken from ÓlH. The only manuscript of *Heimskringla* which can be used for comparison with these texts (with the exception of ch. 282 of ÓlTr, see below) is Kringla.

Text corresponding to the material which now and again in ÓlTr II 301.10–338.7 'þa — konungs' has been taken from ÓlH (not always in the same order) is for the most part identical in ÓIH and K, although the occasional readings shared by ÓIH and ÓlTr, but differing in K, are irrefutable proof that the text of ÓlTr has been taken from a manuscript of ÓIH (ÓlH, ÓlTr] K; references are to page and line in ÓIHJH):

> 59.17 áðr] + allar K, 325 V. allt] ÷ K, 75c, Tóm. 60.16–17 Hann var vitr maðr, kappsamr um alla hluti ok (÷ St2, Tóm.) hinn mesti hermaðr] ÷. 62.6 til frelsis] ÷ K, U. 10 sér bœi] þar bú í. 52.15 Einarr var þá átián vetra] ÷. 16 Svá] ok. 53.2–3 Skíðfœrr var hann (Hann var skíðfœrr ÓlTr) hverium manni betr] skíðfœrr var hann allra manna bezt. 34.1–2 fór (+ hann ÓlTr) með her sinn vestr til Englands á hendr Aðalráði Englakonungi (konungi ÓlTr, 325 V, 325 VI, 325 XI, Bæjarb., Tóm., U) látgeirssyni, ok áttu þeir (+ margar ÓlTr) orrostur ok hǫfðu ýmsir sigr] ÷. 42.6 á Flæmingialand (hann var þá á Flæmingialandi ÓlTr, cf. 68, 325 VI)] ÷. 53.13 ok af því at] er K, 325 VII, 75c, 325 V, 61. ok orðstír] ÷ K, 75c, 325 V, 61, Bergsb., Tóm., U. 54.3 í Eiríksdrápu] ÷. 11–12 En Sveinn iarl (÷ St2) hafði þá hálft land (land hálft ÓlTr) við Hákon iarl (÷ ÓlTr, 75c, Bergsb.)] ÷.

There is a considerable difference between the texts of ÓIH and Hkr which tell of the arrival in Norway of Tryggvi, the son of Óláfr Tryggvason and the English Gyða, his battle with Sveinn Alfífuson and his death in battle (ÓlHJH 610.5–612.8, HkrFJ II 525.2–528.7). The passage is preserved in three Hkr manuscripts, Kringla, AM 39 fol. and Eirspennill (AM 47 fol.).[1] A corresponding account is given in ch. 282 of ÓlTr; there the text has been abridged, but it is clear from the readings that it has been taken from a manuscript of ÓIH (ÓlH, ÓlTr] Hkr):

> 610.6 ráðit fyrir landi þriá vetr (þriá vetr ráðit landi ÓlTr)] verit konungr .iii. vetr í Nóregi. 7 eflði flokk Tryggvi] eflðisk flokkr, ok var sá hǫfðingi fyrir, er nefndr er Tryggvi; hann kallaðisk. 611.14 fyrir norðan Iaðar] ÷.

In other instances than those listed above there can be no doubt as to which of the sources, ÓIH or Hkr, the compiler based his text on. In a few places, however, there are grounds for suspecting that he took his text from the same sources as were used by Snorri Sturluson in writing *Heimskringla*.

As was mentioned previously (p. viii), in ch. 7 of ÓlTr the compiler has, in two instances, inserted passages from ÓIH into text from Hkr. This hardly comes as a surprise; he had both these sources, Hkr and ÓIH, to work from and it was natural that he should compare them and select passages which were available in one and not the other; he has done so in

---

[1] In *HkrFJ* II readings from AM 39 fol. and Eirspennill are far from adequately used.

numerous places, for instance in ch. 10. It is, however, surprising how many readings in chs 13 and 14 and the beginning of ch. 15 of ÓlTr are the same as those in some or all of the manuscripts of ÓlH; see pp. ix–x. There would appear to be no reason for the compiler to have selected these readings instead of the text which is likely to have been in his manuscript of Hkr. This raises the question of whether the compiler did not, in fact, take some of the material in ÓlTr about King Hákon Aðalsteinsfóstri, at least in the first six chapters, from a separate saga of Hákon the Good which was older than Snorri Sturluson's works and which Snorri used in a different way in compiling both ÓlH and Hkr. If this is correct, then the passages which in Bæjarbók and Codex Resenianus correspond to chs 7–9 in ÓlTr could be assumed to have also come from *Hákonar saga góða*.[2] This can never be proved, since *Hákonar saga góða* no longer exists, but good arguments have been advanced to show that it must have existed at one time.[3]

## THE TEXT OF ÓLÁFS SAGA HELGA IN ÓLÁFS SAGA TRYGGVASONAR

In his edition of the separate *Óláfs saga helga* (ÓIHJH 1091–1125) Jón Helgason has explained the relationships between the preserved manuscripts of ÓlH. He divided the manuscripts into three classes, A, B and C, although a few manuscript fragments and parts of larger manuscripts cannot be included in any of these classes (see ÓIHJH 1114–17). Jón has listed examples of readings which characterise each of these three classes. The following ones occur in the text of ÓlTr (references are to page and line in ÓIHJH and abbreviations of names and numbers of manuscripts are the same as those used there):

> 54.13 borg *A-class*, + Eiríkr jarl barðisk fyrir vestan Lundúnaborg (fyrir vestan haf *B-class*) *B-class, C-class, ÓlTr*.
> 360.9 vinir *A-class, B-class, ÓlTr*, við svá búit *C-class*

None of the additions which characterise the B-class manuscripts, such as the following, appear in ÓlTr:

> 53.2 einom] + þat gerþi hann til agætis ser *68, 61*.
> 59.15 mikit] + ok þotti hann vera ecki trvligr *68, 61*.

The manuscripts which the passages of ÓlH in ÓlTr can be compared with, as classified by Jón Helgason, are the following:

---

[2] See *ÓlTrEA* III cccvii–cccviii and 103–05.
[3] See Bjarni Aðalbjarnarson 1937, 190–96; *HkrBA* I lxxxi–lxxxiii.

## INTRODUCTION

A-class: Perg. 4to nr 2 (St2), AM 325 VI 4to (325 VI, first part as far as ÓlHJH 199), AM 75a fol. and a copy in AM 321 4to (75a, 321), Bæjarbók, a copy in AM 73a fol. (Bæjarb.), Codex Resenianus, a copy in AM 78a fol. (Cod. Res.), Jöfraskinna, a copy in AM 38 fol. (J), GKS 1008 fol., Tómasskinna (Tóm., first part as far as ÓlHJH 15.2) and Uppsala University Library R: 686 (U).
B-class: AM 68 fol. (68) and AM 61 fol. (61, first part as far as ÓlHJH 409.8).
C-class: AM 325 VII 4to (325 VII), AM 75c fol. (75c), AM 75b fol. (75b), AM 325 V 4to (325 V), AM 325 XI 2a 4to (325 XI 2a), AM 61 fol. (61, second part, from ÓlHJH 409.8), Perg. 4to nr 4 (St4), Perg. fol. nr 1, Bergsbók (Bergsb., first part as far as ÓlHJH 15.2 and the last part, from ÓlHJH 305.15) and Tómasskinna (Tóm., ÓlHJH 15.4–197.10 and from 271.6).

As Jón Helgason points out in ÓlHJH 1093, where the manuscripts of ÓlH differ in their wording there is reason to expect that those readings supported by the text of *Heimskringla* are original. This is, he says, almost always the case but not quite always.[4] This will be kept in mind here.

The main examples of readings in the ÓlH passages in ÓlTr which correspond to one of the manuscripts mentioned are collected below, grouped and numbered to simplify the discussion, and with references to Hkr (*K*) where its text is comparable. References to page and line follow ÓlHJH.

The most significant examples of readings common to ÓlTr and B- and C-class manuscripts (all or most of them) and differing from the text of the A-class are as follows (correct readings for scribal slips in U are deduced from the context):

(1) 6.6 þa (÷ *Tóm.*) þar i landi *St2, 325 VI, Bæjarb., Tóm., with slight variation in wording in Cod. Res. and U*, ÷ *68, 61, 325 V, Bergsb., ÓlTr.*
(2) 6.8 meiʀ *St2, 325 VI, Bæjarb., Cod. Res., U*, fleire *68, 61, 325 V, Bergsb., Tóm., ÓlTr.*
(3) 6.8–9 þa er (sem *Bæjarb., Cod. Res.*) roscnir voro *St2, 325 VI, Bæjarb., Cod. Res., U*, þeir er vr barnæsku kuomvzt *Tóm.*, ÷ *68, 61, 325 V, Bergsb., ÓlTr.*
(4) 7.3 þa .v. *St2, Tóm., U*, þessa fim *325 VI, Bæjarb., Cod. Res.*, ÷ *68, 61, 325 V, Bergsb., ÓlTr.*
(5) 7.6 føddvz] + vpp *68, 61, Tóm., U, ÓlTr.*
(6) 15.10 tveir. oc .ii. *St2, 325 VI, Bæjarb., Cod. Res., Bergsb., K*, sumir menn *325 VII, 75c, 68, 61, 325 V, ÓlTr*, sumir *Tóm.*

---

[4] 'Når både den særskilte saga og Heimskringlas Olavssaga går tilbake til samme forfatter, er der i de tilfelle hvor håndskriftene av den særskilte saga avviker fra hverandre, grunn til å tro at den lesemåte som støttes ved Heimskringla, er den oprinnelige. Slik er det sikkert også i langt de fleste tilfelle, men ikke altid.' (*ÓlHJH* 1093.1–6)

(7) 62.4 hverr er ser villdi vinna *St2, 321, J, Bergsb., Cod. Res., U, K,* vinna ser *325 VI, Bæjarb.,* þeir ynni ser *75c, 68, 325 V, Tóm., ÓlTr,* vynni ser *61.*
(8) 62.6 lausn] + ok *75c, 68, 61, 325 V, Tóm., ÓlTr.*
(9) 66.3 Erlingi *St2, 325 VII, 325 VI, J, Bæjarb., Cod. Res., U, 61, K,* þeim *68, 325 V, St4, Bergsb., Tóm., ÓlTr.*
(10) 66.4 með *St2, 325 VII, 325 V, J, Bæjarb., Cod. Res., Bergsb., U,* ÷ *68, 61, 325 V, St4, Tóm., K, ÓlTr.*
(11) 286.7 norðr *St2, 75c, 325 VII, Cod. Res., Tóm., Flat., K,* norðan *68, 61, St4, 325 VI, Bæjarb., Bergsb., ÓlTr,* ÷ *321, J.*

In examples 1–5 the text of Hkr is not comparable. Here ÓlTr follows the B- and C-class manuscripts as in many other places. Other examples of common readings in ÓlTr and all the B- and C-class manuscripts are 6, 7 and 8, while 9, 10 and 11 are examples where the same readings are found in ÓlTr, B-class manuscripts and some C-class manuscripts.

In 5 ÓlTr shares a reading with the B-class manuscripts and two manuscripts (Tóm. and U) of the A-class. The variation in the text here is probably the result of the copyists' attempts to avoid repetition by omitting the word *upp*, even though it stood in their exemplar. The sentence: 'Þeir fœdduz upp á Upplǫndum' does not read especially well, and this wording is in fact changed in 325 V (C-class), which has 'voro vpp fæddir' instead of *fœdduz*, which is admittedly hardly a great improvement, and in ÓlTr the word *upp* is only found in the C-class manuscripts. It is thus practically certain that the word *upp* must have stood in the common ancestor of the B- and C-class manuscripts of ÓlH.

In 6, 7, 8, 9 and 11 the same readings are found in A-class manuscripts and Kringla, while in 10 Kringla supports the readings of the B- and C-classes.

The examples listed here indicate clearly that the manuscript of ÓlH used by the compiler of ÓlTr was descended from the same archetype as the B- and C-class manuscripts of ÓlH. One apparent exception to this requires a special word of explanation; this is the first example named by Jón Helgason of deviations common to the B- and C-classes (ÓlHJH 1119):

13.7 ok nær *(thus in Hkr F, J1, ÓlTr (B, D²),* miǫk *Hkr K, ÓlTr (A, C))* jafnaldrar *A-class, Hkr, ÓlTr,* ÷ *B- and C-classes.*

This reading is not significant evidence of a connection between ÓlTr and some manuscripts of ÓlH because it occurs in a chapter where the compiler appears to have used the texts of both ÓlH and Hkr, see p. viii above. That is not the case, however, in the following example, where the deviation common to B- and C-classes does not appear in ÓlTr:

60.10–11 sva (÷ *Bergsb.*, *U*) sem þar veri konungs hirð *St2, 325 VI, 321, J, Bæjarb., Cod. Res., Bergsb., U, K, ÓlTr*, sem konungar *68, 61, 75c, 325 V, Tóm.*

This example indicates that the manuscript of ÓlH used by the compiler was not the archetype of the B- and C-classes itself.

In the following examples the text of ÓlTr agrees with the C-class manuscripts while the A- and B-classes, together with Hkr, all have the same reading:

(1) 13.10–12 þá² — málum] ÷ *75c, 325 V, Bergsb. (saut du même au même).*

This sentence was probably missing in the manuscript of ÓlH used by the compiler, as in the C-class manuscripts, see ÓlHJH 1109.4–5, and for this he would have used instead his manuscript of *Heimskringla*, see p. viii above.

(2) 15.18 allt land *St2, 68, 61, 325 VI, Bæjarb., Cod. Res., U, Hkr*, allt landit *Bergsb.*, allan þranðheim *325 VII, 75c, 325 V, Tóm., ÓlTr*.

Both of these examples are of such a type that they do not serve as proof of a common archetype for ÓlTr and the C-class manuscripts. The former example is a copyist's mistake, which is not sufficient to prove a connection between two manuscripts, in this instance the archetype of the C-class manuscripts and the manuscript of ÓlH used by the compiler of ÓlTr. The latter could have arisen if more than one copyist felt it was unnatural for the men of Trøndelag (*Prændir*) to be able to decide on their own to accept Hákon the Good as king of the entire country.

Examples of correspondences between ÓlTr and B-class manuscripts alone are few and scarcely of significance:

(1) 54.1 oc Eiricr *St2, Bergsb., K*, ÷ *75c, 325 VII, 321, Bæjarb., Cod. Res., Tóm., U*, faðir hans *68, 61, ÓlTr, cf. PCl 187.18*: met sin Fader.
(2) 360.11 oc la hann *St2 etc.*, oc la *75c, J*, hann la *68, 61, ÓlTr*.

The same could be said of correspondences between ÓlTr and one C-class manuscript:

(1) 53.5 Haconar dottur *St2, 325 VII, 75c, J, 68, 61, Bæjarb., Cod. Res., Bergsb., Tóm., U, K*, dottur hakonar jarls *325 V, ÓlTr*.
(2) 60.4 Sigvatr] + skalld *325 V, ÓlTr*.
(3) 479.2 Thómasmessu *ÓlH (except St4) and K*, Thomas messo dag *St4, ÓlTr*.

None of these examples can be considered important.

There is one example of an unusual correspondence between ÓlTr and Kringla, and the same reading presumably existed in the manuscript from which Bergsbók, which in this section stands apart from all manuscript classes, was copied (see ÓlHJH 1115):

60.2 bygðina *St2* etc., iadar bugdína *Bergsb.*, iarðabyggðina *ÓlTr*, *jarðarbyggðina K.*

Yet there is a number of examples of deviations common to ÓlTr and individual manuscripts of ÓlH belonging to different classes:

(1) 8.4 suma drapu þeir *St2, 68, 61, 325 VI, Bergsb., Tóm., U, Hkr,* drapv svma *325 V, Bæjarb., Cod. Res., ÓlTr.*
(2) 34.1 Engla *St2, 68, Bergsb.,* Englandz *61,* ÷ *325 V, 325 VI, 325 VII, Bæjarb., Tóm., U, ÓlTr (lacuna in Cod. Res.).*
(3) 42.3 Hᴀʀallz son *St2, 68, 325 V, Bæjarb., Bergsb., Tóm., U, K,* ÷ *325 VI, Cod. Res., 61, J, ÓlTr.*
(4) 54.8 orðsendingina *St2,* faurina *U,* orðsending (+ knutz *325 V, 61, ÓlTr)* konungs. ʳFor hann (+ siþan *68, 61,* mágs síns ok bió ferð sína *ÓlTr)* or landi *75c, 68, 61, 325 V, Tóm., ÓlTr, K,* Jarlínn (Jarl *J*) for nu or landi *Bæjarb., Cod. Res., J.*
(5) 54.8 oc *St2, 75c, 325 V, Bergsb., Tóm., U,* ᴇɴ *321, J, 68, 61, Bæjarb., Cod. Res., K, ÓlTr.*
(6) 54.9 hond *St2, 75c, 68, Bergsb., Tóm., U, K,* udi Haand *PCl,* hendr *325 V, 61, ÓlTr (altered text in Bæjarb. and Cod. Res.).*
(7) 55.2 hest *St2, 75c, J, Bæjarb., Cod. Res., Bergsb., Tóm., U,* hestz *68, 61, 325 V, K, ÓlTr.*
(8) 66.4 þeir *St2, 325 V, J, Bæjarb., Cod. Res., 68, 61, K,* ÷ *325 VII, 325 VI, St4, Bergsb., Tóm., U, ÓlTr.*
(9) 111.14 þau *St2, 321, J, Bergsb., K,* ÷ *325 VII, 75a, 325 V, 325 VI, Bæjarb., Cod. Res., Tóm., Flat., U, ÓlTr,* baðo menn þa *68, 61.*
(10) 422.7 eína (÷ *75c, Bergsb., Flat.*) micla *St2, 325 VII, 75c, Bergsb., K,* hina miclo *68, 325 V, St4, 61, 321, Bæjarb., ÓlTr.*
(11) 472.14 miclom *St2, 68, K,* ÷ *75c, 325 V, St4, 325 XI 2a, 61, Bergsb., Tóm., Flat., Bæjarb., ÓlTr.*
(12) 480.6 nv] ÷ *68, Bæjarb., ÓlTr.*
(13) 481.1 þa¹ *St2, St4, K,* skipin *68,* sundít *Flat.,* ÷ *325 VII, 325 V, J, Bæjarb., ÓlTr.*
(14) 516.5 konungom *St2, 325 VII, 68, St4, Tóm., K,* konungi *Flat., 61,* mǫnnum *Bergsb.,* hofþingiom *J, 325 V, 321, Bæjarb., ÓlTr, cf. PCl:* udlendske Herrer oc ubekiendte Konger.
(15) 611.14 Oc varþ (var *Tóm.*) fuɴdr þeirra *St2, 325 VII, J, Tóm., K,* Funndr þeirra varð (uar *325 VI, Bæjarb.*) *St4, 325 V, 325 VI, Bæjarb., Bergsb., ÓlTr.*

All these examples are, with the exception of 1, from the text of ÓlH which is incorporated in the last part of ÓlTr. 1 is, on the other hand, from the text which has been inserted in the beginning of the saga. The following examples of correspondences between ÓlTr and A-class manuscripts are also from that part of ÓlTr:

(1) 8.3 osattir] + sín í millum *Bæjarb.,* + sín á milli *Cod. Res.,* + sín í milli *ÓlTr.*

(2) 9.22 oc com a Haðaland. hann (og *U*) brendi *St2, 68, 61, 325 V, Bergsb.*, *Hkr*, ok er hann kom a haðaland. brendi hann *325 VI, Bæjarb., Cod. Res., ÓlTr*.
(3) 12.10 in friðasta. hon var *St2, 75c, 325 V, 68, 61, Bergsb.*, mest ok *Bæjarb., Cod. Res., ÓlTr, ÷ 325 VI, U*.
(4) 13.10 hafði *St2, 75c, 325 V, 325 VI, 68, 61*, var *Bergsb., Bæjarb., Cod. Res., ÓlTr*.

In 3 it is most likely that the compiler of ÓlTr was using a manuscript closely related to the original of Bæjarbók and Cod. Res., where the same words were missing as in 325 VI and U, but these examples do undeniably suggest that the compiler had access to two manuscripts of ÓlH, and in fact some readings in ÓlTr suggest that he took the text of ÓlH from a different manuscript in the final part of the saga from the one he used in the first part. The main ones are the following:

53.7 gaufgastr] + allra lendra manna *Bæjarb., Cod. Res.*, + lendra manna *ÓlTr*. Þrøndalaugum] + lendra manna *321*.
54.5 lez *St2, 75c, 325 V, 325 VII, 68, 61, Bergsb., Tóm.*, man *Bæjarb., Cod. Res., ÓlTr*.
55.1 -þorins *St2, 75c, 325 V, 68, 61, Bergsb., Tóm.*, þorinn *Bæjarb., Cod. Res., ÓlTr*.
59.16 eigur *St2, Bergsb., U, K*, eignir *75c, Tóm.*, skylldir *325 V*, skyldir ok eignir *68*, eignir ok landskylldir *61*, Forlæninger oc Ejendommer *PCl*, tekivr *325 VI, J, Bæjarb., Cod. Res., 321, ÓlTr*.
286.9 Þa (þar *Flat., ÷ Tóm.*) stoð þo (÷ *325 VII, Tóm.*) sv ogn *St2, 75c, 325 VII, 325 VI, Bergsb., Tóm., K*, Eɴ sv stoþ þo (÷ *61*) ogn *68, 61*, Eɴ su ogn stoð *St4*, enn þo stod (+ bŏnðum *Bæjarb.*) su ogn *321, Bæjarb., Cod. Res., ÓlTr*.
480.4 handrifi] + nedan *Bæjarb.*, neðan handrifi *ÓlTr*.
481.5 oʀosta oc var en snarpasta *St2, 325 VII, 325 V, 68, St4, 61, Tóm., Flat., K*, hin snarpazsta orrosta *Bæjarb., ÓlTr*.
546.11–12 Þa — lǫngvm *St2 etc., K*, Konungr vakði lǫngum (÷ *Bæjarb.*) um nóttina ok *ÓlTr, 321, Bæjarb*.

I have maintained elsewhere that the compiler of ÓlTr used a manuscript of ÓlH which was related to Jöfraskinna.[5] Upon closer investigation it appears evident to me that the correspondences between ÓlTr and Jöfraskinna are not of such nature that they indicate a closer connection of ÓlTr with Jöfraskinna than with other A-class manuscripts. The text of ÓlH in Jöfraskinna is, on the whole, shorter and in a few cases passages in ÓlTr have also been abridged. The following examples of correspondences between ÓlTr and Jöfraskinna occur in passages which have been shortened in both of these works, and it would appear most likely that both the compiler of ÓlTr and the scribe of Jöfraskinna happened to shorten their texts in the same manner:

[5] Ólafur Halldórsson 1979, 126; 1990, 388.

(1) 360.10 oc siðan ut a Agðir *St2 etc.*, ÷ *J, ÓlTr*.
(2) 478.11–12 spurðu (spvrði *325 V*) þar tíðendi af kaupmǫnnum norðan ór landi. Var konungi þá sagt *ÓlH and K*, spurðu þat norðan or landi *J*, spurði konungr þar *ÓlTr*.
(3) 478.12–14 ok — stórar] ÷ *J*.
(4) 478.14 váru þat skútur ok lagnarskip ok róðrarferiur stórar *ÓlH and K* (*with variations*), ÷ *ÓlTr*.
(5) 479.3–4 Sigldi hann þá norðr fyrir Iaðar. Var veðr vátt ok miǫrkvaflaug nǫkkur *ÓlH* (*with variations*) *and K*, ÷ *ÓlTr*.
(6) 479.5–6 En er Erlingr varð þess varr at konungr sigldi austan *ÓlH* (*with variations*) *and K*, ÷ *J, ÓlTr*.
(7) 479.8–9 Ætlaði hann (÷ *K*) svá ferð sína at fara í Fiǫrðu inn *ÓlH* (*with variations*) *and K*, ok (þvíat hann *ÓlTr*) ætlaði inn i fiorðu *J, Bæjarb.*, *ÓlTr*.

The most likely conclusion to be drawn from these investigations is that the compiler of ÓlTr used, at the beginning of his saga, a manuscript which was similar to the archetype of the B- and C-class manuscripts. In the text which was taken from that manuscript there are no examples to suggest connections between ÓlTr and individual C-class manuscripts. But it also appears clear that the text which the compiler used for the latter part of the saga was taken from an A-class manuscript, probably close to the archetype of 325 VI, 75a, Bæjarbók and Cod. Res. which Jón Helgason has marked *d in his A-class stemma (ÓlHJH 1103).

## TEXT FROM *HEIMSKRINGLA* IN *ÓLÁFS SAGA TRYGGVASONAR*

The manuscripts of *Heimskringla* which can be used for comparison with passages in ÓlTr are as follows: Kringla (copies in AM 35 fol., OUB 521 fol. and Papp. fol. nr 18), Fríssbók (AM 45 fol.), Jöfraskinna (copies in AM 37 and 38 fol.). These manuscripts contain all the text comparable with that taken up into ÓlTr. On the other hand, only part of the text is preserved in AM 39 fol., AM 325 VIII 1 4to and AM 325 XI 1 4to. PCl must also be taken into consideration, as here the text of *Heimskringla* is preserved in a Danish translation mixed with another source. Finnur Jónsson has discussed the interrelationship of *Heimskringla* manuscripts in HkrFJ I xli–xlvii. He gives a few examples of readings to explain how the manuscripts are related. Those where the text of ÓlTr is comparable are listed below and numbered for convenience. Reference is also made to comparable readings in PCl. The first group consists of examples of correspondences between 39 and Fríssbók (references are to page and line in HkrFJ I):

(1) I 194.1 vtþre‹n›dum skylldo æyþa kristninne. En þeir (hinir *ÓlTr*) .iiii. af *J1, ÓlTr*, at de 4. Vdtrønder skulde forøde Christendommen i Norrig. Oc de 4.

PCl; ÷ 39, F (saut du même au même). The same type of mistake occurs in K,
I 194.1–2: æyþa kristninne. En þeir (hinir ÓlTr) .iiii. af inþrendvm skylldo
J1, ÓlTr; ÷ K.
(2) I 194.5–6 með her sinn K, með hirð sina 39, F, með hirðsveitir sínar ÓlTr,
met deris Hoffsinder PCl, ÷ J1.
(3) I 236.9 skálaglamm K, J1, ÓlTr, scula .s. 39, F.
(4) I 307.10–11 Þá helt hann til Bretlandz ok herjaði víða (+ um J1) þat land
K, 39, J1, ÓlTr; + oc sua þar er callat er uallz 39; Siþan heriaði hann vm viða
vm bretland. ok sva þar sem vallz h(eitir) F.
(5) I 307.12–13 Þaðan siglði hann vestr til Vallandz ok herjaði þar K, J1,
ÓlTr; ÷ 39, F.
(6) I 379.14 stefnðu (snerv J1, ÓlTr) þingboði (þing boðinu J1) í herǫr K, J1,
ÓlTr, vende Tingbudet om til Krigßbud PCl; stefndo þing boði (boð F) ihervð
39, F.
(7) I 397.10 ok hljópu þar af skipum K, J1, ÓlTr; ÷ 39, F.

The examples quoted by Finnur Jónsson of readings common to Kringla,
39 and Fríssbók which differ from the original text are as follows:

(8) I 197.16–17 barma a/lld fyrir balldri bænsiks (bensíks ÓlTr) J1, ÓlTr,
harma ǫlld fyrir halldi hein siks (halldri hen sics 39) K, 39, F.
(9) I 276.4–6 en þot har(aldr) (þó at hann ÓlTr) hefði lið minna (+ en Gull-
Haraldr ÓlTr) þa gek hann þegar a land ok bioz til orosto J1, ÓlTr (text is
shortened in PCl); ÷ K, 39, F (saut du même au même).

Finnur Jónsson mentions a few readings where 39, Fríssbók and Jöfraskinna agree and differ from Kringla. They are the following:

(10) I 196.1 ok K, ÓlTr (PCl); + sva 39, F, J1.
(11) I 196.12 þá K; ÷ 39, F, J1; a different text in ÓlTr.
(12) I 274.8 þá þar K; þaðan 39, F, J1, ÓlTr, der fra PCl.

These are probably examples of deviations in Kringla from the original.
On the other hand, the best explanation of the next example is that 39,
Fríssbók and Jöfraskinna all have an erroneous reading:

I 278.6 Síðan býðr K, Siðan byr 39, F, J1, Því næst bauð ÓlTr, Nogit der efter
lod Kong Harald udbiude PCl.

Here the manuscript used by the compiler of ÓlTr must have had the
same reading as Kringla ('býðr'), while the reading in PCl is perhaps descended from ÓlTr, see p. xliv below.

Finnur Jónsson was of the opinion[6] that Fríssbók had originated from a

---

[6] 'Der er ingen tvivl om, at dette håndskrift beror på et søsterhåndskrift til Kr. Derpå
beror de læsemåder, som det har fælles med 39. Men det går også hyppig sammen
med Jsk., så at et fælles grundhåndskrift også her er uomtvisteligt.' (HkrFJ I xlii)

sister manuscript to Kringla, but nevertheless often followed Jöfraskinna, which indicated that these manuscripts had a common ancestor. In support of this theory Finnur Jónsson quoted an example of a deviation common to Fríssbók and Jöfraskinna:

(13) I 451.6–9: En — viðrtǫku *K*; ÷ *F, J1 (saut du même au même)*.

This sentence was in the manuscripts used by the compiler of ÓlTr and PCl, while here 39 can not be used for comparison because of a lacuna. But although this sentence is lacking in both Fríssbók and Jöfraskinna it is somewhat incautious to consider that as proof that the sentence was lacking in a common ancestor of these two manuscripts. It involves the copyist jumping mistakenly from one word to the same word farther down in the text, in this example probably because I 451.9 'viðrtǫku' has been written 'viðtaku'. If it was written thus in both the exemplar of Fríssbók and the exemplar of Jöfraskinna it is quite likely that the two copyists could each have fallen into the same error.[7]

Finnur Jónsson regarded Jöfraskinna and 325 VIII as closely related and mentions this example in support of his view (HkrFJ I xlv):

(14) I 245.12 Tósta] + Har(alldr) hafði verít .íj. vetr a vplondvm. oc (en *J1, ÓlTr*, + hann var *ÓlTr*) .v. (+ vetr *J1, ÓlTr*) með tósta *325, J1, ÓlTr, cf. PCl* 95.32: oc blefue der udi 2 Aar, *and* 96.7: oc blef saaledis der udi 5 Aar.

In this case the error is common to Kringla, 39 and Fríssbók and it is probable, since the error is in all three manuscripts, that it stems from their common archetype. Its copyist has erroneously jumped from 'Tósta' to the same name lower down in the text *(saut du même au même)*. The sentence would have been in the original of *Heimskringla*, as is apparent from the fact that it exists in most of the manuscripts of ÓlH, but is lacking in others, see ÓlHJH 23.14–15 and the variants in footnotes.

Examples 1, 9 and 13 above show the same sort of error as that just discussed. No. 9 should probably be considered as a valid correspondence, since this error appears in three related manuscripts. 1 was clearly not in the ancestor of Kringla, since its copyist (or the copyist of an earlier copy) has jumped over the text from 'skyldu' in I 194.1 (in a line which is missing in 39 and Fríssbók) to the same word in the next line. On the other hand, it is not absolutely certain that 1 and 13 were in the common ancestor of 39 and Fríssbók, although it is probable.

---

[7] 'Overspringinger fra et ord til samme ord lengere nede i teksten er meget hyppige og kan alene ikke brukes som kriterium for slektskap.' (Jón Helgason in ÓlHJH I 121.12–14)

8 and 9 and probably 'stefndu' in 6, are indisputable examples of common errors in Kringla, 39 and Fríssbók. Unquestionable examples of errors common to 39 and Fríssbók are found in 3, 4, 5, 6 and 7. 2 and 12 are certainly examples of secondary readings in Kringla. In 6 it appears that 'stefndu' is a common error in K, 39 and F, and that 'sneru' in J1 and ÓlTr (and the manuscript used by PCl) is the original reading. The reading 'stefndu' then caused the scribe writing the archetype of 39 and Fríssbók to change *herǫr* to *heruð*.

Finnur Jónsson has drawn up the manuscript stemma as follows:

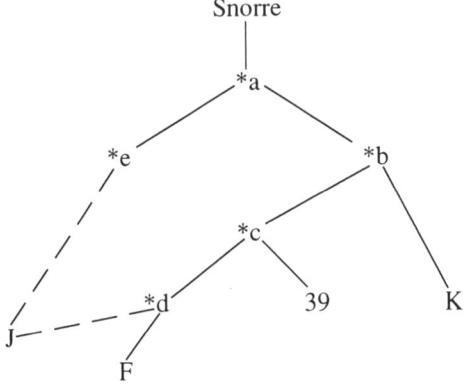

He adds that 325 VIII–IX and XI have to be placed between *a and *e, or thereabouts, and that just how many intermediaries were between *e and J is not certain. He says that the connecting line between J and *d indicates readings which occur in *Óláfs saga kyrra* and the sagas of the kings after him, but it would probably be more correct to draw that line from a spot between *e and J (HkrFJ I xlvi).

Bjarni Aðalbjarnarson sketched out a stemma for the manuscripts of *Heimskringla* in the introduction to the third volume of his edition. He divides the manuscripts into two classes, a Kringla class (Kringla, 39 and Fríssbók) and a Jöfraskinna class, mainly on the basis of the final third of *Heimskringla* (HkrBA III xci–xcvi). He says, concerning the Jöfraskinna class, that these manuscripts 'all appear to trace their origin to a copy which was independent of the common ancestor of Kringla, 39 and Fríssbók; where they can be seen to differ, this copy was in most instances further from the original *Heimskringla*, though it did have some correct readings where the other branch had been corrupted.'[8] His stemma is as follows:

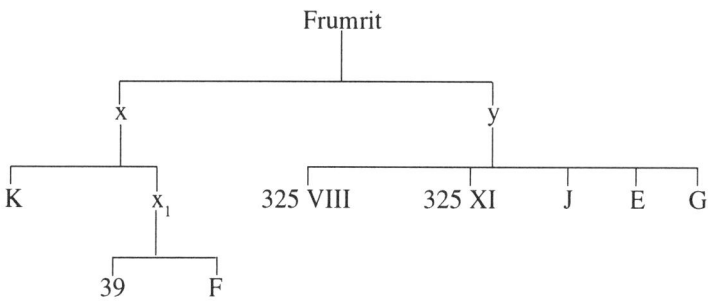

Jonna Louis-Jensen was the most recent person to write significantly on the relationship between the manuscripts of *Heimskringla*, in her doctoral dissertation (1977). Like Bjarni Aðalbjarnarson, she divides the *Heimskringla* manuscripts into two classes, which she calls the x- and y-classes. The subject of her research was limited mainly to the last third of *Heimskringla* and especially to y-class manuscripts, and here she added considerably to the stemma of Bjarni Aðalbjarnarson, although in other respects agreeing with his conclusions (pp. 34–37).

In three places in the first third of *Heimskringla* a passage is preserved in K, 39, F, 325 VIII, J and ÓlTr. Since these passages are useful for investigating the relationships between the manuscripts, full variants for all three are printed below, with the addition of readings from ÓlTr, and reference is also made to PCl where this text can be used for comparison. The basis is the main text as printed from K in HkrFJ I, and references are to page and line in this edition.

**241**.6 með sér] sín ímíllvm *325*.    einmæli] eíntali *F, 325*.    8 skiliask] skilía *F*, skilðvz (skiluz *(!) J1*) *325, J1*, skilðu *ÓlTr*.    síðan] við svá búit *ÓlTr*.    Fór] + þá *ÓlTr*.    hverr] + þeira *F*.    9 spyrr] spvrði *325, ÓlTr*.    hennar] + at þessir hǫfðingiar hǫfðu talat til vináttu með sér *ÓlTr*.    10 myni] mani *F*, mvni *39, 325, J1*, mundi *ÓlTr*.    hafa] ÷ *F*.    hafa gǫrt] *transposed 39, J1*.    nǫkkur] nockver *39*; ÷ *ÓlTr*.    11

---

[8] HkrBA III xciii: 'munu ǫll eiga rætur sínar að rekja til eftirrits, er var óháð hinu sameiginlega foreldri Kringlu, 39 og Fríssbókar, fór um flest sundurgreinilegt fjær frumriti Hkr., en hafði sumt rétt, sem var þar úr lagi fært.' In a footnote Bjarni mentions the sentence which has been omitted in the K-class after HkrFJ I 245.12 Tósta as an example of a correct reading in the J-class, see p. xxi above.

xxiv INTRODUCTION

konungana] konvnga *325, J1*. Tala] toloðv *325*. þau] ÷ *J1*, + nu *J1, ÓlTr*. optliga þetta] þetta iafnan *F*, þetta opt *325*. þetta] ok hafa ráðagørðir *ÓlTr*. sín á milli] milli sin *J1*. á] í *325, ÓlTr*. 12 váraði] varaz *J1*. þá] ÷ *F, ÓlTr*. lýsa] lystv *325, ÓlTr*. 13 konungr] ÷ *F, 325, ÓlTr*. hans] + yfir þvi *325*, + því *ÓlTr*. munu] manv *39*, maní *F*. fara] *after* sumarit *J1*. um] of *F*. um sumarit] *after* 14 víking *ÓlTr*. 14 eða] *vel 39*. í²] ÷ *39*. 15 Þá draga þeir] Þeir draga *39, F*, Drógu þeir þá *ÓlTr*. draga] drogv *325*. lið] her *325*. hrinda] skiota *F*, ren*n*dv *325 (presumably a misreading of* rundu), hrundu *ÓlTr*. 16 búask] byggvz *325*, biǫgguz *ÓlTr*, + siþan *F*. þeir] ÷ *325*. brotferðar-ǫl] brvtt ferðar aul *39*, bra*/*t ferðar ol *F*, bra*/*tfarar aull *J1, ÓlTr*.

242.1 þá] ÷ *F, ÓlTr*. váru] + þar *ÓlTr*. ok] var ok *F*, ok var *J1*. mælt] talat *ÓlTr*. við drykkinn] ÷ *325*. 2 þá kom þar] þar kom *F*, ok þar kom *ÓlTr*. er — varð] at man iofnvðr var *J1*, at farit var í manniafnað *ÓlTr*. ma*N* iafnaðr *39, F, 325*. ok] ÷ *F*. þá²] ÷ *325*, því næst *ÓlTr*. 3 konungana *ÓlTr*. mælti] oc mł *325*; + ei*N F*, + þá einn *ÓlTr*. 4 framast] framarstr *39*, fremztr *F*. at] í *ÓlTr*. Því] Þessu *ÓlTr*. reiddisk] reiðiz *K*; + ok *J1*. 5 Guðrøðr] + konungr *F, 325, J1, ÓlTr*. Guðrøðr mjǫk] *transposed ÓlTr*. segir] .s. *39*, oc sagði *325*, sagði *J1, ÓlTr*. skal] skylldi *F, ÓlTr*. 5–6 hafa minna] bera lægra *ÓlTr*. 6 Haraldr] + bróðir hans *ÓlTr*. ok] ÷ *325, J1, ÓlTr*. at hann er] sik vera *ÓlTr*. 7 var] Varþ *39, F*. var þá brátt] Kom svá um síðir at *ÓlTr*; + sva. at *325*, + at *J1*. þeira] + var *325, J1*, + sýndiz miǫk *ÓlTr*. 8 svá] ok þreyttu þetta með svá miklum kappmælum *ÓlTr*. 9 er] menn sem *ÓlTr*. vitrir] vitrari *F, ÓlTr*. miðr] minnr *ÓlTr*, + varv *325*. druknir] + oc *325*. 9–10 stǫðvuðu — milli] gengu í milli ok stǫðvuðu þá *ÓlTr*. 10 í] a *325*; ÷ *F, J1*. milli] + þeira *F*. skipa sinna] *transposed ÓlTr*. 11 var ván] *transposed 39, 325, J1*. þá] + á *325*. allir saman fara] fara allir samt *J1, ÓlTr*, allir fara saman *325*. 12 þá Guðrøðr] *transposed 325*; + konungr *ÓlTr*. stefnði] sigldí *325*. 12–13 til hafs út] ut til hafs *325*, a haf vt *J1*, út á haf *ÓlTr*, + ok *F, 325, J1, ÓlTr*. 13 sagði] .s. *39, F*. myndi] maní *F*, mvndí *325, J1, ÓlTr*. vestr] *repeated J1*. haf] *here a new chapter opens with the title* fra tryggua k*o*nvngi *oc* h*a*ralldi k*o*nvngi *325*. 14 þá] ÷ *F, ÓlTr*. 14–15 austr hafleið] *transposed ÓlTr, PCl*. 15 hafleið] *thus 18, after* landi *K(35)*. Guðrøðr konungr siglði] þa fe*R* gvd*R*(øðr) konungr *J1*. siglði] siglir *F*, stefndí *325*. þjóðleið] + avstr með landí. oc *(et-aut correctio) 325*. 16 yfir] um *ÓlTr, St2 et al*. 16–17 Þá sendi hann] Sendi hann þá *ÓlTr*. 17 orð] *preceding* Tryggva *325, ÓlTr*.

243.1 hann] ÷ *325*. báðir] + saman *325, ÓlTr*. um sumarit] of sumarit, *after* 2 herja *F*, ÷ *325*. 1–2 Austrveg at herja] hernað *J1*. 2 ok líkliga] ÷ *J1*. 3 Guðrøðr] + konvngr *325, J1*. þá] ÷ *ÓlTr*. 4 á fund hans] til fundar við hann *ÓlTr*. fund hans] *transposed 39*. 5 fyrir — Sótanes] *after* Veggina *ÓlTr*. austan] vestan *J1, ÓlTr*. 6–11 -stefnu — Þá] *lacuna in 325*. 6 þá] ÷ *ÓlTr*. Guðrøðar] + konungs *F*. 8 nú] síðan *ÓlTr*. er kallat] heitir *J1*. hrør] hrér *39*, hreyr *F*, rey*R J1, ÓlTr*. 9 Title: Fall Guðrøðar konungs *18*, h*a*ralldr k*o*nungr dráp Gvðrá*/*ð k*o*nv*N*G *F*, fall guðra*/*ðar *39*, drap guð*R*ǫþar *J1; no title in K(35)*. 10 útleið] vt leiði *F*. stefnði siglði *F*; ÷ *39 (area scraped at the beginning of the line to make room for a capital)*. 11 um] of *39, F*. 11–12 Þá spurði hann] hann spy*R F*, Spurði hann þá *ÓlTr*. 12

konungr] ÷ *J1*; + B. s. *F*, + biarnar svn (son *ÓlTr*) *325, ÓlTr.*   12–13 þar — land]
skamt i brót a land vpp *F*.   12 á veizlu] *after* 13 upp¹ *ÓlTr.*   13 upp¹] *after* land
*325, ÓlTr*.   Fóru þeir] Fór *ÓlTr*, cf. *PCl*: oc hand drog.   konungr] + með lið sitt
þegar hina sǫmu nótt *ÓlTr*, met sit Folk *PCl*.   upp²] ÷ *F*.   14 þannug] þannig *39,
F, 325*, þannog *J1*, þangat *ÓlTr*; + oc *325*. kómu — nóttina] ÷ *ÓlTr*.   þar] þeir *J1*.
um] of *F*.   ok] ÷ *325*.   taka] toko *F, 325, J1, ÓlTr*.   15 Þeir] ÷ *ÓlTr, PCl*.   ganga]
gengv *325*, gekk *ÓlTr*, gick *PCl*.   út] + oc *39, F*, + með sína menn *ÓlTr*.   varð] var
*39*.   16 viðrtaka] við taka *F, 325, J1*.   konungr] + Biarnarson *ÓlTr*.

**244**.1 Ferr] for *325*.   Ferr — ok] Haraldr konungr fór þegar brottu. Helt hann þá
*ÓlTr*.   þá] *after* konungr *J1*.   heim] ibrot *J1*.   heim, ok] ÷ *F, 325*.   2 konung] ÷ *39,
325, 18, ÓlTr*. leggja þeir] logðv *325*, ok lǫgðu *ÓlTr*.   3 þá] ÷ *ÓlTr*.   Víkina alla]
*transposed F, J1, ÓlTr*.   4 *Title:* Frá Haraldi (+ konunGi *F*) grenska *18, J1, 39, F*,
sigrið gipt eiriki svia konvngi *325*; *no title in K(35)*.   5 Guðrøðr] Þá er Gudrǫþr
*18*.   sér] *after* 6 ok *325*.   sér fengit] *transposed F, ÓlTr*.   fengit] fangit *39*.   6
Haraldr hét] *transposed 325, J1, ÓlTr*.   8 Sonr] son *39, F, J1, ÓlTr*, Svn *325*.
Hróa] hans *F*, Rana *325*.   Hrani] rói *325*.   9 jafnaldrar] iafnalldra *39, F, J1, ÓlTr*.
10 fǫður síns] konungs *F, ÓlTr*; + Biarnarsonar *ÓlTr*.   Haraldr] + son hans *ÓlTr*,
cf. *PCl*: hans Søn Harald.   11 var] + haralldr *F*.   fyrst] ÷ *325, PCl*.   12 fóstri]
fostbroðir *J1, ÓlTr*, Fosterbroder *PCl*.   ok] ÷ *J1*.   menn] + adrir *J1, ÓlTr*.   með
þeim] ÷ *ÓlTr*.   13 Dvalðisk hann] dvolðvz þeir *325, J1, ÓlTr*.   hann] haralldr *F*.
þar] ÷ *J1*.   um] of *F*.   með] við *39*.   15 bundnir] ÷ *J1*.

**245**.1 var] þotti nokkorar *325*.   af] at *39, F, 325, ÓlTr*.   Þat réðu] Réðu þat þá
*ÓlTr*.   Haraldi] + grenska *325, ÓlTr*.   1–2 frændr — vinir] vinir hans ok frenðr *J1*.
2 ór] af *J1, ÓlTr*.   í] ÷ *F, 325, J1, ÓlTr*.   brot] brátt *F, J1*, brottu *ÓlTr*.   2–3 Haraldr
grenski] hann *325, ÓlTr, PCl*.   3–4 skipanar] skipan *K, 39*, skipunar *J1*.   4 ok] ÷
*J1*.   at] ÷ *F*.   5 í hernað] *after* fóru *325, J1, ÓlTr*.   ok] at *325, J1, ÓlTr*.   fá] afla
*325, J1*.   Haraldr] Hann *39, F*.   6 maðr] iarl *F*.   er einn var] hann var einn *ÓlTr*.
einn] .j. *39*.   6–8 er — nafn] rikr ok gofvgr *F*.   7 þeira] + manna *ÓlTr*.   bæri] baru
*J1, ÓlTr*.   8 var¹] ÷ *J1*.   9 hernaði] víking *ÓlTr*. hann var] því var hann *ÓlTr*.   10–
12 Haraldr — Tósta] *after* 13 mikill *325*.   10–11 með — víkingu] í víking um
sumarit með Skǫglar-Tósta *ÓlTr*.   10 Tósta] ska/gul t(osta) *J1*.   11 í víkingu] i
viking *39, F, 325*; ÷ *J1*.   Haraldr] ÷ *J1*.   11–12 hverjum manni] ÷ *F*.   12 Haraldr]
Hann *ÓlTr*.   eptir] ÷ *F, ÓlTr*. Tósta] + Har(alldr) hafði verít .íj. vetr a vplondvm.
oc (en *J1, ÓlTr*, + hann var *ÓlTr*) .v. (+ vetr *J1, ÓlTr*) með tósta *325, J1, ÓlTr, cf.
PCl 95.32*: oc blefue der udi 2 Aar, *and 96.7*: oc blef saaledis der udi 5 Aar.   13
Tósta] hans *J1*.   ung ok fríð] frip ok ung *F*.   ung — ok²] hon var *J1*.   ok²] ÷ *325*.
14 ok svarkr] svarri *ÓlTr*.   Hon] Sigriðr *325*.   15 þeira sonr] son þeira *ÓlTr*.   sonr]
.s. *39, J1*, son *F, 325*.   16 Eiríkr] + konvngr *325, J1*.   sóttdauðr] + i suiðþioð *J1*.
17 Styrbjǫrn] + hinn sterki *325*, + hin stercke *PCl*.

**246**.1 *Title:* Fra Hakoni jarli *18, 39*, hernaðr h(akonar) j(arls) *ok* Gvnhi*lldar sona*
*F*, bardagi a fiolum i stafnes vagi *J1*, leiðangr *325*; *no title in K(35)*.   2 liði miklu]
*transposed 325*.   3 fara] oc forv *325, ÓlTr*.   ok] at þeir *ÓlTr*.   hafa] hofðv *325,
ÓlTr*.   3–8 skip —hafa] *lacuna in 325*.   4 gera þat] gerðu þeir *ÓlTr*, + þa *J1, ÓlTr*.

munu] mano 39, maní F, mundi ÓlTr. 6 spyrr] spurði brátt ÓlTr. jarl] hakon j. F, ÓlTr, jarllinn J1. ok¹] hann F. ok¹ — ræðr] dró hann þegar her at sér ok réð ÓlTr. 7–8 En — hann] helldr þa F. 7 spyrr] spurði ÓlTr. til hers Gunnhildarsona] ÷ ÓlTr. 8 þeir hafa] her Gunnhildarsynir hǫfðu ÓlTr. heldr] hellt 325, ÓlTr. liði sínu] þvi liði 325, sínu liði ÓlTr. 9 herjar] heriaði 325, J1, ÓlTr. alt þar er] hvar sem ÓlTr. þar] þeir (!) J1. er] sem F, J1. ok²] ÷ ÓlTr. 9–10 mikit mannfólk] mikín man fiolþa F, mannfolk (-folkit J1) 325, J1, hann menn þá er hann náði ÓlTr; + bæði (÷ 325) rika oc orika 325, J1, ÓlTr. 10 ok þá] Siþan F, J1; ÷ 325, ÓlTr. sendi hann] Hann sendi ÓlTr. Prœnda-her] her þrǫnda J1, bóndaherinn Prœnda ÓlTr. ok²] ÷ 39, F, 325, ÓlTr. bóanda-liðit alt] bænda lið allt 39, F, 325, J1; ÷ ÓlTr. 12 Raumsdal] *wrongly written* rans .d. J1. ok²] Hann ÓlTr; ÷ J1. alt] ÷ J1. fyrir sunnan] svðr vm 325. 13 her] ferðir 325. Gunnhildarsona] + oc vm her þeira 325 *(et-aut correctio).* ok] Enn 325, J1, ÓlTr. 15 Hákon — fyrir] hann suðr um Stað ÓlTr. norðan] norðr 39, J1. 15–16 norðan — útleið] vtleiði norðan fyrir stað F. 16 ok] ÷ J1. ok — sá] svá hafhallt at ekki mátti siá ÓlTr, cf. PCl 96.27: saa langt i Hafuit/ at de icke kunde see hans Segl. sá] *repeated* J1. af landi] *after* hans J1, ÓlTr. hans] + oc 325. lét] + hann ÓlTr. 17 hafleiðis] allt hafleið J1; ÷ ÓlTr. 18 þá] hann þaðan ÓlTr. herjaði] herivðv 325.

**247**.2 lengi] + um svmarit J1, + om Sommeren PCl, + ok ÓlTr. þar²] þeir J1; ÷ ÓlTr. 3 alla] ÷ 325, J1, ÓlTr. skyldir] + af bóndum ÓlTr. þá] ÷ K(35), F, ÓlTr. settusk] + þeir ÓlTr. 4 Sigurðr ... Guðrøðr] *transposed* 325; + [konungr hafði litid lið] J1, + konungr ÓlTr. Haraldr] + konvngr 325. aðrir] *after* 5 brœðr F. 5 þá] ÷ F, J1, 18, ÓlTr. leiðangrs] læiðangs 39; ÷ J1. 6 farit hafði] þeim hafði þangat fylgt ÓlTr; + með þeim F. um] of F. sumarit] *end of the 4th leaf of* 39.

**282**.1 *Title:* Orrosta 18, J2, En fra .J. ok gunh. ss. J1; *no title in* K(35), 39, F, 325. 2 Rangfrǫðr 325. 2–4 Ragnfrøðr — Gunnhildar] Þá váru tveir einir eptir á lífi synir Gunnhildar ok Eiríks konungs, Ragnfrøðr ok Guðrøðr ÓlTr. konungr — Gunnhildar] ok Gvðra/ðr lifðo þa eftir .ss. Gvnhilldar ok eiriks bloð oxar F. 2 sonr Gunnhildar] G(unnhildar) s. 39, 325; ÷ J1. 3 annar — á] voru .ij. þa J1. sonr] .s. 39, svn 325. Gunnhildar] hennar 325. 3–4 á — ok] eptir af svnvm gvnhilldar 325. sona] .ss. 39. sona Eiríks] eir. ss. J1. segir] .s. 39, F, J1. 4–5 í Gráfeldardrápu] ÷ F, J1. 6 Fellumk] Fellumz K, 39, F. 10 ek veit] *transposed* F. hefr] hofr 39, F, hefir 325, J1, ÓlTr. 13 seggfjǫlð] seGs fiǫlð K, seGfioð (!) 39. hvaðarr] kvaðar 325, hvat ár F. 14 Ragnfrøðr] Rangnfroðr 325, + konvngr 325, ÓlTr, + Gunnhildarson ÓlTr. um várit] vm (of F) svmarit 39, F. þá] ÷ J1. 14–15 þá — Orkneyjum] *after* 283.1 Nóregs ÓlTr. 15 i.] eín F, J1. i. vetr] *after* verit 39, 325, J1. Helt hann þá] ÷ ÓlTr. þá] ÷ J1. vestan] avstr 325; + lidi sinv J1, + um haf ÓlTr.

**283**.1 ok] Hann ÓlTr. skip stór] *transposed* 325. 2 í Nóreg] til noregs 325. þá] ÷ F, ÓlTr. var] + norðr ÓlTr. 3 Ragnfrøðr] + konungr ÓlTr. þá] ÷ J1. 4 um] of F. en — gekk] geck svmt folk F. 5 opt] optaz 325, J1, ÓlTr. ganga] fara F. land] landit J1. 6 þannug] þaNig F, 325, þannog J1, þangat ÓlTr. sem] er F. 7 spurði] spvr 39, spyr K(18), F, 325, J1. at] er 325. 8 var] er 18, J1. Réð] reðr

# INTRODUCTION

*J1*. 8–9 Réð — býsk] skar hann þá upp herǫr ok réð til skipa. Bióz hann *ÓlTr*. 9 lét] lætr *J1*. býsk] ÷ *325*. hvatligast] skiotligazt *F*. helt] helldr *J1*. 10 Varð honum] *transposed F*. liðs] + oc *39*. varð] *after* 11 jarls *F, J1, after* 11 Ragnfrøðar *ÓlTr*. þeira] ÷ *325*. 11 Ragnfrøðar] Rognfreðar *325*; + konvngs *F, 325*. ok Hákonar jarls] ÷ *ÓlTr*. jarls] ÷ *39*. 12 Hákon] + .j. *F, 325*. ok] EN *F, J1*. 13 orrosta varð hǫrð] þar varð horð orrosta *325, ÓlTr*. Hákoni] ÷ *325*; + .J. *325, J1*. þyngra] þungt *J1*. 14 þar] þa *325, J1, ÓlTr*, da *PCl*. 15 ǫll skipin] *transposed J1, ÓlTr*. skipin saman] *transposed F*. 16 Jarl] jarlinn *325*, Hákon iarl *ÓlTr*. ok] ÷ *J1*. landinu] landi *39, F, J1, 18, ÓlTr*. er] sem *F, J1, ÓlTr*. 17 til] ÷ *325, ÓlTr*. skipin] skip *J1*. niðr] grvNz *325*. þá] ÷ *ÓlTr*. 18 ok — hans] ÷ *J1*. alt] ÷ *325*. af skipum] af sciponom *39, F, 325, 18*, a land *J1, ÓlTr*, paa Landet *PCl*; + með allt liþit *J1*. upp] + skipín *325, J1, ÓlTr*. 19 skyldu] skylldi *325*. skyldu eigi mega] máttu eigi *ÓlTr*. mega út draga] draga fra þeim *325*.

**284**.1 jarl] + upi *J1, ÓlTr*. Ragnfrøð] + konvng *325*. til] *end of the 5th leaf of 39*.

**324**.10 sem] ok *J1, ÓlTr*. 12 skjaldhlynr] scvïald (skíalld *F*) dynr *39F*, skavïllynr *J1*. dynja] hrynía *F*. 13 útan] úti *ÓlTr*. 14 fór] for *39, J1*, fávr *F*, reð *325*, styr *ÓlTr*. gerða] gerðar *39, F, 325*, gerþr *J1*, gerði *ÓlTr*. 15 fyr] fra *39, F*. 16 fǫður] *thus 39, F, 325, J1, ÓlTr*, ÷ *K*. rǫndu] renndv *39, F*, rẹndv *325*, runðo *J1*.

**325**.1 þegar] ÷ *325*. á²] í *ÓlTr*. 1–2 á² — liðsamnað] til lið samnaðr ok i niosn *J1*. 1 í] ÷ *325, ÓlTr, 18, J2*. 2–3 dró — norðan] fluti norþan herinn *J1*. 3 norðan] *thus 39, F, 325, ÓlTr*, norðr *K*. *Title:* hak*oni* j(arli) ko*m* he*r*saga *F*, hersaga iomsv*i*kinga *325*, hernaðr iomsb. *J1*; *worn away in 39*. 5–6 Jómsvíkingar — hafit] Þeir Jomsvikingar helldu sunnan *J1*. 6 þaðan] ÷ *325*. á] i *39, F, 325*. hafit] háf *F*. ok¹ — ok²] *different text in ÓlTr*. lx.] xl. *325*. ok] þeir *F*. koma] komv *F, 325, ÓlTr*, + af hafi *ÓlTr*, + vtan *J1, ÓlTr*. 7 halda] helldv *325, ÓlTr*. þegar liðinu] þaðan *ÓlTr*. liðinu] liþi síno *F*, ÷ *J1, after* norðr *39, 325*. taka] Toko *F, 325*. 7–8 taka — þegar] þeir tóku þegar at heria *ÓlTr*. 8 þegar — jarls] ÷ *J1*. er] ÷ *39*. koma] komv *325, ÓlTr*. 9 ok — herskildi] *different text in ÓlTr*. fara] forv *325*. svá — herskildi] allt herskilldi norþr meþ landi *J1*. ok alt] við *F*. 9–10 Geirmundr — nefndr] Sá maðr var nefndr Geirmundr *ÓlTr*. 10 er — nefndr] h(et) sa maðr *F, 325*. er²] oc *39*. er fór með] Geirmundr fekk sér menn nǫkkura ok *ÓlTr*. 10–11 hleypiskútu eina] eina hleypi skutu *J1, ÓlTr*. 11 eina] nokkora *325*. ok — honum] ÷ *ÓlTr*. nǫkkurir menn] *after* honum *J1*. Hann] Fór hann ok *ÓlTr*. kom fram] for *J1*, + norðr *39, F, 325, J1, ÓlTr*. 12 ok — borð] ÷ *325*. jarl] + hann *F*. gekk — borð] ÷ *ÓlTr*. borð] borð*it F, J1*. 13 sagði] .s. *39*. jarli tíðendi] honum tíðindin *ÓlTr*. tíðendi] ÷ *J1*, + þa*r F*. suðr í landi] i land *325, J1*. 14 af Danmǫrk] ÷ *325*. Danmǫrk] danm*er*co *39*, danmorko *F*, danm'. *J1*. spurði] spyR *J1*. sannyndi *325*.

**326**.1 á því] til þess *325, J1, ÓlTr*. hendi] hendiNi *39, F, 325, J1, ÓlTr*. ok] ÷ *F, ÓlTr*. var þar] þar var *ÓlTr*. þar] ÷ *325, J1*. 2 hǫggvinn] hondín *325*, ÷ *F, J1, ÓlTr*. hreifinn] i reifanvm *325*, i hrefanum *J1*. segir] .s. *39*, *F*, sagði *325, ÓlTr*, + hann *ÓlTr*. 2–3 segir — landinu] ÷ *J1*. 2 þar] þat *39, ÓlTr*. jartegnir] iarteínir

39, *ÓlTr*, iart.¹ *F*. 3 landinu] landi *F*. Síðan] Eftir þat *F*. spyrr] spurði 39, *F*, 325, *ÓlTr*. inniliga] gerla *F*. at] ÷ 325, *ÓlTr*. 4 þenna] þann 325. Geirmundr] hann *Jl*. segir] .s. 39, *F*, sagði 325, *Jl*, *ÓlTr*. þar] þat *F*, *Jl*, *ÓlTr*, *could also be read as þar in Jl*. 5 marga] + goða *Jl*, *ÓlTr*. menn] drengi *ÓlTr*. ok² — rænt] ÷ *Jl*. ok víða] enn svma 325. 6 fara þeir] en fara *ÓlTr*. þó] ÷ *F*. þó — ákafliga] ok allakafliga *Jl*. segir] .s. 39, *F*, sagði 325. skjótt] + yfir *ÓlTr*. Vætti] vænti 39, 325, *ÓlTr*, vøntir *F*. 6–8 Vætti — koma] ÷ *Jl*. 7 at] ÷ *ÓlTr*. myni¹] mani 39. 7–8 myni¹ — koma] liði langt aðr þeir koma her 325. 7 áðr] *after* langt 39, *after* líða *F*, *ÓlTr*. en] at 39, ÷ *F*, *ÓlTr*. myni²] mano 39. 7–8 myni² — koma] koma hér niðr *ÓlTr*. 8 fjǫrðu] fiorþum *Jl*. 9 en] et *( ? ) Jl*. út með ǫðru] ǫðru út *ÓlTr*, + landi *Jl*. fór — nótt] ok fek ser lið *Jl*. ok²] ÷ 325, *Jl*, *ÓlTr*. njósn] niósnir *ÓlTr*. 10 øfra] i[ðr]a 325, yttra *Jl*. Eið] + for *F*. svá¹] oc 325. 10–11 svá¹ — herinn] ÷ *Jl*. þar — herinn] aftr til motz við eirik .j. *F*. 10 er] sem *ÓlTr*. 11 Eiríkr] + .j. 39. þess getr] sva .s. *F*. 12 Setti] Sótti 39, *F*. átti] at *Jl*. 13 ógnfróðr] *thus* 39, *F*, 325, *Jl*, *ÓlTr*, ognfroða *K*. 14 hǫva] hafa 39, *F*, 325, hara *Jl*, hárra *ÓlTr*. stafna] rafna *F*. 15 at] á *ÓlTr*.

327. 1 skalf] skalfr *Jl*. hlumr] hlymr 39, *F*. 3 sia] sa *Jl*. 4 sárgamms] sargans *Jl*. ára] ar *Jl*. 5 Ferr] For 39, 325, *Jl*. Ferr — snúðuligast] Eirikr j. for norðan með heriɴ sem skiotaz *F*, ÷ *ÓlTr*. jarl] ÷ 325. herinn] her sinn 325. suðr] norðan 39, 325, *Jl*. 6 *Title:* Sigv*alldi* Leit*aði* hak*onar* .j. *F*, fra sigvallda .j. oc bonda 325, fra bǫnda *Jl*, *worn away in* 39. 7 norðr] norþan *Jl*. 8 Landzmenn — fynni] Eɴ þótt (þó at *ÓlTr*) þeir fyndi landz menn *F*, *ÓlTr*, þott landzmenn fyndi þa *Jl*. þótt] þo at 325. fynni] fyndi þa 325. þá] ÷ *F*. 9 sǫgðu] .s. *F*. þeir] þeim 39, 325. aldri] ÷ 325. satt — at] hít saɴa til hakonar .j. *F*. jarlar] iarlarnir 39. hǫfðusk] hefðuz 325. 9–10 Víkingar] Joms vikingar *F*, *ÓlTr*. Víkingar — þeir] þeir sem *Jl*. 10 fóru] + með landi 325, kómu í byggðir *ÓlTr*. lǫgðu] + at 39. 11 runnu] gengu *ÓlTr*. færðu] en raku *Jl*. 12 bæði — at] mart bu *Jl*. man] m*enn* 325, Folck *PCl*, mat *ÓlTr*. bú] búfé *ÓlTr*. karla] karlmenn alla *ÓlTr*, cf. *PCl*: alle voxne Mandfolck. er — at] sem (er *ÓlTr*) at var vígt *F*, *ÓlTr*. 13 En — skipa] ÷ 325. þá] ÷ *F*. kom] + þar *Jl*. 13–14 gamall] *thus* 39, *F*, 325, *Jl*, *ÓlTr*, gangandi *K*, *after* einn *ÓlTr*. 14 bóndi (bændi 39) einn] *transposed K*, kal *Jl*. einn] ÷ 325. en þar fór] hann gek *Jl*. en — nær] þar sem var *F*, fór þar næst honum *ÓlTr*. sveit] + þeira *Jl*. bóndinn] bændinn 39, bondi *F*, *ÓlTr*, bǫndi *Jl*.

328.1 ó-] ekki 325, *Jl*, *ÓlTr*. 2 ok] .æ. *Jl*. 3 nær] ÷ 325, næsta *ÓlTr*. á] i 325. bjarnbásinn] bíarn halsíɴ *F*. segir] .s. 39, *F*, + þv 325, *Jl*, *ÓlTr*. 4 segja¹] .s. 39, sogǫv 325. nǫkkut] nakvað *Jl*, + at *ÓlTr*. segja²] .s. 39, *F*. segja oss] *transposed* 325. 5 Bóndi] Bendi 39, bondinn 325, bǫnði *Jl*, Hann *ÓlTr*. segir] .s. 39, *Jl*, sv*arar F*, *ÓlTr*, sagði at 325. hann] Hákon iarl *ÓlTr*. fór] reri 39, *F*, *Jl*, *ÓlTr*. gær] giar 39. Hjǫrundarfjǫrð] horundar fiorð 39, *F*, 325, *Jl*, *ÓlTr*, + ok *F*. 6 jarl] ÷ *F*, 325, *Jl*, *ÓlTr*. ii.] tva/ *F*. eigi — iii.] ÷ *Jl*. váru] hafði hann 325. 7 hafði] + hann 325, *ÓlTr*. yðvar] *thus* 39, 325, *ÓlTr*, yðar *K*, *F*, *Jl*. taka] tokv 325. 7–8 taka — hlaup] hla/pa þegar á hlaup] þegar á hlaup] skeið *Jl*. á] ÷ *ÓlTr*. hlaup] *end of the 4th leaf of 325*.

A few points must be noted before making any attempt to use these readings to determine the interrelationship of the manuscripts. In the first place, it must be borne in mind that the original text of *Heimskringla* is not preserved in unaltered form in K. In the second place, occasional peculiarities of style which characterise the text of K, and have probably descended unchanged from the original, irritated some of the copyists. The stylistic feature *En er / Og er . . . þá* is very frequent in K. In F and ÓlTr *þá* is very often omitted, but although F and ÓlTr share this deviation from the original text, this cannot be interpreted as an indication of a common ancestor, unless supported by other evidence. Another common stylistic feature of K is narration in the present tense (*praesens historicum*), e. g. HkrFJ I 241.11 'Tala', 12 'lýsa', 15 'draga' and 'hrinda'. Copyists have often changed this and put the verbs in the past tense. Such changes are most often common to 325 VIII and ÓlTr, and they may well be descended from a common ancestor, but this is not absolutely certain; sometimes this trend is not followed in ÓlTr, with the present remaining, for instance in ch. 43 of *Haralds saga hárfagra,* where these verbs are in the present tense in K, F, J1 and ÓlTr: 163.5 'spyrja', 6 'fara' and 'gera', 7 'ferr', 8 'finnask', 9 'býðr', 10 'snýr'. All these verbs are in the past tense in 325 VIII. In 243.14 K and 39 have 'taka', while F, 325, J1 and ÓlTr have 'tóku'. This reading alone is not sufficient evidence of a common ancestor for F, 325, J1 and ÓlTr from which K and 39 were not descended. In addition copyists appear to either leave out or add the words *konungr* and *jarl* after the names of kings and earls, not always following their exemplars, and the same appears to be true of patronymics. Nor should too much store be placed on deviations in word order, even if two or more manuscripts share such alterations. It is, however, likely, where all the manuscripts of either class have the identical word order, that this has originated in the common archetype of that class.

There are a few examples in these sections where Kringla has a reading which differs from all the other manuscripts:

245.11 viking *39, F, 325, ÓlTr and ÓlH*, vikingo *K*.
246.11 bænda lið allt *39, F, 325, J1, ÷ ÓlTr*, boanda liþit allt *K*.
282.13 seg fiolþ (-fioð *(!) 39) F, 39, 325, J1, ÓlTr*, segs fíóld *K*.
283.18 af sciponom *K(18), 39, F, 325*, a land *J1, ÓlTr*, af scipom *K(35)*.
325.3 norðan *39, F, 325, J1, ÓlTr*, norðr *K*.
325.11 kom fram] + norðr *39, F, 325, J1, ÓlTr*.
326.1 hendiNi *39, F, 325, J1, ÓlTr*, hendi *K*.
326.13 ognfroþr *39, F, 325, J1, ÓlTr*, ognfroða *K*.
327.5 norðan *39, F, 325, J1, ÷ ÓlTr*, suðr *K*.

327.13–14 gamall *39, F, 325, J1, ÓlTr*, gangande *K*.
328.5 horundar fiorð *39, F, 325, J1, ÓlTr*, Hiorundar fiorð *K*.

Some of these K readings are clearly scribal errors and probably all of them are deviations from the original text of *Heimskringla*. The affinity of ÓlTr and the y-class is clearly shown by common deviations from the x-class:

(1) 242.6 ok *K, 39, F, ÷ 325, J1, ÓlTr*.
(2) 244.13 Dvalðisk hann *K, 39, F*, dvolðvz þeir *325, J1, ÓlTr*.
(3) 245.5 í hernað fóru, ok *K, 39, F*, foro ihernat. at *325, J1, ÓlTr*.
(4) 245.12 Tósta] + Har(alldr) hafði verít .íj. vetr a vplondvm. oc (en *J1, ÓlTr*, + hann var *ÓlTr*) .v. (+ vetr *J1, ÓlTr*) með tósta *325, J1, ÓlTr, cf. PCl 95.32*: oc blefue der udi 2 Aar, *and 96.7*: oc blef saaledis der udi 5 Aar.
(5) 246.9 herjar *K, 39, F*, heriaði *325, J1, ÓlTr*.
(6) 246.10 mannfólk] + bæði (÷ *325*) rika oc orika *325, J1, ÓlTr*.
(7) 246.13 ok *K, 39, F*, En*n 325, J1, ÓlTr*.
(8) 247.3 alla *K, 39, F, ÷ 325, J1, ÓlTr*.
(9) 282.6 Fellumz *K, 39, F,* Fellvmk *325, J1, ÓlTr*.
(10) 283.5 opt *K, 39, F,* optaz *325, J1, ÓlTr*.
(11) 283.14 þar *K, 39, F,* þa *325, J1, ÓlTr,* da *PCl*.
(12) 283.18 upp] + skipín *325, J1, ÓlTr*.
(13) 326.1 á því *K, 39, F,* til þess *325, J1, ÓlTr*.
(14) 326.9 ok² *K, 39, F, ÷ 325, J1, ÓlTr*.
(15) 328.1 ó- *K, 39, F,* ekki *325, J1, ÓlTr*.
(16) 328.3 segir] + þv *325, J1, ÓlTr*.

In 1, 2, 3, 5, 8 and 16 the original readings are in all likelihood preserved in the x-class, while in 4 (see p. xxi above), 9, 11 and 12 it is probably the y-class that preserves the original readings. 6 is also very likely to have the original reading in the y-class, but 7, 10, 13, 14 and 15 are uncertain. With regard to 2, it should be pointed out that the context indicates that the x reading is original: 'Dvalðisk hann þar um hríð með frændum sínum.' (HkrFJ I 244.13.) There is no mention that Hrani the Far-Travelled had relatives in Oppland, nor in fact is there mention elsewhere in *Heimskringla* that Haraldr grenski (the Grenlander) had relatives there. But both ÓlH and *Haralds þáttr hárfagra* in Flateyjarbók say that Bjǫrn the Merchant, grandfather of Haraldr grenski, was the son of Svanhildr, the daughter of Earl Eysteinn of Hedemark (ÓlHJH 6.19–7.2, FlatChr I 575.20–22). Even though there is no way of determining for certain which class is closer to the original text in these examples, with the possible exception of 4 and 9, they are clear evidence that the *Heimskringla* manuscripts are divided into two classes. It is also clear that the manuscript used by the compiler of ÓlTr was of the y-class.

It is obvious from the common readings in 39 and Fríssbók that the x-class is divided into two branches, with Kringla on the one side and 39 and Fríssbók on the other. The following are examples of common readings in 39 and Fríssbók which differ from the text of Kringla:

241.15 Þá draga (drogv *325*) þeir *K*, *325*, *J1*, Þeir draga *39*, *F*, Drógu þeir þá *ÓlTr*.
242.7 var *K*, *325*, *J1*, Varþ *39*, *F*.
243.11 um *K*, *J1*, *ÓlTr*, of *39*, *F* *(lacuna in 325)*.
243.15 út] + oc *39*, *F*.
245.5 Haraldr *K*, *325*, *J1*, *ÓlTr* and *ÓlH*, H*ann 39*, *F*.
282.14 um várit *K*, *325*, *J1*, *ÓlTr*, vm (of *F*) svmarit *39*, *F*.
324.12 skjaldhlynr *K*, *325*, *J1*, *ÓlTr*, scïald (skíalld *F*) dynr *39*, *F*.
324.15 fyr *K*, *325*, *J1*, *ÓlTr*, fra *39*, *F*.
324.16 rǫndu *K*, *ÓlTr*, renndv *39*, *F*, rendv *325*, runðo *J1*.
326.12 Setti *K*, *325*, *J1*, *ÓlTr*, Sótti *39*, *F*.
327.1 hlumr *K*, *325*, *J1*, *ÓlTr*, hlymr *39*, *F*.

In these examples Kringla agrees with the y-class manuscripts, and thus it must be assumed that the readings of 39 and Fríssbók are deviations from the original text, which indicates that 39 and Fríssbók are descended from a manuscript which was not the ancestor of other preserved manuscripts.

There are a few examples where the text of Fríssbók agrees with the y-class, while there are other readings in Kringla and 39. If it were absolutely certain that the readings common to Fríssbók and the y-class were original, this would indicate that Kringla and 39 were descended from a manuscript which was not the ancestor of other preserved manuscripts. There are six examples from the chapters under examination here, though three of them, 1, 2 and 4, have scarcely any significance:

(1) 242.5 Guðrøðr *K*, *39*, + konungr *F*, *325*, *J1*, *ÓlTr*.
(2) 242.13 út *K*, *39*, + ok *F*, *325*, *J1*, *ÓlTr*.
(3) 244.1 heim ok *K*, *39*, ÷ *F*, *325*, ibrot ok *J1*, þegar brottu *ÓlTr*, cf. *PCl*: ok K. Harald drog til sin Broder.
(4) 245.3–4 skipanar *F*, *325*, *J1*, *ÓlTr*, scipan *K*, *39*.
(5) 326.2 hǫggvinn *K*, *39*, ÷ *F*, *325*, *J1*, *ÓlTr*, + hondin *325*.
(6) 328.6 jarl *K*, *39*, ÷ *F*, *325*, *J1*, *ÓlTr*.

In 3, 'heim ok' is certainly a mistake, caused by a copyist erroneously writing 'heim' after 'konungr', and then correcting this by adding 'ok' and then continuing with the correct text ('til fundar', *et-aut correctio*). The original text is the one preserved in Fríssbók and 325 VIII, and the text in the manuscript used by Peder Claussøn would have been the same. But it is far from certain that the words 'heim ok' were not in the exemplar of Fríssbók; its copyist might easily have left them out even if they were there. In 6 the original text is in all likelihood that preserved in F, 325, J1 and ÓlTr, and it is just as likely that the copyists of Kringla and 39 did not take the word *jarl* from their exemplars, but added it in because they felt it to be lacking in the sentence. On the other hand, in 5 there is probably a common error in F and the y-class manuscripts. The best course is thus not to draw any conclusions from the readings common to Kringla and 39, and it appears out of the question that these manuscripts could have had a common ancestor from which Fríssbók is not descended.

Within the y-class itself, ÓlTr fairly often agrees with 325 VIII:

(1) 242.17 Tryggva konungi orð *K, 39, F, J1*, orð tryggva konvngi *325, ÓlTr*.
(2) 243.1 báðir] + saman *325, ÓlTr*.
(3) 244.2 leggja þeir *K, 39, F, J1*, ok (÷ *325*) logðv *325, ÓlTr*.
(4) 245.1 Haraldi] + grenska *325, ÓlTr*.
(5) 245.2–3 Haraldr grenski *K, 39, F, J1*, hann *325, ÓlTr*.
(6) 246.3 fara [. . .] hafa *K, 39, F, J1*, oc forv [. . .] hofðv *325, ÓlTr*.
(7) 246.8 heldr *K, 39, F, J1*, hellt *325, ÓlTr*.
(8) 246.10 ok þá *K, 39*, Siþan *F, J1*, ÷ *325, ÓlTr*.
(9) 282.14 Ragnfrøðr] + konvngr *325, ÓlTr*.
(10) 283.13 orrosta varð hǫrð *K, 39, F, J1*, þar varð horð orrosta *325, ÓlTr*.
(11) 283.17 til *K, 39, F, J1*, ÷ *325, ÓlTr*.
(12) 326.3 at *K, 39, F, J1*, ÷ *325, ÓlTr*.
(13) 328.7 hafði] + hann *325, ÓlTr*.

These examples can hardly be regarded as absolute proof that 325 VIII and ÓlTr are descended from a manuscript of the y-class which was not also an ancestor of Jöfraskinna. Only 5, 8 and 10 are worth taking into consideration.

There is also a considerable number of examples of readings common to Jöfraskinna and ÓlTr that do not appear in other manuscripts:

(1) 241.11 þau *K, 39, F, 325, ÓlTr*, ÷ *J1*, + nu *J1, ÓlTr*.
(2) 243.5 austan *K, 39, F, 325*, østen *PCl*, vestan *J1, ÓlTr*.
(3) 244.12 fóstri *K, 39, F, 325*, fostbroðir *J1, ÓlTr*, Fosterbroder *PCl*. menn] + adrir *J1, ÓlTr*.
(4) 245.2 ór *K, 39, F, 325*, af *J1, ÓlTr*.
(5) 245.7 bæri *K, 39, 325*, baru *J1, ÓlTr, different text in F*.
(6) 246.16 af landi segl hans *K, 39, F, 325*, segl hans af landi *J1, ÓlTr*.
(7) 283.15 ǫll skipin *K, 39, F, 325*, skipinn aul *J1*, skipin ǫll *ÓlTr*.
(8) 283.18 af skipum *K(35)*, af sciponom *K(18), 39, F, 325*, a land *J1, ÓlTr*, paa landet *PCl*.
(9) 324.10 sem *K, 39, F, 325*, ok *J1, ÓlTr*.
(10) 325.6 koma] + vtan *J1, ÓlTr*.
(11) 325.10–11 hleypiskútu eina (nokkora *325*) *K, 39, F, 325*, eina hleypi skutu *J1, ÓlTr*.

(12) 326.5 marga] + goða *J1, ÓlTr.*
(13) 326.14 háfa *K, 39, F, 325,* hara *J1,* hárra *ÓlTr.*

1, 2, 3, 9, 10, 12 and 13 can hardly be interpreted as other than an indication of a common ancestor for Jöfraskinna and ÓlTr from which no other preserved manuscripts are descended. But there are also examples of correspondences between ÓlTr and PCl which do not appear in other texts, which could admittedly be the result of PCl being descended from ÓlTr, see p. xliv below:

242.6 Haraldr] + bróðir hans *ÓlTr,* cf. *PCl:* at hand icke vilde vige sin Broder i nogen Jdred.
242.14–15 austr hafleið *K, 39, F, 325, J1,* hafleið austr *ÓlTr,* Haffleden øster *PCl.*
243.13 Fóru þeir *K, 39, F, 325, J1,* Fór *ÓlTr,* cf. *PCl:* oc hand drog. konungr] + með lið sitt þegar hina sǫmu nótt *ÓlTr,* + met sit Folk *PCl.*
244.10 Haraldr] + son hans *ÓlTr,* cf. *PCl:* hans Søn Harald.
246.16 ok (÷ *J1*) útleið, svá at ekki sá *K, 39, 325, J1,* svá hafhallt at ekki mátti siá *ÓlTr,* saa langt i Hafuit/ at de icke kunde see *PCl.*

There is one example of a correspondence between Jöfraskinna, ÓlTr and PCl where 325 VIII agrees with the x-class:

283.18 ok alt (÷ *325*) lið hans af skipunum (scipom *K(35)*) ok drógu upp *K(18), 39, F, 325,* + skipín *325,* a land með allt liþit ok drogv vp skipin *J1,* ok allt lið hans á land ok drógu upp skipin *ÓlTr,* paa Landet met alt sit Folck *PCl.*

Probably the original reading of *Y is preserved in 325 VIII, while the change in the other y-class manuscripts has been made by a copyist to avoid repetition (*skipunum . . . skipin*). The reading in PCl is most closely related to Jöfraskinna, while the correspondence between Jöfraskinna, ÓlTr and PCl undeniably indicates an intermediary between them and *Y from which 325 VIII is not descended.

In 325 VIII and PCl there are two deviations which do not appear in Jöfraskinna and ÓlTr; the second is especially interesting:

244.11 fyrst *K, 39, F, J1, ÓlTr,* ÷ *325, PCl.*
245.17 Styrbjǫrn] + hinn sterki *325,* + hin stercke *PCl.*

The words 'hin stercke' would hardly be expected to appear in PCl if they were not in the manuscript from which Peder Claussøn translated. Thus this reading in 325 VIII and PCl must be interpreted as an indication of a common ancestor to these two texts from which other y-class manuscripts are not descended. Otherwise it must be assumed that copyists of other y-class manuscripts omitted these words, and the same applies to an example of a deviation in Jöfraskinna and PCl which does not appear in 325 VIII and ÓlTr and undeniably points to a common ancestor for Jöfraskinna and PCl:

247.2 lengi] + um sumarit *J1*, + om Sommeren *PCl*.

There are three readings common only to 325 VIII and Jöfraskinna, with 1 and 3 being especially interesting:

(1) 245.5 fá *K, 39, F, ÓlTr*, afla *325, J1*.
(2) 245.16 Eiríkr] + konungr *325, J1*.
(3) 325.13 suðr í landi *K, 39, F, ÓlTr*, i land *325, J1*.

Examples have been given above (from p. xxxii) of correspondences between individual y-class manuscripts which give conflicting indications about the relationships between them. They lead to the conclusion that it is hardly possible to construct a reliable stemma for these manuscripts.

In a very few cases, individual manuscripts from each of the x- and y-classes share readings which do not appear in other manuscripts. There are two examples of this in Kringla and Jöfraskinna, both of them very likely independent deviations by two copyists from their exemplars:

245.1 af *K, J1*, at *39, F, 325, ÓlTr*.
246.10 ok² *K, J1*, ÷ *39, F, 325, ÓlTr*.

The same explanation may also apply to this example of a correspondence between Fríssbók, Jöfraskinna and ÓlTr:

326.4 þar *K, 39, 325*, þat *F, J1, ÓlTr*.

And also to these two examples of deviations common to Fríssbók and Jöfraskinna:

282.4–5 í Gráfeldardrápu *K, 39, 325, ÓlTr*, ÷ *F, J1*.
283.12 ok *K, 39, 325, ÓlTr*, ᴇɴ *F, J1*.

It is more difficult, however, to explain one example of a reading common to Fríssbók and 325 VIII, and numerous examples of readings common to Fríssbók and ÓlTr:

325.10 er sá maðr nefndr *K, 39, J1*, het sa maðr *F, 325*, cf. *ÓlTr*: 325.9–10 Geirmundr — nefndr] Sá maðr var nefndr Geirmundr *ÓlTr*.
242.3 mælti] + ᴇɪɴ *F*, + þá einn *ÓlTr*.
242.9 vitrir *K, 39, 325, J1*, vitrari *F, ÓlTr*.
244.10 fǫður síns *K, 39, 325, J1*, konungs *F, ÓlTr*.
245.12 eptir *K, 39, 325, J1*, ÷ *F, ÓlTr*.
283.2 þá *K, 39, 325, J1*, ÷ *F, ÓlTr*.
326.1 ok *K, 39, 325, J1*, ÷ *F, ÓlTr*.
327.8 Landzmenn, þótt (þo at *325*) víkingar fynni (fyndi þa *325*) *K, 39, 325*, þott landzmenn fyndi þa *J1*, Eɴ þótt (þó at *ÓlTr*) þeir fyndi landz menn *F, ÓlTr*.
327.9–10 Víkingar *K, 39, 325*, Joms vikingar *F, ÓlTr*, ÷ *J1*.
327.12 er vígt var at *K, 39, 325, J1*, sem (er *ÓlTr*) at var vígt *F, ÓlTr*.

Before proceeding further, an examination should be made of the relationship between ÓlTr and manuscripts of *Heimskringla* elsewhere than in the sections which have been examined up until now.

Jöfraskinna is the only one of the y-class manuscripts which has a large portion of the text comparable to that of *Heimskringla* in ÓlTr. Where these two texts share common deviations from the x-class text it is likely that these readings are descended from the archetype of the y-class, *Y, but this is not absolutely certain. Where 325 VIII and 325 XI can be used for comparison it turns out that these manuscripts agree in rather many instances with the x-class whereas Jöfraskinna and ÓlTr share readings, apparently deviating from what was originally in *Y. In order to obtain a better idea of the relationship between y-class manuscripts we can look at the following readings occurring in the sections of the text which are preserved in 325 VIII and 325 XI and have not been taken into consideration in the foregoing discussion.

In these sections there are many examples of deviations from the x-class text common to all y-class manuscripts. The following are the main ones:

167.13 þá *K, F*, sva *325, J1, ÓlTr, ÓlH 325 VII, 75c and 325V, cf. ÓlHJH 16.12*.
167.15 þá *K, F*, ÷ *325, J1, ÓlTr and all manuscripts of ÓlH, cf. ÓlHJH 16.14*.
169.3 efni *K, F*, efni sin *J1*, sín efní *325, ÓlTr, ÓlH St2 etc., cf. ÓlHJH 17.10*.
171.1 land lítit *K, F, ÓlTr (C², D²)*, lond litil *325, J1, ÓlTr (A, B)*, lidet Land *PCl*.
171.5 vetr *K, F*, ár *325, J1, ÓlTr*, Aar *PCl*.
171.6–7 var honum ekki um Norðmenn *K, F*, var hann (Hann var *ÓlTr*) ecki vinr (vin *J1, ÓlTr*) norðmanna *325, J1, ÓlTr*, hand var icke Nordmends Ven *PCl*.
247.9 fór *K, F*, sigldi *325, J1, ÓlTr*, sejlede *PCl*.
247.11 kómu *K, F*, oc comv *325*, ok kom *J1, ÓlTr*.
247.12 lið] + mikit *325, J1, ÓlTr*.
249.9 hvílu *K, F*, reckiv *325, J1, ÓlTr*.
250.16 lopt *K, F*, loptz *325, J1, ÓlTr*.
251.8 Þar *K, F*, Þa *325, J1, ÓlTr*, Samme tid *PCl*.
285.5 liðs *K, F*, hers *325, J1, ÓlTr*.
286.7 væri *K, F*, var *325, J1, ÓlTr*.
286.8 Ragnfrøðar] + konungs *325, J1, ÓlTr*.
286.8–9 skipum sínum *K*, skípí síno *F*, skíp sín *325, J1, ÓlTr*.
287.1 Þinganesi *K, F, ÓlTr (A, C²)*, dínga nesí *325, ÓlTr (B, C¹, D¹²)*, Digranesi *J1*, Dyngenas *PCl*.
287.16 þar *K, F*, svðr *325, J1*, suðr í landi *ÓlTr*, der synder i Landet *PCl*.
293.6 ríku *K, F*, rikvztv *325, J1, ÓlTr*.
293.10 ágætis *K, F*, agæta *325, J1, ÓlTr*.
320.11 hvártveggi þeira *K, F*, hvarr þeira (÷ *ÓlTr*) konunga *325, ÓlTr*, hvar konunganna *J1*.
321.10 Skáni *K, F*, skaney *325, J1, ÓlTr*.

322.16 ok *K, F*, enn *325, J1, ÓlTr*, oc *PCl*.
442.11 megin] + lagði at *325, J1, ÓlTr, cf. PCl*: oc paa den anden side lagde Erick Jarl til.
444.6 á þá *K, F*, paa hans Folck *PCl*, ÷ *325, J1, ÓlTr*.
444,9 skip *K, F*, skipín *325, J1, ÓlTr*.
444.15 hrauð] + hann *325, J1, ÓlTr*.
444.16 þat² *K, F*, ÷ *325, J1, ÓlTr*.
445.7 á *K, F*, af *325, J1, ÓlTr*.
446.1 lið *K,F*, folk *325, ÓlTr, abridged text in J1*.
447.2 sik *K, F*, ÷ *325, J1, ÓlTr, cf. PCl*: neppelig kunde de verje sig.
447.4 váru *K, F*, vrðv *325, J1*, gerðuz *ÓlTr*, vaare *PCl*.
447.8 flestir *K, F*, slett *325, ÓlTr*, ÷ *J1, PCl*.
447.13 gerþuz *K*, gerþv *F*, [gerð]vt *325, J1, ÓlTr*.
448.20 ǫrvarinnar *K*, orvarnar *F*, orína *325, ÓlTr*, aurna *J1*.
449.4 lypting *K, F*, lyptingv *325, J1, ÓlTr*.
449.13 mǫnnum] + sinvm *325, J1, ÓlTr*, sine mend *PCl*.
452.4 lypting *K, F*, lyptingína *325, J1, ÓlTr*.
452.10 at¹ *K, F*, ÷ *325, J1, ÓlTr*.

The following are the chief examples where Jöfraskinna and ÓlTr share common readings but 325 VIII agrees with the x-class:

168.1 æ *K, F, 325*, ÷ *J1, ÓlTr*.
168.2 menn *K, F, 325*, ÷ *J1, ÓlTr*.
170.5 Hann *K, F, 325*, eiʀikr *J1, ÓlTr, cf. PCl*: oc bode hand.
171.4 hann hafði *K, F*, þa hafðe hann *J1, ÓlTr*, þa er hann hafði *325*.
172.1 flýði] + vnðan *J1, ÓlTr*.
172.4 ok leitaði eptir mǫnnum *K, F, 325*, ÷ *J1, ÓlTr, PCl*.
249.8 fǫður Eindriða *J1, ÓlTr*, ÷ *K, F, 325, PCl*.
249.19 ganga (gengv *325*) þeir at konungi *K, F, 325*, veita (veittu *ÓlTr*) þeir (+ Sigurði *ÓlTr*) konungi atsokn *J1, ÓlTr*.
250.16 harðr *K, F, 325*, harð *J1, ÓlTr*.
285.4 her *K, F, 325*, lið *J1, ÓlTr*, Folck *PCl*.
285.5 þeir *K, F* ÷ *J1, ÓlTr, different text in 325*.
287.7 of *F, 325*, um *K*, aðr *J1, ÓlTr*.
287.9 at *K, F, 325*, af *J1, ÓlTr*.
292.12 hefjask] + miok *J1, ÓlTr*. þat *K, F, 325*, þeir *J1, ÓlTr*.
293.3 at] + iðrottum *J1, ÓlTr*.
293.3–4 atgǫrvi ok vinsælð (vínsęlðom *F*) *K, F, 325*, vinsælþ ok at gerfi *J1, ÓlTr*.
293.8 ok² *K, F, 325*, ÷ *J1, ÓlTr*.
293.15 fýstisk *K, F, 325*, fysizt *J1, ÓlTr*.
322.18 strengðu] + þar *J1Ó*.
323.3 þat *K, F, 325*, þetta *J1, ÓlTr*.
323.16 dregnum *K, F, 325*, dra/gnom*m J1*, drǫgnum *ÓlTr*.
442.9 sitt *K, F, 325*, sin *J1, ÓlTr*.

444.11 Svía-konungr *K*, *F*, *325*, sǫnski *J1*, *ÓlTr*, Fønske *PCl*.[9]
444.13 skip *K*, *F*, *325*, storskip *J1*, *ÓlTr*, cf. *PCl*: oc en part aff Skibene.
447.3 lǫgðu *K*, *F*, *325*, lagu þa *J1*, *ÓlTr*.
447.14 megin *K*, *F*, *325*, heðins *J1*, *ÓlTr*.
447.17 hvars *K*, *F*, *325*, þars *J1*, *ÓlTr*.
450.17 er *K*, *F*, *325*, enn *J1*, *ÓlTr*.
451.12 á Orminum *K*, *F*, *325*, paa Ormen *PCl*, ÷ *J1*, *ÓlTr*.
451.13 Eiríkr *K*, *F*, *325*, ÷ *J1*, *ÓlTr*.
452.10 lǫgðu *K*, *F*, *325*, lagu *J1*, *ÓlTr*.
452.13–14 Kolbjǫrn] + stallari *J1*, *ÓlTr*, + Staldere *PCl*.

Two of these show significant correspondences between Jöfraskinna, ÓlTr and PCl, namely those at 285.4 and 452.13–14.

As has already been mentioned, however (see p. xxxii above), there are also cases where 325 VIII and ÓlTr have the same deviation but Jöfraskinna agrees with the x-class:

167.15 aðrir] + þeir *325*, *ÓlTr*.
170.11 tungu] + sem *325*, *ÓlTr*, + saasom *PCl*.
172.3 treystisk *K*, *F*, *J1*, treysti *325*, *ÓlTr*.
248.4 þar (÷ *J1*) á sumrum *K*, *F*, *J1*, ÷ *325*, *ÓlTr*.
292.11 optliga *K*, *F*, *J1*, opt *325*, *ÓlTr*.
321.13 heit] + at *325*, *ÓlTr*.
324.5 boð] + svðr *325*, *ÓlTr*.
448.12 mann *K*, *F*, *J1*, maɴinn *325*, *ÓlTr*.
448.19 kastaði] + konungr *325*, *ÓlTr*.
451.4 skipan *K*, *F*, skipun *J1*, skipaniɴ *325*, *ÓlTr*.
451.5 annat sinn *K*, *F*, *J1*, atter *PCl*, ÷ *325*, *ÓlTr*.

Here we have one example of clear agreement between 325 VIII, ÓlTr and PCl, that at 170.11, but this could be because PCl is following ÓlTr. Nevertheless, although the examples listed here indicate a relationship between 325 VIII and ÓlTr, it is doubtful whether any of them should be regarded as clear evidence that these two texts are descended from a manuscript which was not the ancestor of any other preserved manuscript.

There is one example of a common deviation in 325 VIII and Jöfraskinnu where ÓlTr agrees with the x-class:

447.1 varla *K*, *F*, *ÓlTr*, illa *325*, *J1*.

Here the manuscript from which Peder Claussøn translated had the same reading as the x-class; he has 'saa at neppelig kunde de verje sig paa Ormen Lange' (PCl 177.20–21) corresponding to 447.1–2: 'at varla mátti hlífum fyrir sik koma'.

---

[9] See Gustav Storm 1873, 214.20–24.

In that part of ÓlTr which corresponds to the text of 325 XI, *Heimskringla* has been used very little, but where the texts can be compared 325 XI generally agrees with Jöfraskinna and ÓlTr where their readings deviate from the texts of Kringla and Fríssbók.[10] Readings which show that 325 XI belongs to the y-class include, for instance, the following:

258.13 ok *K, F,* ÷ *325, J1, ÓlTr.*
258.18 vizcom *K, F,* vizlum *325, J1, ÓlTr.*
259.14 þorpinu *K, F,* þorpum *325, J1, ÓlTr.*
260.3 styggliga *K, F,* hart (herst *ÓlTr, J1*) ok illiliga (lét ófrýnliga *ÓlTr*) *325, J1, ÓlTr.*
261.4 Ástríðr *K, F,* hon *325, J1, ÓlTr.*
261.5 Óláfr *K, F,* ÷ *325, J1, ÓlTr.*
263.14 Klerkón, eistneskr maðr *K, F,* sa maðr er klerkon het *325, J1, ÓlTr.*
265.11 Óláfi *K, F,* honom *325, J1, ÓlTr.*
265.13 svaraði ok *K, F,* ÷ *325, J1, ÓlTr.*
266.9 eða *K, F,* ok *325, J1, ÓlTr,* + svá *ÓlTr.*
266.12 svá] + ok *325, J1, ÓlTr.*

In the text which is preserved in 325 XI there are only two cases where 325 XI and ÓlTr have deviations from other manuscripts in common. The first is of little consequence but in the second there is a different wording in Jöfraskinna which is probably a deviation from the original y-text:

265.12 tíðendi *K, F, J1,* tiþendin *325, ÓlTr.*
266.11–12 þetta rœða við konung K, F, þetta rœða fyrir konunge *325, ÓlTr,* segia þetta konungi *J1*.

These examples are not enough to prove that 325 XI and ÓlTr are descended from a manuscript which was not the ancestor of other manuscripts.

There is one example of a reading common to 325 XI and J1 where ÓlTr agrees with F:

258.17 i brot *K,* brot *F, ÓlTr,* ut *325, J1*.

This does undeniably indicate an intermediary between *Y and 325 XI / Jöfraskinna which was not the ancestor of the manuscript used by the compiler of ÓlTr.

There is also, however, an example of the same reading occurring in J1 and ÓlTr where 325 XI follows K and F:

260.18 Ástríðr var *K, F, 325,* þa/ vorv *J1, ÓlTr.*

More examples than just this one would be necessary to make it likely

---

[10] Due to a lacuna in 39 that manuscript cannot be used here for comparison with 325 XI.

INTRODUCTION xxxix

that Jöfraskinna and ÓlTr were descended from an intermediary between themselves and *Y from which 325 XI was not descended.

In passages preserved in the fragments 325 VIII and 325 XI there are cases where Fríssbók agrees with the y-class but a different text is found in Kringla. The following examples are from text where 39 is not comparable; the first group is from a passage preserved in 325 VIII from which examples were not listed earlier:

285.1 at *K*, ÷ *F, 325, J1, ÓlTr.*
286.5 liði þessu ǫllu *K*, her þessum (þessom her *F*) ollum (÷ *ÓlTr*) *F, 325, J1, ÓlTr.*
292.4 kærleika *K*, kørleik *F, 325, J1, ÓlTr.*
292.10–11 En varð þat *K*, þat varð þar *F*, þar varð þat *325*, En þa var (varð *ÓlTr*) þat *J1, ÓlTr.*
293.4 sem hann er *K*, ÷ *F, 325, J1, ÓlTr.*
321.3 Skáni *K*, skaneyio *F*, skaney *325, ÓlTr,* ÷ *J1.*
324.6 í[1] *K*, ÷ *F, 325, J1, ÓlTr.*
324.7 síðan *K*, ÷ *F, 325, J1, ÓlTr.*
440.14 verja *K*, verje *PCl*, ÷ *F, 325, J1, ÓlTr.*
441.5 um *K, J1*, yfir *F, 325, ÓlTr*, ofuer *PCl.*
441.9–10 tjúguskegg *K*, ÷ *F, 325, J1, ÓlTr, PCl.*
441.13 frá] + a *F, ÓlTr, lacuna in 325, paraphrased in J1.*
446.3 Barðanum *K*, barðan *F, 325, J1, ÓlTr.* þar] ÷ *F, 325,* + þa *F, 325, J1, ÓlTr.*
448.9 út *K*, vtí *F, J1, ÓlTr,* [vt]i *325.*
449.13 inni *K*, ÷ *F, 325, J1, ÓlTr.*
449.14 brynstúkunni] + ᴇɴ *F, 325, J1, ÓlTr.*
450.5 skip *K*, skipít *F, 325, J1, ÓlTr.* þar *K*, þa *F, 325, J1, ÓlTr.* mannanna *K*, manna *F, J1, ÓlTr, lacuna in 325.*
450.6 uppgǫngunnar *K*, vppgongo *F, 325, J1, ÓlTr.*
450.7 með *K*, við *F, J1, ÓlTr, lacuna in 325.*

The second group is from a passage preserved in 325 XI:

260.1 eða *K*, ok sva *F, 325, J1, ÓlTr.*
260.3 sína] + ok *F, 325, J1, ÓlTr.*
260.4 veg *K*, vegíɴ *F, 325, J1, ÓlTr.*
261.2 sín *K*, sitt *F, 325, J1, ÓlTr.*
263.15 gamall *K*, of gamall *F, 325, J1, ÓlTr.*
264.2 Réás] + ᴇɴ *F, 325, J1, ÓlTr.*

It is most likely that the readings in Kringla in both groups are all deviations from the original text, although this is not completely certain because Fríssbók is not sufficient evidence on its own to allow conclusions as to whether Kringla or the y-class contain a more original text. That the latter is sometimes the case is, for instance, evident from agreements between Fríssbók and one or two manuscripts of the y-class. The following are examples where Fríssbók agrees with 325 VIII and ÓlTr that have not been previously mentioned (see p. xxxiv above):

(1) 321.5 þeim *K, J1,* ÷ *F, 325, ÓlTr.*
(2) 322.7 Þorkell] + hín *F, 325, ÓlTr,* + den *PCl.*
(3) 322.10 myndi *K,* munde *J1,* skylldi *F, 325, ÓlTr,* skulle *PCl.*
(4) 442.6 þeir *K, J1,* þviat þat (þeir *ÓlTr; the word is illegible in 325) F, 325, ÓlTr,* thi de *PCl.*
(5) 445.4 svá *K, J1,* ÷ *F, 325, ÓlTr.*

In 4 there is a significant agreement between ÓlTr and PCl, and the same reading is very likely to have been in 325 VIII.

There is one case where the same reading appears in Fríssbók, 325 VIII and Jöfraskinna, and this same reading appears to have been in the manuscript which Peder Claussøn translated from:

322.9 svá at *K, ÓlTr,* meðan *F, 325, J1,* imeden *PCl.*

There are three examples of agreements between Fríssbók, Jöfraskinna and ÓlTr in the text preserved in 325 VIII and two in 325 XI:

287.5 varð *K, 325 VIII,* var *F, J1, ÓlTr.*
445.4 tengslunum *K, 325 VIII,* tengslum *F,* tengslum *J1, ÓlTr.*
453.3 Eiríki *K, 325 VIII,* ÷ *F, J1, ÓlTr.*
258.13 herað *K, 325 XI,* + þat *F, J1,* þat herað *ÓlTr.*
265.9 niðri *K, 325 XI,* ÷ *F, J1, ÓlTr.*

These examples of textual variation would scarcely be significant if there were not additional correspondences between Fríssbók and ÓlTr; they will be discussed below.

Furthermore there are three examples in text preserved in 325 VIII where Fríssbók agrees with Jöfraskinna:

322.10–11 með (firi *325)* þeim *K, 325, ÓlTr,* ÷ *F, J1.*
441.9 þar *K, 325, ÓlTr,* þat *F, J1.*
451.6–9 En — viðrtǫku *K, 325, ÓlTr (with variant readings),* ÷ *F, J1 (saut du même au même).*

None of these examples is sufficient to prove a special relationship between Fríssbók and Jöfraskinna. On the other hand, there is a suspiciously large number of correspondences between Fríssbók and ÓlTr, of which the following are in text preserved in 325 VIII, in addition to those already mentioned (p. xxxiv above):

164.6 Þau *K, 325, J1,* Þessi *F, ÓlTr,* disse *PCl.*
171.2 sumrum] + hann *F, ÓlTr.*
171.8–9 af Játmundi konungi, at hann myndi (+ þa *325) K, 325, J1,* at eatmvndr konungr mvndi þa (÷ *ÓlTr) F, ÓlTr.*

248.11 herjaði *K, 325, J1*, hann heriaði *F*, heriaði hann *ÓlTr*.
292.3 yfirlát *K, 325, J1*, yfirlǫti *F, ÓlTr*.
292.9 maðr *K, 325, J1*, ÷ *F, ÓlTr*.
322.4 síðan *K, 325, J1*, ÷ *F, ÓlTr* .
322.8 Sigvalda] + b(roður) sinum *F, ÓlTr*, sin Broder *PCl*.
323.9 þess getr *K, 325, J1*, sva s(egir) *F, ÓlTr*.
324.5 senda *K, 325, J1*, þeir sendo *F, ÓlTr*.
445.19 ok *K, 325*, ÷ *F, ÓlTr, a different text in J1*.
446.2 hans manna *K, 325 and comparable text in PCl*, ÷ *F, ÓlTr, a different text in J1*.
449.1 ok kastaði *K, 325, J1*, kastaþi hann þa *F, ÓlTr*, oc hand kaste *PCl*.
449.2 þá *K, 325, J1*, ÷ *F, ÓlTr*.
449.8 illa bitu (beit *325, J1*) *K, 325, J1*, + sverþín *F*, sverðin bitu illa *ÓlTr*, Suerdene bede lidet *PCl*.
449.15 veit *K, 325, J1*, vissi *F, ÓlTr*, viste *PCl*.
450.4 En ⌜er lið (liðit *J1*) fell *K, 325, J1*, fell liþít *F*, þá fell liðit *ÓlTr*.
450. 9 ok² *K, 325, J1*, ÷ *F, ÓlTr*.
451.13 konungr *K, 325*, konungrín *F, ÓlTr, a different text in J1*.
452.13 sjálfr ok þeir *K, 325, J1*, ok *F, ÓlTr*.
452.14 báðir (+ þeir *325*) hljópu þá (÷ *325*) *K, 325, J1*, líopo þa baðir *F, ÓlTr*.

In addition, in several places the texts of Fríssbók and ÓlTr have 'landit' where other manuscripts have 'land', for instance 162.17, 166.13, 169.1 (land *K, J1*, landit *F, 325, ÓlTr*), 169.16 (land *K, 325*, landit *F, J1, ÓlTr*), 175.2.

These two examples are found in text preserved in 325 XI:

264.14 bjóðaskalla *K, 325, J1*, af oprvstoðum *F, ÓlTr*, af Obrestad *PCl*, + ríks manns *ÓlTr*.
266.11 rœða *K, 325, J1*, tala *F, ÓlTr*.

Neither of these examples indicates a common ancestor for Fríssbók and ÓlTr from which other manuscripts were not descended. In the first example the sentence in ÓlTr is identical to ÓlO (ÓlOFJ 24.26–27), and the reading in Fríssbók could have originated there (see pp. xlii–xliii below), though it is more likely, in view of the correspondence with PCl, that it has come from a y-class manuscript.[11]

There are three examples in text preserved in 325 VIII where common readings are preserved in Kringla and ÓlTr whereas Fríssbók follows other y-class manuscripts, and the second of these is interesting:

(1) 163.19 flýðu] + þá *F, 325, J1*.

---

[11] In *PCl* the additional 'ríks manns' of ÓlTr is not included, which indicates that here Peder Claussøn was not using the summaries of ÓlTr, see p. xliv.

(2) 444.8 konungrinn Sveinn *K, ÓlTr*, sveinn konungr *F, 325, J1*.
(3) 451.20 of *F, 325, J1*, um *K, ÓlTr*.

Even though it is clear that Fríssbók is descended from the same x-class manuscript as 39, its text deviates in many places from that of Kringla and 39. The correspondences with the y-class cannot result from the y-class manuscripts being descended from the same archetype as Fríssbók; if this were the case, deviations common to 39 and Fríssbók should also appear in the y-class. On the other hand the greater number of correspondences between Fríssbók and ÓlTr than between it and other y-class manuscripts is an indication that the y readings in Fríssbók have come from a specific manuscript of the y-class. Most probably the explanation is to be found with the copyist of Fríssbók himself.

Fríssbók contains the following addition to the description of Vagn Ákason's oath at King Sveinn Forkbeard's funeral feast for his father:

322.17 hans] + vttan frønda rað *F*.

This addition comes from *Jómsvíkinga saga*, but is not taken verbatim from any of the preserved versions of that saga. Apparently the scribe knew the saga and felt that this point, which had remained in his memory, was lacking in Vagn's oath. The same is probably true of the addition after HkrFJ I 292.6 'land sitt', where a scaldic verse is interpolated and attributed to Hallar-Steinn. The scribe doubtless knew the verse, whether or not he has attributed it to the proper author.[12] In HkrFJ I 403.1–18 'Þessir — Brandzson' has been omitted, and inserted in its stead is an account of Kjartan Ólafsson testing his swimming prowess against King Óláfr Tryggvason (HkrFJ I xxi–xxii, 292 and 403). The substance of the text agrees with the account in Oddr Snorrason's *Óláfs saga* in AM 310 4to, and in many places the wording is very close to that of this version of the saga (ÓlOFJ 122.15–124.6). But whether the scribe used a written source or trusted his own memory is uncertain. If he did excerpt a written source it could have been the manuscript in which only two leaves of Oddr's *Óláfs saga* now survive in Uppsala University Library, DG 4–7. The same is probably the case with the sentence which has been inserted after HkrFJ I 412.8 'má' and has definitely come from Oddr's *Óláfs saga*: 'þat var at lengð .ííí j. alnar híns átta tígar er gras løgt var.' This sentence corresponds to the manuscripts of Oddr's *Óláfs saga*, AM 310 4to and Perg. 4to nr 18, as shown in the following (310 (18, F)):

---

[12] Finnur Jónsson attributes the verse to Hallfrøðr (HkrFJ I 292 footnote and Skjd I A 156). His grounds for doing so are not apparent.

ÓlOFJ 158.4–5 and 25–26: ok eru (+ þat *18*, þat var at lengð *F*) fiorar alnar hins atta tigar þat (÷ *18, F*) er iarðlægt (graslegt *18, F*) var (er *18*).

It is clear that the sentence in Fríssbók has not been taken directly from either AM 310 4to or Perg 4to nr 18. The word *graslægt*, which is common to Perg 4to nr 18 and Fríssbók, has probably come from the original version of the translation of Oddr's *Óláfs saga*.

The scribe of Fríssbók would have been an experienced copyist and would certainly have copied more sagas than just *Heimskringla* and doubtless remembered various things from them. If he copied *Heimskringla* from a manuscript of the y-class before he wrote Fríssbók it could well be that his pen produced occasional fragments of the wording which he recalled from that manuscript, although the deviations are probably more numerous and more extensive than could be completely accounted for by such an explanation. Probably it must be assumed that he (or whoever dictated to him) had a y-class manuscript close at hand and selected readings from it where he felt so inclined. He proceeded in a similar fashion for the final third of *Heimskringla*, where he makes alternate use of manuscripts of *Heimskringla* and *Morkinskinna*.[13] If the deviations are the work of the scribe of Fríssbók, it is clear that he did not consider himself to be restricted to using the text of one exemplar.

Where 39 can be used for comparison it is easy to see where the Fríssbók copyist has deviated from his principal exemplar. In these parts many of the deviations in Fríssbók from the text of Kringla and 39 do not agree with any other manuscripts, while others, such as the following, agree either with Jöfraskinna or with ÓlTr or with both:

194.16 þá Þrœndum *K, 39, ÓlTr*, bøndom *F, J1*.
194.18 gefa Þrœndum þetta ekki *K, 39*, eigi gefa þrøndom þetta *F, J1, ÓlTr*.

Since the deviations in Fríssbók agree sometimes with one y-class manuscript, sometimes with another, it is not possible to assume that the compiler of ÓlTr used Fríssbók or a related manuscript for comparison with his main manuscript of *Heimskringla*. Any correspondences between Fríssbók and ÓlTr, and there are a great many examples in other parts of *Heimskringla* than those discussed here, are attributable to those who selected the text of Fríssbók.

---

[13] See HkrFJ I xxii; Jonna Louis-Jensen 1977, 83–94.

xliv                                    INTRODUCTION

THE FIRST THIRD OF *HEIMSKRINGLA* IN PEDER CLAUSSØN

Clearly, the manuscript of *Heimskringla* used by Peder Claussøn was of the y-class. Comparison between manuscripts of the first third of *Heimskringla* and PCl is difficult, however, because the text in PCl has often been abridged and summarised and furthermore is mixed with a text descended from ÓlTr in Bergsbók, and in some places this text is used rather than that of Hkr.[14] As a result it is impossible to deduce a great deal from agreements between ÓlTr and PCl, except where the readings clearly could not have come from Bergsbók.

The following readings, found in passages in PCl corresponding to the beginning of *Haralds saga hárfagra* in Hkr (chs 1–4, PCl 39–41), indicate that the text is descended from Bergsbók ($C^2$; references are to page and line in HkrFJ I):

98.6 Guthormr] + son Sigurðar hiartar *ÓlTr*, + Sigurd Hjortis Søn *PCl*.
102.16 at hefnda væri (sé *J1*) fyrir vert *K, J1, ÓlTr (A, B, D²), altered in F*, hon værí hefnda fyrer verd *ÓlTr ($C^{2,8}$)*, at hun er hefn eller straff værd derfore *PCl*.
102.17 orð sín *K, F, J1*, sín orð *ÓlTr*, + þvíat *ÓlTr*, + thi *PCl*.
102.17–103.1 mint mik (míg minnt *F*) þeira hluta *K, F, ÓlTr (A, B)*, mínt mig a þat *J1, ÓlTr ($C^{2,8}$)*, paamint mig det *PCl*.
103.6–7 en (æ(ða) *J1*) deyja at ǫðrum kosti *K, F, J1*, ella skal ek deyia *ÓlTr*, eller jeg skal dø der ofuer *PCl*.

But there is also an example where a reading in PCl is closer to Jöfraskinna than to ÓlTr, while another reading in the same sentence agrees well with ÓlTr:

102.3 bað þá bera þau orð sín Haraldi konungi *K, F*, Segit þ*er* þa*/* min orð konungi *J1*, Berið þau mín orð Haraldi konungi *ÓlTr*, siger *(cf. J1)* K. Harald *(cf. ÓlTr))* eders Konge/ disse mine Suar *PCl*.

Only very occasionally in ÓlTr does text correspond to chs 5–31 of *Haralds saga hárfagra* in Hkr. The corresponding text in PCl has been taken from a manuscript of Hkr, with the exception of one interpolation in a passage corresponding to ch. 21, which originated in ÓlTr. In a section corresponding to this chapter, PCl 50.3–7 has 'K. Harald — Datter', which comes from Hkr, whereas 50.8–29 'den Rigis — Døttre' agrees for the

[14] Various scholars have maintained that Peder Claussøn used Bergsbók itself. Jon Gunnar Jørgensen is, as far as I know, the most recent to have discussed this (1993, 169–97). On pp. 187–93 he surveys what scholars have written on Peder Claussøn and his use of Bergsbók and presents arguments to support his view that Peder did not use Bergsbók itself, but rather summaries of it which he had most probably obtained from a man from Trøndelag, Jón Símonarson, lawman in Agder (1512–75).

INTRODUCTION                                                                  xlv

most part with ÓlTr, although the order of the material differs. Instead of 'Sigurðr' in ÓlTrEA I 5.14 there is 'sigridr' in $C^{2,8}$. This error was in the text of ÓlTr used by Peder Claussøn; in his text he has the following, which corresponds to ÓlTrEA I 5.13–14 'þeira — Þora': 'Deris Børn vaare Evind Skaaldaspild/ oc tre døttre/ Nial oc Sigrid oc Tora.'
The passage in PCl (53.11–54.8) corresponding to ch. 26 of *Haralds saga hárfagra* has been translated from a manuscript of Hkr. One reading in a sentence which has without any doubt been taken from a Hkr manuscript indicates a relationship between this manuscript and ÓlTr (references are to page and line in HkrFJ I):

137.17 mun eigi *K, F, J1*, skal aldri *ÓlTr*, skal aldrig *PCl*.

The following readings, found in passages corresponding to ch. 32 of *Haralds saga hárfagra*, indicate that the text in PCl is descended from ÓlTr, and one of them (145.16–17) is indisputable evidence of a connection with Bergsbók ($C^2$):

145.9–10 ok (÷ *J1*) sagði, at faðir hennar bjó á Hálogalandi, er (ok *J1*) hét Qzurr tóti *K, J1*, d. a/zvrar tóta er bío a haloga landi *F*, En faðir minn, sagði hon, býr á Hálogalandi er heitir Qzurr toti (toki $C^2$) *ÓlTr*, oc sagde/ min Fader boer paa Halogaland/ oc heder Ozur Huide/ hand sende mig til Motle Finnekonning/ at lære Finnekonst *PCl*.[15]
145.11 tveim] + þeim *F, ÓlTr*, cf. *PCl:* disse to Finner.
145.16–17 en (ok *J1*) hvatki er (hvat sem *F*) þeir skjóta til, þá hœfa þeir *K, F, J1*, Þeir hœfa (hafa $C^2, D^2$) ok allt þat er þeir ⌈skióta til (vilia $C^2$) *ÓlTr*, De hafue oc alt det de begiere *PCl*.
146.6 þeir spyrja hvat þar er komit *K, F, J1*, ok spurðu hvat þar væri komit *ÓlTr*, oc spurde huo der hafde værit *PCl*.
146.7 er *K, F, J1*, var *ÓlTr, PCl*.
146.8 er *K*, þar sem (er *J1*) *F, J1*, þvíat *ÓlTr*, thi *PCl*.
147.3 þá] + síðan *ÓlTr*, + siden *PCl*.
147.3–4 Um (of *F*) nóttina eptir váru *K, F, J1*, Váru þá *ÓlTr*, Da bleff *PCl*.
147.5 til skips *K, F, J1*, til skipa *ÓlTr*, til Skibene *PCl*.

The stanza from *Sendibítr* (HkrFJ I 154.5–8) appears on p. 61 of PCl; the following readings agree with Bergsbók (references are to page and line in ÓlTrEA I 13.7–10):

13.8 lǫgðis] logdoz $C^2$, logdost *PCl*.
13.9 svartleitr] svartleidr $C^2$, Suartledir *PCl*. reyni] raunar *B, $C^2$*, Raunar *PCl*.

Ch. 33 of *Haralds saga hárfagra* in *Heimskringla* relates how King Haraldr

---

[15] The addition in PCl concerning the Finnish king Möttull is derived from *Fagrskinna* (FskFJ 30.19–21; see Gustav Storm 1881, 398).

divided his kingdom among his sons (HkrFJ I 147.12–149.14). The same passage is found in ÓlH where it is practically identical (ÓlHJH 8.1–9.11). The corresponding text in ÓlTr has been taken for the most part from ÓlH, and partly from Hkr as well, see pp. vi–vii above. A corresponding text is found in PCl in the same place as in Hkr, after the account of the marriage of Eiríkr Bloodaxe to Gunnhildr, but all indications are that the text has come from ÓlTr, cf. what is said in these texts about Guttormr, the son of Haraldr Finehair:

> HkrFJ I 148.7–10: Guthormi hafði hann gefit til yfirsóknar frá Elfi til Svínasundz of Ranríki; hann hafði hann sett til landvarnar austr við landzenda, sem fyrr er ritat.
> ÓlHJH 8.12–14: Hann setti Guthorm son sinn til landvarnar austr við landsenda ok gaf honum yfirsókn frá Elfi til Svínasunds um (*St2*, ok *all other manuscripts*) Ranríki.
> ÓlTrEA I 6.13–15: Guthorm son sinn setti hann til landvarnar austr við landsenda ok gaf honum þar yfirsókn um Ranríki frá Elfi til Svínasunds.
> PCl 58.12–14: Gutorm sin Søn/ fick hand Landet at forestaa øster ved LandsEnden/ oc skulde hand raade ofuer Rana Rige/ fra Elfuen til Suinesund.

In ÓlTrEA I 6.13, where A, B and D² have 'landuarnar', the reading in C$^{2,8}$ is 'landstiornar'. Cf. PCl: 'Landet at forestaa'. This is a strong indication that the text in PCl is descended from Bergsbók ($C^2$).

A passage corresponding to ch. 34 of *Haralds saga hárfagra* is in ÓlTr taken from ÓlH, while the corresponding passage in PCl is clearly descended from Bergsbók, cf. HkrFJ I 150.4 'at' K, F, ÓlTr (A, B), 'þt' J1, J2, 'þo ath' C², 'do at' PCl.

In chs 35–37 of *Haralds saga hárfagra* in Hkr the following readings are common to ÓlTr and PCl:

> 151.11 kaupskip *K, F*, ka/pmenn *J1*, *ÓlTr*, kiøbmend *PCl*.
> 152.19 her] + mikinn *ÓlTr*, megit Folck *PCl*.
> 153.11 maðr] + ok ættstórr *ÓlTr*, cf. *PCl:* hand var Rig oc aff stor Slect.
> 154.15 Hlǫðum] + sem faðir hans *ÓlTr*, + som hans Fader giorde for hannem *PCl*.
> 154.18 synir Haraldz *K, F*, + konungs *F*, haʀ' .ss. *J1*, konungs synir *ÓlTr*, Kongens Sønner *PCl*.
> 155.19 Sigurðar jarls *K, F, J1*, með Sigurði iarli *ÓlTr*, met Sigurd Jarl *PCl*.

In PCl there is a sentence corresponding to the interpolation from ÓlH in the text of ÓlTr after HkrFJ I 156.7 'ungr', see p. viii above: 'men hans Brødre foractede hannem/ oc kallede hannem Mostrastongs Søn.'

The PCl text which corresponds to chs 38–40 of *Haralds saga hárfagra* in Hkr agrees with ÓlTr (except for the last sentence which must be taken from a manuscript of Hkr):

INTRODUCTION                                                              xlvii

156.9–10 Aðalsteinn hét þá konungr í Englandi, er þá hafði nýtekit við
konungdómi (+ i englandi *F*); hann var kallaðr *K, F, J1*, Í þann tíma hafði tekit
konungdóm á Englandi Aðalsteinn er kallaðr var *ÓlTr*, I den tid raadde for
Engeland Kong Adelstein (K. Adlsten) som var kallet *PCl*.
156.12 *see p. liii (1) below*.
156.13–17 sendimaðr gekk fyrir konung; hann (ok *F*) selr konungi (honvm *F*)
sverð gullbúit með hjǫltum ok meðalkafla, ok ǫll umgerð var (vm giorð oll *F*)
búin með gulli ⌜ok silfri (÷ *J1*) ok sett dýrligum gimsteinum (*transposed J1*);
⌜helt sendimaðrinn (-maðr *J1*) sverðz-hjǫltunum (Sendi maðr vendi sverþz
hiolltom *F*) til konungsins (konvngs *F, J1*) *K, F, J1*, sendimaðrinn gekk inn
fyrir Harald konung ok færði honum sverð með gulligum hjǫltum ok
meðalkafla, ok ǫll umgørðin var búin gulli ok silfri ok sett ágætum gimsteinum.
Sendimaðrinn sneri hjǫltum sverðsins at konungi *ÓlTr*, Sendebudet gick ind
for kong Harald/ oc bar hannem it Suerd met forgylt Hialte oc Handfang/ oc
Bandene vaare aff Guld/ oc besette met dyrebare Stene/ oc hand vende
Handfanget til Kongen *PCl*.
156.19 svá] + við sverþíno *F*, + við sverði þessu *ÓlTr*, + ved Suerdet *PCl*.
156.20 várr konungr *K, F, J1, ÓlTr (A, B, D², Adalsteínn kongr C¹,²), K.*
Adelstein *PCl*.
157.1 hans] + at hiǫltunum *ÓlTr*, cf. *PCl*: Thi du togst Suerdet om Handfanget.
158.3 sverð *K, F, J1, ÓlTr (A, B, D², skiolld C¹,²), Skiold PCl*.
158.9–10 Haraldr konungr bað þik fóstra honum ambáttar-barn (ambattar son
*F*) *K, F, J1*, Haraldr Nóregskonungr (kongr j noregi *C²*) bað þik fóstra sér
ambáttarbarn þetta (ambattar son þenna *C¹,²*) *ÓlTr*, K. Harald aff Norrige bad
dig opfostre hannem denne hans u-ecte Søn *PCl*.
158.12 drepa *K, F, J1, ÓlTr (A, B, C¹, D², hǫggua C²), hugge PCl*.
159.13 brandrinn var (÷ *D²*) *K, F, J1, ÓlTr (A, B, D², baundin voro C¹,²),*
Baanden vaare *PCl*.
159.16 þat átti Hákon til dauða-dags *K, F, J1*, oc Hakon aatte det til sin dødedag
*PCl, ÷ ÓlTr*.

A passage in PCl corresponding to chs 41–43 of *Haralds saga hárfagra*
in Hkr has been translated from a *Heimskringla* manuscript. The arrange-
ment of material is different in ÓlTr. But beginning with ch. 1 of *Hákonar
saga góða* and continuing right up until ch. 27 of *Óláfs saga Tryggvasonar*
there are readings in PCl which agree with ÓlTr, including readings which
clearly go back to Bergsbók (*C²*):

165.7 lið *K, F, 325, J1, ÓlTr (A, B, D², mikit lid C¹,²), megit Krigsfolck PCl*.
165.14 miklu ríki *K, F, 325, J1*, at auka virðing hans *ÓlTr*, at forøge hans Læn
oc Værdighed *PCl*.
166.2 ii. ok ii. *K, F, 325, J1*, sumir menn *ÓlTr*, oc en part sagde indbyrdis *PCl*,
*see pp. ix–x above*.
166.12 alt land *K, F, 325, J1*, allan Þrándheim *ÓlTr*, alt Trondheim *PCl, see
p. xvi above*.

167.5 Margir bœndr fóru *K, F, 325, J1*, Fóru þá margir menn *ÓlTr*, Da fore mange mend *PCl*.
170.11 Grímsbœr *K, F, 325, J1, ÓlTr (D²*, Grims sker *A*, Grimsker *B*, gorms sker *C²)*, Grimßhammer/ Gormßskiær *PCl*.
171.17–18 ⌈Eptir þat (Siþan *325, J1*) siglði hann suðr undir England ok herjaði þar *K, F, J1*, ÷ *ÓlTr (saut du même au même)*, Siden seilede hand sønder ved Engeland/ oc røfuede *after a sentence which corresponds to* 172.1 en — fór *PCl*.
172.12–14 þessir — Rǫgnvaldr *K, F, J1*, ÷ *ÓlTr, PCl*.
173.4 Engla-konungs *K, F, J1*, Iátmundar konungs *ÓlTr*, K. Jatmunds *PCl*.
191.11–12 Skolu (Scolom *39, F, J1*) vér (við *J1*) *K, 39, F, J1*, skulu vit s(egir) iarl *ÓlTr (A, B, D²*, ÷ *C²)*, vi skulle/ sagde hand *PCl*.
192.16 hrossa-slátr *K, 39, F, J1*, hrossakiǫt *ÓlTr (C², D²*; kiot *A, B)*, Hestekiød *PCl*.
193.3 hrossa-slátrinu *K, 39, F, J1*, hrossakiǫtinu *ÓlTr*, Hestekiødet *PCl*. ok var smjǫr (smíorvg *F*) haddan *K, 39, F, J1*, ok var haddan orðin feit *ÓlTr*, oc der var Feet paa Greben *PCl*.
194.5–6 með her sinn *K*, með hirð sina *39, F,* ÷ *J1*, með hirðsveitir sínar *ÓlTr (A, B, D²*; ÷ *C²)*, met deris Hoffsinder *PCl*.
195.12 sunnan *K, 39, F,* ÷ *J1, ÓlTr, PCl*.
196.4 þá allir Þrœndir *K, 39, F, J1*, þá með honum allir Þrœndir *ÓlTr*, da alle Trønderne met hannem *PCl*.
209.17 ofan borðin (borðit *K*) *K, F*, vp bordinn *J1*, upp borðin *ÓlTr*, optage Bordene *PCl*.
211.14 manndrápa-menn *K, F, J1*, illgerðamenn *ÓlTr*, Jldgierningsmend *PCl*.
214.15–16 eða hvar er nú gullhjálmrinn *K, F, J1*, þvíat horfinn er nú gullhiálmrinn *ÓlTr*, thi nu er den forgylte Hielm blefuen borte *PCl*.
214.16–17 Gekk Eyvindr (æyví gek *J1*) þá fram ok Álfr bróðir hans með honum *K, F, J1*, Eyvindr ok Álfr bróðir hans gengu þá (÷ *C¹,²*) hart fram *ÓlTr*, oc Evind oc hans Broder Alff ginge hart fram *PCl*.
218.5 lǫgðu þeir þar (÷ *C², D²*) at *K, F, J1, ÓlTr*, + landi *ÓlTr*, lagde de til Landet *PCl*.
219.1 urpu *K, F, J1*, gerðu *ÓlTr*, giorde *PCl*.
223.8 landi *K, J1*, landíno *F*, Nóregi *ÓlTr*, Norrig *PCl*.
224.1 hafa *K, F, J1*, halda *ÓlTr*, beholde *PCl*.
224.5 Hákonar] + konvngs *F, ÓlTr*, + ok hœldi þar (hældíz þuí *C²*) at Haraldr konungr (÷ *C²*) hefði hefnt Gamla bróður síns *ÓlTr*, + oc indførde der udi at K. Harald hafde hefnit sine Brødris død *PCl*.
224.14 allkær] + í hirð Haralds (hakonar *C²*) konungs *ÓlTr*, + aff K. Haralds Mend *PCl*.
224.15 vísu *K, F, J2,* ÷ *J1*, + er (þa er *J1*) fyrr er ritin (ritvd *J1*) *K, J1*, aðra (þersa *C²*) vísu í móti *ÓlTr*, en anden Vise tuert imod *PCl (cf. FskFJ 50.13)*.
271.12 illir *K, F, J1*, leiðir *ÓlTr (A, D¹,²*, skylldir *B, C¹,²)*, ilde lidt *PCl*.
271.15 Hákon] + Aðalsteinsfóstri *ÓlTr*, + Adelsten *PCl*.

273.5 Noregi] + hafðu fyrst þat Riki. haRaldr konungr er nu gamall miog en hann a þan einn .s. er hann ann litið ok frillu sun er *J1*, + Haf þú fyrst þat ríki. Haraldr konungr (÷ *B, C*$^{1,2}$) frændi þinn er maðr gamall, en á þann einn son er hann ann lítit, ok þó ekki arfborinn *ÓlTr*, + da tenck at Harald Gormsøn er en gammell Mand/ oc hafuer icke uden en Søn/ huilcken hand lidet acter/ thi hand er uecte *PCl*.

276.8 bregða sverðum *K, 39, F*, bregþa suerþunum *J1, ÓlTr*, ÷ *PCl*, + ok beriaz hraustliga *ÓlTr*, + stride mandelige *PCl*.

278.11 Víkina] + hann hafði siau hundruð skipa *ÓlTr, cf. PCl (107.29)*: oc drog til Norrig met 700. Skibe.

281.19 árvænt] + friðr var þá ok góðr innanlands ÓlTr, + oc var ocsaa god Fred *PCl*.

285.5 hǫfðu þeir (÷ *J1, ÓlTr (B, C$^1$, D$^{1,2}$*) allir saman ógrynni liðs (hers *J1, ÓlTr*) *K, F, J1, ÓlTr (B, C$^1$, D$^{1,2}$)*, hafði hverr þeira sama[n] (*?*, ÷ *ÓlTr (A)*) fiolmenní (ogrynni *ÓlTr (A)*) hers *325, ÓlTr (A)*, oc huer met megit Folck *PCl*.

303.2 hafs *K, J1*, hals *F, ÓlTr*, Halse *PCl*, + í Limafiǫrð *ÓlTr*.

Errors in Bergsbók which do not appear in these chapters in PCl and are discussed in more detail below, see pp. liii–lv below, are as follows (references are to page and line in ÓlTrEA I):

23.12 Torf einars] Þorfínz j. *C*$^2$.
30.4 ok mal sniallaztr] ÷ *C*$^2$.
34.7–8 skulu — rað] ÷ *C*$^2$.
36.1 með hirð sueitir sinar] ÷ *C*$^2$.
47.20 Haralldz] hakonar *C*$^2$.
91.11 konungar þeir er þar ero ero leiþir] þuiath þeir sem þar ero hofdingiar ero skyldir *C*$^2$.

The following are examples of readings in ÓlTr which do not appear in PCl (references are to page and line in HkrFJ I):

186.6 kom] + norðr *ÓlTr*.
209.16 sé] + þa .s. (svǫruðu *ÓlTr*) margir at sv saga (hersaga *ÓlTr*) var sa/nn *J1, ÓlTr*.
218.13 brotit *K, F, J1*, brudit *PCl*, misgǫrt *ÓlTr*.
228.1 Moldi *K, F, J1*, Molde *PCl*, Foldi *ÓlTr*.
230.17 setja *K, 39, F, J1*, sette *PCl*, taka *ÓlTr*.
231.3 skera *K, 39, F, J1*, skiære *PCl*, drepa *ÓlTr*.
243.5 austan *K, 39, F, 325*, østen *PCl*, vestan *J1, ÓlTr*.

A passage corresponding to chs 60–66 of ÓlTr is used by PCl on pp. 112.25–121.13, though considerably abridged, and other sources have been used in several places. Readings exclusive to Bergsbók (*C*$^2$) appear in many places in these sections, and the following are some examples (references are to page and line in ÓlTrEA I):

# INTRODUCTION

117.1 *title:* huerso kristni hofstz j danmork $C^2$, Huorledis den Christne Tro bleff først indført vdi Danmark *PCl*.
117.2 erchibiskup j Mez borg] biskup j borg metensium $C^2$, Episcopus Metensis *PCl*.
118.7 .dcccc. ok .xl.] fímhundrat ok l. $C^2$, femhundrede oc femtij *PCl*.
119.11 Rambertus] Dunbertus $C^2$, Dumbertus *PCl*.
121.9 Líve dagus] lidebardus $C^2$, Ladebardus *PCl*.
122.20 Eaua] Samna $C^2$, cf. *PCl*: indtil Vbbes Søn ved Nafn Samma eller Samna.
128.18 Slés] stra $C^2$, Straa *PCl*.
131.7 .x. tighi vetra] níutigí ára $C^2$, 90 Aar *PCl*.

After a passage which corresponds to ch. 66 of ÓlTr a translation of ch. 25 of *Óláfs saga Tryggvasonar* in Hkr has been interpolated in PCl, which then returns once more to the text of ÓlTr for a section which corresponds to chs 67–90. The following is an example of correspondence between ÓlTr and PCl (references are to page and line in HkrFJ I):

315.11 Nóreg] + met tolffhundrede Skibe *PCl*, *cf. the additional text in ÓlTr*:
315.13 heita] + ok lá þar ǫllu liðinu. Svá segiz at hann hefði eigi færa en tólf hundruð skipa.

The text of *Heimskringla* has, however, been used in several places.

The following are a few examples of readings unique to Bergsbók which occur in this section (references are to page and line in ÓlTrEA I):

133.16 allan þann dag] allan dag $C^2$, den gandske dag *PCl*.
133.17–134.1 ok — huarum tueggium] ÷ $C^2$ (*saut du même au même*). *In stead of this PCl has:* saa bleff det sett udi dag oc beraad imellom dennem udi 3 dage. *The scribe of Bergsbók realised his oversight and added the following emendation after* 134.3 bardaga: þui ath þeir hǫfdo adr sett med ser þriggía natta grid.
158.12–13 Rvsci. Polaui] Rutho cholaní $C^2$, Ruthocolani *PCl*.
185.16 vm] + fiordín $C^2$, ud i Fiorden *PCl*.

But there are also examples where the exclusive Bergsbók readings do not appear in PCl:

172.8 i Isa fiorð] J fiord $C^2$, udi Isefiord *PCl*.
172.14 and 15 sar þa/ [...] þau saar] sár þat [...] þat sár $C^2$, de Saar [...] de Saar *PCl*.
173.2 sa hǫfþingi] madr sa $C^2$, en Høfding *PCl*.
180.6 hǫfþingiar] menn $C^2$, Høfdinger *PCl*.

The text of chs 43–44 of *Óláfs saga Tryggvasonar* in Hkr has in PCl (140.31–142.6) been translated from a manuscript of Hkr. ÓlTr I 208.1–7 'Haralldr — Olafr' is a short excerpt from this passage of Hkr and in 208.4 reference is made to the source: 'sem segir í æfi Nóregskonunga'.

But instead of HkrFJ I 342.6–7 'sá sveinn var nefndr Óláfr, er hann var vatni ausinn', ÓlTr has: 'Sá sveinn var vatni ausinn at fornum sið ok nefndr Óláfr.' In PCl 142.3–4 there is the following: 'oc nogit der efter fødde hun en Søn/ huilcken Rani døbte efter Hedenske vijs/ oc kallede hannem Olaff'. In this instance either the words 'at fornum sið' were in the Hkr manuscript which the compiler of ÓlTr and Peder Claussøn followed, or Peder Claussøn saw them in the text of ÓlTr which he had access to. Chs 45–83 of *Óláfs saga Tryggvasonar* in Hkr are in PCl (142.7–164.23) also translated from a Hkr manuscript, whereas in ÓlTr the text corresponding to these chapters does not entirely follow Hkr. There are few readings which indicate a connection between ÓlTr and PCl (references are to page and line in HkrFJ I):

350.6 Mœri *K, F, J1*, suðr á Mœri *ÓlTr*, Sundmør *PCl*.

350.7 Karkr *K, J1*, þormvðr karkr *F*, Þormóðr karkr; þessi þræll hafði Hákoni verit gefinn at tannfé þá er hann var barn *ÓlTr*, Tormod Karcker/ som var hannem gifuen i Tandfæ/ udi hans Barnedoms tid *PCl*.[16]

368.17 jarldóm *K, F, J1*, iarlsnafn ok ríki mikit *ÓlTr*, Jarls Nafn oc it Grefuedømme *PCl*.

397.6 lét hann draga segl sitt *K, 39, F*, dro hann segl vp *J*, lét hann vinda á segl sitt *ÓlTr* (*A*, la/st hann víndi j segl sitt *C²*), oc vant saa Seglet op *PCl*.

After the passage corresponding to ch. 83 of *Óláfs saga Tryggvasonar* in Hkr, Peder Claussøn has once more returned to ÓlTr, first in two short passages, one of them about Hallfreðr the Troublesome Poet, the other concerning the priest Þangbrandr. This is followed by a passage corresponding to ch. 84 of *Óláfs saga Tryggvasonar* in Hkr, translated for the most part from a Hkr manuscript, mixed with text from ÓlTr, however, and then by a passage (165.21–32) based for the most part on *Færeyinga saga* in ÓlTr, which nevertheless looks as though some of it were retold from memory—or rather from faulty memory. Sigmundr Brestisson, for instance, is said to have converted all of the inhabitants of Shetland and the Faroes to Christianity at the behest of Óláfr Tryggvason, as well as converting the remaining heathens of Orkney (165.24–27).

A second passage derived from *Færeyinga saga* is found at 166.22–167.5. This is an excerpt from ch. 207 of ÓlTr. The text of both of these passages is in some places identical with that of the booklet by Peder Claussøn, *Om Færøiers Bygning*.[17]

---

[16] The reading of the *C* manuscripts, ÓlTrEA I 230.5 karkr] eda (.e. $C^2$) karkr $C^{1,2}$, does not appear in *PCl*.

[17] Gustav Storm 1881, 420–24.

Most of the section corresponding to ch. 85 of *Óláfs saga Tryggvasonar* in Hkr is translated from a Hkr manuscript, although it contains the following addition which corresponds to ÓlTr:

> 409.8 senn] + manna fimastr við handboga ok allsháttar bogaskot ok syndr hverium manni betr *ÓlTr*, + oc met Bue at skiude/ ofuergick hand alle/ hand kunde oc bedre suømme end nogen aff hans mend *PCl*.

Here the PCl text: 'hand kunde oc bedre suømme end nogen aff hans mend' agrees more closely with A and $D^{1,2}$ 'syndr hverium manni betr' than with Bergsbók 'til svndz var hann ok hínn mesti afreks madr'. This might indicate that the addition had been in both the Hkr manuscript which the compiler of ÓlTr used and the one used by Peder Claussøn, and perhaps it was part of the original text of Hkr.

The section in PCl which corresponds to chs 86 and 96 of *Óláfs saga Tryggvasonar* in Hkr and chs 221 and 231 of ÓlTr is without doubt descended from Bergsbók. There are correspondences between this text in PCl and Peder Claussøn's booklet *Om Grønland*,[18] though the text of the booklet is lengthier, and in it one reading clearly indicates that it is derived from Bergsbók ($C^2$):

> 428.9 skémanninn *K, F, J1, ÓlTr (A)*, skeitt mannínn $C^2$, Skjetmand *Om Grønland*.

After this the arrangement of material is the same in PCl as in Hkr (PCl 167.19–180), except for its treatment of the passage which corresponds to HkrFJ I 427.2–428.9 'þá — prestr',[19] but there are some readings that indicate that Peder Claussøn had taken a look at a text derived from ÓlTr:

> 412.8 skafhǫgg *K, F, J1*, skaf haugs *(A*, skafhauks $C^1$, skalfha/ks $C^2$, skaflhavks $C^{5,6}$, skafðxs $D^2$) s(on) *ÓlTr*, Skaflaug søn *PCl*.
> 448.12–13 krapparúminu] + Finnr svarar: 'Þat má ek eigi (+ gera $C^{1,2}$), at skióta þann mann, þvíat hann er eigi feigr. Hitt má vera at ek fái lamit bogann fyrir honum' *ÓlTr*, + Find suarede/ det maa jeg icke giøre/ Grefuen suarede hastelige oc vredelige/ oc spurde huorfore: hand suarede/ fordi hand er icke Feigd/ men jeg vil forsøge om jeg kand faa lemlæstet hans Bue *PCl*.
> 448.18 konungr] + þvíat guð mun ráða ríki mínu, en ekki bogi þinn *ÓlTr*, + thi Gud raader baade for Lijff oc Rige/ oc icke din ArmeBue *PCl*.

Apart from this it is evident that he followed his manuscript of Hkr, for

---

[18] See *PCl* 167.12–15 and Gustav Storm 1881, 437.20–23.
[19] The passage corresponding to HkrFJ I 427.2–12 'þá — mannfólk' is omitted in *PCl*, while that corresponding to 427.14–428.9 'Óláfr — prestr' has been moved forward in the saga to 167.6–18.

example at the beginning of the section corresponding to ch. 89 of *Óláfs saga Tryggvasonar* in Hkr.

In the foregoing an attempt has been made to distinguish more or less exactly between what Peder Claussøn translated from a manuscript of *Heimskringla* and what is derived from ÓlTr. This has been done in an attempt to establish the relationship between the manuscripts of *Heimskringla* which the compiler of ÓlTr and Peder Claussøn used, and the investigation is more or less adequate for this purpose. Only those parts of the text in PCl which can be compared to the text of Hkr in ÓlTr have been examined, so it is not a complete textual analysis that has been carried out; and no analysis at all has been done on the entire first third of *Heimskringla* in PCl.

Text in PCl which is derived from ÓlTr contains a large number of readings which agree with Bergsbók, and some Bergsbók readings also appear in passages that have been translated from a *Heimskringla* manuscript. But readings also occur in these passages which are characteristic of ÓlTr, and are either lacking or different in Bergsbók ($C^2$), for example the following (references are to page and line in HkrFJ I):

(1) 156.12 sending *K, F, J1*, erendum *(A, B, D²*, ordum *C²)* ÓlTr, erinde *PCl*.
(2) 171.12 Torf-Einars *K, F, J1, ÓlTr (A, B*, torfu æínars *D²*, Þorfínz j. *C²)*, Torff Einars *PCl*.
(3) 181.18 ok málsnjallastr *K, F, J1, ÓlTr (A, D²*, ÷ *C²)*, veltalendis *PCl*.
(4) 191.11–12 Skolu (Scolom *39, F, J1)* vér (við *J1) K, 39, F, J1*, skulu vit s(egir) iarl *ÓlTr (A, B, D²*, ÷ *C²)*, vi skulle/ sagde hand *PCl*.
(5) 194.5–6 með her sinn *K*, með hirð sina *39, F*, ÷ *J1*, með hirðsveitir sínar *ÓlTr (A, B, D²*, ÷ *C²)*, met deris Hoffsinder *PCl*.
(6) 224.14 allkær] + í hirð Haralds (hakonar *C²*) konungs *ÓlTr*, + aff K. Haralds Mend *PCl*.
(7) 224.15 vísu *K, F, J2*, ÷ *J1*, + er (þa er *J1)* fyrr er ritin (ritvd *J1) K, J1*, aðra (þersa *C²*) vísu í móti *ÓlTr*, en anden Vise tuert imod *PCl (cf. FskFJ 50.13)*.
(8) 271,11–13 Konungar þeir, er þar eru, eru illir (leiþir *ÓlTr (A, D¹,²))* ǫllu landz-fólki, vill hverr maðr þeim ilt *K, F, J1, ÓlTr (A, D¹,²*, þeir er þar eru skylldir ollu landz folki. en þo vill hverr madr þeim illt *B*, þeir sem þar ero. eru skylldir aullu landz folki en þo vill hverr madr þeim illt *C¹*, þuiath þeir sem þar ero hofdingiar ero skyldir ollo landz folki. enn þo vil huer madr þeim ilt *C²)*, Thi de Konger som der ere udi Landet/ ere ilde lidt aff Landsfolckit/ oc huer mand vil dennem ont *PCl*.

1: Here the reading in PCl agrees with ÓlTr manuscripts other than Bergsbók. The Hkr reading is identical with *Fagrskinna* (FskFJ 20.9–10) and is no doubt original. Then it appears likely that the Hkr manuscripts which the compiler of ÓlTr and Peder Claussøn used had the word *erendum* instead of *sending*, as is found in Hkr and Fsk. The change would have been made by a copyist who did not care for the repetition *sendi . . . sending . . . sendimaðr*. In Hkr the sentence containing these words is taken practically verbatim from Fsk.

4: The words *segir iarl* were probably in both the Hkr manuscript used by the compiler of ÓlTr and that which Peder Claussøn had access to.

5: This reading in PCl is not derived from a *Heimskringla* manuscript of the x-class. The Kringla reading makes sense, although it may be a correction for the same incorrect reading as in both 39 and Fríssbók (King Hákon and Earl Sigurðr did not have a single court). The PCl reading thus must either be descended from a manuscript of ÓlTr other than Bergsbók, or from the manuscript of *Heimskringla* which Peder Claussøn used, which is more likely. Here ÓlTr has probably preserved what was originally in *Heimskringla*.

7: The text of PCl agrees with ÓlTr manuscripts other than Bergsbók and is probably derived from a Hkr manuscript.

8: There are many things to be considered here. The word *illir* is preserved in *Heimskringla* manuscripts of both the x- and y-classes. The text in the B and C manuscripts of ÓlTr is corrupt. The scribe of the archetype of these manuscripts has misunderstood his exemplar and read 'herra. konungar' as 'herra konungr' (see ÓlTrEA I, 91.10–11 and v. l.). The word *skyldir* in these manuscripts cannot be a misreading of either *illir* or *leiðir*, but has probably been inserted in the archetype of these manuscripts instead of a word which was missing in the exemplar, and has resulted in the addition of *en þó* after *landsfólki*. Then there is the question of whether the word *leiðir* may have been inserted in the archetype of the A and D manuscripts of ÓlTr instead of a word which was missing in its exemplar. If this is the case the word *illir* was lacking in the archetype of all the manuscripts of ÓlTr (\*A). It is evident that 'ilde lidt' in PCl is descended from a manuscript with the same text as the A and D manuscripts of ÓlTr, whereas the word 'Thi' agrees with the Bergsbók text 'þuiath'. It seems clear that the text in this section of PCl is taken principally from a *Heimskringla* manuscript. The word *leiðir* must then be presumed to have been in those *Heimskringla* manuscripts used by the compiler of ÓlTr and Peder Claussøn, though Peder Claussøn had a text of ÓlTr derived from Bergsbók for purposes of comparison.

These examples can only be explained by assuming that the PCl readings listed above are derived either from a manuscript of ÓlTr other than Bergsbók, which is highly unlikely, or from the Hkr manuscript used by Peder Claussøn. This manuscript must then have contained readings which do not appear anywhere else but in ÓlTr, but which were also in the Hkr manuscript used by the compiler of that saga.

## Conclusion

In the foregoing discussion an attempt has been made to discover which manuscripts the *Heimskringla* text of ÓlTr is most closely related to. The only obvious conclusion is that the manuscript used by the compiler of ÓlTr was of the y-class, but it is not clear where this should be placed in the stemma of the y-class manuscripts. The problem concerns in particular the frequent correspondences between 325 VIII and ÓlTr which do not occur in other manuscripts and could indicate an intermediary between these manuscripts and *Y, see examples 5, 8 and 10 on p. xxxii and the examples listed on p. xxxvii. The readings common to ÓlTr and J are even more convincing and indicate an intermediary linking them exclusively to *Y, cf. pp. xxxii and xxxvi–xxxvii. But there are also a few examples of readings peculiar to 325 VIII and J where ÓlTr follows the x-class, cf. pp. xxxiv and xxxvii. There is no possibility of allowing for all of these connections without assuming that at least one of these manuscripts contained a mixed text, which is a solution of last resort. It is, of course, possible that readings common to ÓlTr and 325 VIII, few of which are in fact significant, could be the result of 325 VIII and the Hkr manuscript used by the compiler of ÓlTr both coming from the same scriptorium, where two scribes with similar scribal habits could introduce the same changes into a text independently.

If only the first third of *Heimskringla* is taken into consideration, it seems most likely that so many y-class manuscript have been lost that it is impossible to construct a credible picture of the relationship of the texts preserved. Setting aside the question of the relationship of the fragments 325 VIII and 325 XI to other y-class manuscripts, and including only what can be considered certain regarding the relationship of the preserved texts, the stemma of the manuscripts of the first third of Hkr could appear as follows:

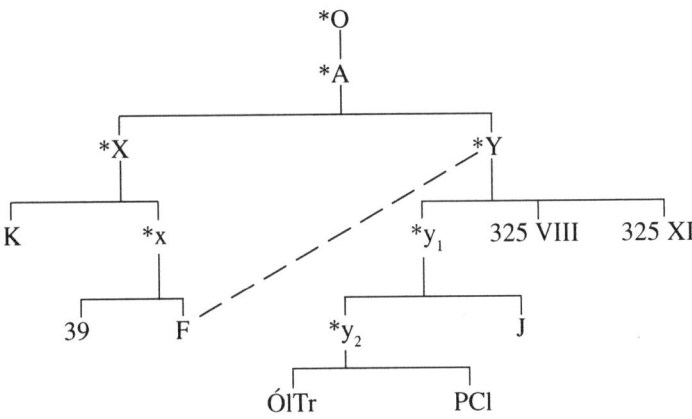

A major part of the first third of *Heimskringla* is not preserved in any y-class manuscript except J. Where ÓlTr can be used for comparison its Hkr text is very useful in deciding which readings in J could trace their origins to *Y and which are deviations of a different sort. But where there are no other y-class manuscripts available for comparison it is impossible to say for certain whether readings common to ÓlTr and J are descended from *Y or *y$^1$.

Jöfraskinna and 325 VIII each have a large number of their own unique readings which do not appear in ÓlTr and are thus probably not descended from *Y. Many of the readings unique to Jöfraskinna are conscious alterations made by a copyist (or whoever dictated to him) and probably do not stem from its exemplar. Other readings peculiar to these manuscripts, J and 325 VIII, indicate that both are descended from *Y through a greater number of intermediaries than ÓlTr is. It can thus be concluded that the text of ÓlTr, as far as it extends and where the compiler of the saga has left it intact, provides better evidence for the text of *Y than other preserved manuscripts.

### The compiler's selection of material and working methods

The compiler of ÓlTr has selected the text from *Heimskringla* and *Óláfs saga helga* (ÓlH) which he has included in his saga with the same purpose and following the same principles that have guided his selection of material from other sources. He includes, firstly, accounts of the origin and life of Óláfr Tryggvason and, secondly, material in some way connected with missionary efforts and the conversion to Christianity of the

Nordic countries, especially Norway and Iceland. The saga begins with stories of Haraldr Finehair and his sons, of Óláfr, the grandfather of Óláfr Tryggvason, of the latter's father Tryggvi and mother Ástríðr, in order to show that Óláfr Tryggvason was a legitimate ruler of Norway. Stories of King Hákon the Good are included in the saga because he was a Christian and the first king to encourage the spread of the Christian faith in Norway, but extensive accounts of his opponents, Eiríkr Bloodaxe and his wife Gunnhildr Mother of Kings and their sons, are also included because it is the struggle of the hero with his opponents that makes a story worth the telling. It is thus no less necessary, for the purposes of the saga, to include their exploits than those of the hero himself. In addition, there is the fact that Eiríkr Bloodaxe had killed Óláfr Tryggvason's grandfather, while Gunnhildr had instigated her son to kill Óláfr's father. The tales of the Earls of Lade, especially Sigurðr and his son Hákon, were also necessary, for instance, to explain why Norway had not been converted to Christianity during the reign of King Hákon the Good, and also to explain the background against which Óláfr Tryggvason acceded to the throne in Norway.

The objectives of the compiler have also dictated what was omitted. Ch. 14 of *Hákonar saga góða* has been left out, probably because the compiler of the saga felt it unnecessary to describe the sacrificial customs of heathens. He also felt it unnecessary to recount the battle descriptions of chs 20–27 of *Hákonar saga góða*, and let it suffice to summarise the contents of these chapters in just a few lines.

Where the life of Óláfr Tryggvason is concerned, the material of *Heimskringla* has been extensively augmented, and other sources are often preferred. Moreover, despite the fact that in some sections the text of *Heimskringla* is used almost word for word, the compiler has not hesitated to improve upon the story where necessary. A clear example of such treatment is found in chs 63 and 64 of *Óláfs saga Tryggvasonar* in *Heimskringla*. Snorri probably used the *Óláfs saga* of Oddr Snorrason in compiling this section, but made the mistake of placing the arrival of Eyvindr kelda in Ǫgvaldsnes, where King Óláfr was staying, ahead of the visit by Óðinn, who arrived one evening and prevented the king from sleeping, as the narrative of ÓlTr reports, 'með sínum skemmtiligum skrǫksǫgum'. Thus the logical progression of the story is lost, i. e. that Óðinn's purpose in entertaining the king with tall stories far into the night was naturally to make him sleep late and miss morning mass on Easter Sunday and to give Eyvindr kelda the opportunity of catching him unaware and killing him. This the compiler of ÓlTr has changed, putting the events of the story in their proper sequence, although in general he has followed the text of his manuscript of *Heimskringla*.

The order of the material is also altered in ch. 14 of *Haralds saga gráfeldar*. In *Heimskringla* (HkrFJ 249.1–8) the sequence is as follows: (1) King Sigurðr slefa arrives at the farm of the *hersir* Klyppr; (2) information is provided about Klyppr and his family; (3) Klyppr's wife, Álof, receives the king; (4) information is given about Álof's family. In ÓlTr the arrangement follows a more logical pattern: it begins with information about *hersir* Klyppr, and it is stated that he lived in Hordaland,[20] next there is information about his wife Álof and her family and then King Sigurðr's visit to Álof is narrated.

The compiler's treatment of the text varies. At times he seems to have followed his exemplar line by line and almost word for word, for example in chs 5 and 38 of ÓlTr. In other places he has summarised lengthy passages, for instance at the beginning of the saga, where details are given of Haraldr Finehair's lineage. In still other cases individual lines or short passages from *Heimskringla* have been interpolated in text which has otherwise been taken from other sources or even to some extent freshly written, for instance in chs 44–46 of ÓlTr. In quite a number of cases alterations have been made to the text, especially with a view to expanding it and clarifying it, sometimes with changes to the style, sometimes with additions. Mention was made above (p. xxix) of the frequent stylistic feature *En er / ok er . . . þá* in Hkr. In ÓlTr the *þá* is generally omitted. The frequent use of the historic present in Hkr is also generally replaced by the past in ÓlTr, but this had probably also been the case in the Hkr manuscript used by the compiler of the saga, see p. xxix. Another common stylistic feature of Hkr is the omission of the subject in every clause after the first in a series of asyndetic independent clauses. In such cases the subject has often been supplied in ÓlTr. For instance, where HkrFJ I 167.11 has 'stefndi þar þing', ÓlTr has 'stefndi hann þar þing'. 195.5–6 'fór hann í brot ór Þrándheimi ok suðr á Mœri, dvalðisk þar um vetrinn ok um várit' is changed in ÓlTr to 'Konungr fór þá út eptir firði ok suðr á Mœri; dvalðiz hann þar um vetrinn ok um várit.' 243.13–14 'Fóru þeir Haraldr konungr upp þannug, kómu þar um nótt ok taka hús á þeim' becomes in ÓlTr 'Fór Haraldr konungr með lið sitt þegar hina sǫmu nótt upp þangat ok tóku hús á þeim.' 286.7 'snøri þá þannug sínu liði' is in ÓlTr 'Sneri þá iarl þangat sínu liði.' This stylistic characteristic is, however, sometimes retained in

---

[20] This additional information in ÓlTr, that Klyppr lived in Hordaland, is probably an indication that the compiler knew the tale of King Sigurðr slefa, which is preserved only in Flateyjarbók (FlatChr I 19–21).

ÓlTr, for example in a phrase corresponding to HkrFJ I 251.6–8 'Hann — vetrinn.' A similar stylistic feature in Hkr is the omission of the verb in a parallel independent clause, e. g. 181.10–12: 'Herjuðu Eiríkssynir stundum í Víkina, en Tryggvi stundum um Halland ok Sjáland.' In ÓlTr the words 'konungr heriaði' have been added after 'Tryggvi'.

The compiler has sometimes changed word forms and usage to conform better to writing fashions of his own day. Thus *þannug*, which is common in Kringla, is generally *þannig* in ÓlTr. The following are examples of other alterations (references are to page and line in HkrFJ I, Hkr] ÓlTr):

102.1 En er] Sem.  185.18 En er] Nú sem.  216.16 þvíat] fyrir því at.  278.6 Síðan býðr] Því næst bauð.  333.14 Þá] Eptir þat.  370.10 Síðan] Eptir þat.

The word order is sometimes altered so that more emphasis is placed on adjectives than nouns, e. g.:

435.5–6: Þá var fagrt veðr ok bjart sólskin] Þá var veðr fagrt ok sólskin biart.

Tautological doublets, especially alliterating ones, occur considerably more frequently in ÓlTr than in Hkr. In a passage corresponding to two pages in HkrFJ the following two examples are found in both Hkr and ÓlTr: 190.3 'lǫgum ok landsrétt' and 190.11–12 'afli ok ofríki'. The following additional examples are found in ÓlTr:

189.7 frænda] frænda ok forellra.  17–18 er feðr várir hafa haft fyrir oss ok alt forellri] er várir feðr ok allt forellri hefir haldit fyrir oss.  190.4 at halda] at hafa ok halda.

In many places the compiler has turned indirect speech into direct speech. The following are just a few examples (HkrFJ I / ÓlTr):

188.10–17 at — dag / 38.32–39.2 Þat — dag.  191.9 segir — hlýða / 40.7 þvíat — hlýða.  208.19–209.1 ganga — á / 44.12–13 Gakk — á.  227.8 kallaði — sinn / 50.30–31 Þú — Eyvindr.  268.8–11 at — loðbrók / 67.10–13 Engi — loðbrók.

Changes making the text clearer (and longer) often involve stating explicitly what was otherwise implicit from the context. The following are a few examples of this (references are to page and line in HkrFJ I, Hkr] ÓlTr):

137.2 spurði] + austr til Nóregs.  196.4 þá] + með honum.  223.5 þeira] + brœðra.  229.3 fengu (+ þeir F) af því mikla óvináttu] Fengu þeir þar fyrir af alþýðu mikla óvinsæld.  241.9 hennar] + at þessir hǫfðingiar hǫfðu talat til vináttu með sér.  249.14 undan] + með flótta.  257.3 þeir$^2$] + henni.  268.3 konung] + frænda sinn.  298.3 mikla] + er á skipinu váru.  410.9 land] + í Nóregi.  448.6 spurði] + sína menn.

Directional indicators are added to the text in many places for the same purpose:

153.6 fór] + norðr.  165.4 á Englandi] vestr á Englandi.  186.6–7 í Þrándheim] norðr í Þrándheim.  223.10 í Þrándheimi] norðr í Þrándheimi.  249.15 í Harðangr] norðr í Harðangr.  283.2–3 í Þrándheimi] norðr í Þrándheimi.  296.15 í Nóreg] norðr í Nóreg.  337.9–10 til Þrándheims] norðr til Þrándheims.  337.16 með] austr með.  394.4–5 koma til Þrándheims] kómu suðr til Þrándheims.  402.7–8 í Þrándheim] suðr til Þrándheims.  421.9 í Nóreg] norðr í Nóreg.  429.3 til Vindlands] suðr til Vinðlands.

A typical example which appears to have been made more for the purpose of expansion than clarification is the following:

242.7 var þá brátt hvártveggi þeira reiðr] Kom svá um síðir at hvárrtveggi þeira sýndiz miǫk reiðr ok þreyttu þetta með svá miklum kappmælum.

In Hkr Snorri sometimes names individuals for the first time without introduction. The first mention of Ásbjǫrn of Meðalhús in Gaulardalr and Kárr of Grýtingr in *Hákonar saga góða* are examples (HkrFJ I 189.8–9 and 192.9–10). In ÓlTr Ásbjǫrn is introduced into the saga as follows: 'Ásbiǫrn hét einn ríkr maðr; hann bió at Meðalhúsum í Gaulardal', while for Kárr from Grýtingr's introduction, 'Þá mælti sá maðr er hét Kárr af Grýtingi', 'sá — hét' has been added.

ABOUT THIS EDITION

The purpose of the edition presented here is to smooth the way for those wishing to use the *Heimskringla* text of *Óláfs saga Tryggvasonar en mesta* for purposes of comparison with other manuscripts of *Heimskringla*. The main text is based on my edition of ÓlTrEA I–II, which follows AM 61 fol., but I have amended this text to take into account other manuscripts where *Heimskringla* readings indicate that these other manuscripts preserve a more correct text. All emendations are indicated in footnotes. Generally speaking, however, I have not taken into consideration readings of individual manuscripts which agree with just one *Heimskringla* manuscript. This applies especially to Bergsbók, which in a few places has readings which are certainly not taken from the version of ÓlTr from which it was copied, but agree with *Heimskringla*.

The text is given in normalised spelling, although in two respects it follows the spelling of the manuscripts more closely than is commonly done: the middle voice ending is indicated with a *z* (not *sk* or *zk*) and *j* in usual normalised spelling has everywhere been replaced by *i*. Everything that agrees with one or more manuscripts of *Heimskringla* is in roman type, even single words within a completely altered passage of text, while additions, words and word forms which do not occur in any Hkr manuscript are all italicised. (In this context the readings in PCl are not counted as if occurring in a manuscript.) A few sentences are given here as a sample (Hkr / ÓlTr, references to page and line in HkrFJ I):

178.11–12: Hann sat um (of *F*) vetrinn í Víkinni við áhlaupum, ⌜ef Danir ok Gautar gerði þar (dana *F, J1*, + eða ga/ta *F*). / Sat hann *þann vetr* í Víkinni við áhlaupum ef Danir gerði eða Gautar.
179.16–17: En er þetta ⌜spurðu Gunnhildarsynir hvártveggja (spurði Gunnhildr ok synir hennar *F, J1*). / *Nú sem* Gunnhildr ok synir hennar spurðu *til Orkneyia*.
261.1: Fóru þeir þann dag allan at leita ok funnu þau eigi. / *Leituðu* þeir *um skóginn* allan þann dag ok fundu *Ástríði* eigi *því heldr*.
424.9–11: Óláfr (÷ *F*) konungr lætr (let *J1*) þá (+ ok *F*) setja fram (*transposed F, J1*) Orminn langa ok ǫll ǫnnur skip sín, bæði stór ok smá, stýrði hann sjálfr Orminum langa. / Óláfr konungr lét *búa* skip sín *um várit er á leið ór Niðarósi; skyldi* hann siálfr *stýra* Orminum langa. *Cf.* 135.27–29: Lét — stór.

To facilitate use the text is divided into sections of varying length and at the beginning of each section two page and line references are given, separated by a slash, the first for ÓlTrEA I–II and the second for ÓlHJH and HkrFJ I.

## MANUSCRIPT INDEX

AM 35 fol. (Kringla) x–xii, xiv–xvi, xix–xxiii, xxix–xxxii, xxxiv, xxxviii, xxxix, xli–xliii, liv, 63 n., 75 n., 130 n.
AM 37 fol. (Jöfraskinna) vii, xiv, xviii–xxiii, xxix, xxxii–xl, xliii, xliv, lv, lvi, 63 n., 75 n., 130 n.
AM 38 fol. xiv, xix.
AM 39 fol. xii, xix–xxiii, xxix, xxxi, xxxii, xxxviii n., xxxix, xlii, xliii, liv, 130 n.
AM 45 fol. (Fríssbók) xix–xxiii, xxix, xxxi, xxxii, xxxiv, xxxviii–xliii, liv, 36, 63 n., 75 n., 130 n.
AM 47 fol. (Eirspennill) xii.
AM 53 fol. xlvi, liv.
AM 61 fol. viii, xiv, xlvi, lii, liv, lx.
AM 62 fol. lii, liv.
AM 68 fol. viii, xiv.
AM 73a fol. (Bæjarbók) viii, xiii, xiv, xviii, xix.
AM 75a fol. xiv, xix.
AM 75b fol. xiv.
AM 75c fol. xiv.
AM 78a fol. (Codex Resenianus) viii, xiii, xiv, xviii, xix.
AM 310 4to xlii, xliii.
AM 321 4to xiv.
AM 325 V 4to xiv.
AM 325 VI 4to viii, xiv, xviii, xix.
AM 325 VII 4to xiv.
AM 325 VIII 1 4to xix, xxi–xxiii, xxix, xxxi–xli, lv, lvi, 75 n.
AM 325 IX 1b 4to xlv, xlvi.
AM 325 IX 2 4to xxii.
AM 325 XI 1 4to xix, xxii, xxxv, xxxviii–xli, lv.
AM 325 XI 2a 4to xiv.
GKS 1005 fol. (Flateyjarbók) xxx, xlvi, lii, liv, lviii n.
GKS 1008 (Tómasskinna) viii, xiv.
OUB 521 fol. xix.
PCl vii, xix, xxi–xxiii, xxxiii, xxxvii, xl, xli, xliv–xlvii, xlix, l–lii, liv, lxi, 130 n.
Perg. fol. nr 1 (Bergsbók) xiv, xvi, xliv–xlvii, xlix, l, lii–liv, lx.
Perg. 4to nr 2 viii, xiv.
Perg. 4to nr 4 xiv.
Perg. 4to nr 18 xlii, xliii.
Papp. fol. nr 18 xix.
Uppsala University Library R: 686 (U) viii, xiv, xviii.
Uppsala University Library DG: 4–7 xlii.

# INDEX TO INTRODUCTION

Agder xliv n.
Álof Ásbjarnardóttir lviii.
Ásbjǫrn of Meðalhús lx.
Ástríðr Eiríksdóttir lvii.
Bjarni Aðalbjarnarson xxii, xxiii.
Bjǫrn the Merchant xxx.
Earls of Lade lvii.
Eiríkr Bloodaxe lvii.
Eysteinn, Earl in Hedemark xxx.
Eyvindr kelda lvii.
*Fagrskinna* xlv n., liii, liv.
Faroes li.
Finnur Jónsson xix–xxi, xlii.
*Færeyinga saga* li.
Gaulardalr lx.
Grýtingr lx.
Gunnhildr Mother of Kings lvii.
Guthormr Haraldsson xlvi.
Gyða the English xii.
Hákon Sigurðarson lvii.
Hákon the Good xiii, lvii.
*Hákonar saga góða* ix, x, xiii, xlvii, lvii, lx.
*Hálfdanar saga svarta* vi.
Hallar-Steinn xlii.
*Hallfreðar saga* v.
Hallfrøðr vandræðaskáld xlii n., li.
Haraldr Finehair xlvi, lvii, lviii.
Haraldr grenski (the Grenlander) xxx.
*Haralds saga gráfeldar* lviii.
*Haralds saga hárfagra* vi, ix, xxix, xxx, xliv–xlvi, lviii.
Hedemark xxx.
*Heimskringla* v, vii–xvi, xix, xxi–xxiii, xxix, xxx, xxxv, xxxviii, xliii–xlvii, l–lxi.
Hordland lviii.
Hrani the Far-Travelled xxx.
Iceland lvii.
*Jómsvíkinga saga* xlii.
Jón Helgason xiii.
Jón Símonarson, lawman xliv n.
Jørgensen, Jon Gunnar xliv n.
Kárr of Grýtingr lx.
Kjartan Óláfsson xlii.
Klyppr hersir lviii.

Louis-Jensen, Jonna xxiii.
Meðalhús lx.
*Morkinskinna* xliii.
Möttull xlv n.
Norway xii, lvii.
Óðinn lvii.
Óláfr Haraldsson, saint v, lvii.
Óláfr Tryggvason v, xii, xlii, li, lvi, lvii.
*Óláfs saga helga* in *Heimskringla* xiv n.
*Óláfs saga helga*, the separate v–xviii, xxi, xxx, xlvi.
*Óláfs saga kyrra* xxii.
*Óláfs saga Tryggvasonar* by Oddr Snorrason xli, xlii, lvii.
*Óláfs saga Tryggvasonar en mesta* v–lxi.
*Óláfs saga Tryggvasonar* in *Heimskringla* xlvii, l, li, lii, liii, lvii.
*Om Færøiers Bygning* li.
*Om Grønland* lii.
Oppland xxx.
Orkney li.
Peder Claussøn xxxi, xxxiii, xxxvii, xl, xli n., xliv n., xlv, li–liv.
*Sendibítr* xlv.
Shetland li.
Sigmundr Brestisson li.
*Sigurðar þáttr slefu* lviii n.
Sigurðr Hákonarson lvii.
Sigurðr slefa Eiríksson lviii.
*Snorre Sturlesøns Norske Kongers Chronica* vii.
Snorri Sturluson v, xii, xiii, lx.
Svanhildr Eysteinsdóttir xxx.
Sveinn Alfífuson xii.
Sveinn Forkbeard Haraldsson xlii.
Tryggvi Óláfsson Haraldssonar lvii.
Tryggvi Óláfsson Tryggvasonar xii.
Trøndelag xliv n.
Vagn Ákason xlii.
*Ynglinga saga* vi.
Þangbrandr li,
*Ævi Nóregskonunga* l.
*Qgmundar þáttr dytts ok Gunnars helmings* v.
Qgvaldsnes lvii.

# Óláfs saga Tryggvasonar en mesta

Text from Snorri's separate *Óláfs saga helga*

## Manuscripts:

A: AM 61 fol.
B: AM 53 fol.
$C^1$: AM 54 fol.
$C^2$: Perg. fol. nr 1 (Bergsbók).
$C^4$: AM 325 VIII 2c and 2e 4to.
$C^8$: AM 325 IX 1b 4to.
$C^9$: Papp. fol. nr 22 (Húsafellsbók).
$D^1$: AM 62 fol.
$D^2$: GKS 1005 fol. (Flateyjarbók).

There are several lacunas in the MSS B, $C^1$ and $D^1$, indicated in the footnotes only by the absence of reference to those manuscripts. As the MSS $C^2$, $C^4$, $C^8$ and $C^9$ all ultimately descend from $C^1$, readings from them are referred to in the footnotes only where there is a lacuna in $C^1$.

## Chapter 1

Haraldr hinn hárfagri var konungr yfir ǫllum Nóregi langa æfi, I 1.1–6 /
en áðr váru þar margir konungar. Sumir hǫfðu eitt fylki til forráða, 6.2–7.
en sumir nǫkkuru meir, en alla þá *tók¹ Haraldr konungr af ríki;
sumir fellu, sumir flýðu land, en sumir *létu af konungdómi² ok
náði engi maðr at bera konungsnafn nema hann einn. Iarl setti
hann í hveriu fylki til landsstiórnar ok lǫg at dœma. [...]

## Chapter 2

Haraldr konungr átti margar konur ok mǫrg bǫrn. Hann átti tuttugu 4.12–14 /
syni eða fleiri ok váru allir gǫrviligir. Gǫfug móðerni áttu þeir, ok 6.7–10.
fœdduz þeir margir upp með móðurfrændum sínum. [...]

Hann var upp fœddr í Fiǫrðum með Þóri hersi *Hróhallssyni.³ 4.17–5.18 /
Guthormr, Hrœrekr, Gunnrǫðr er sumir *nefna⁴ Guðrøð; þeira 6.12–7.13.
móðir var Gyða dóttir Eiríks konungs af Hǫrðalandi [...]; váru
þeir þar upp fœddir í barnæsku. Hálfdan svarti ok Hálfdan hvíti
váru tvíburar, synir Ásu dóttur Hákonar Hlaðaiarls, Griótgarðs-
sonar; Sigrǿðr het hinn þriði. Þeir fœdduz *allir upp⁵ í Þrándheimi.
Hálfdan svarti var fyrir þeim brœðrum. Óláfr, Biǫrn, Sigtryggr,
er sumir⁶ kalla Tryggva, Fróði, Þorgils. Móðir þeira var Hildr eða
Svanhildr dóttir Eysteins iarls af Heiðmǫrk. Haraldr konungr setti
Eystein iarl yfir Vestfold ok seldi honum *sonu⁷ sína til fóstrs.
Sigurðr hrísi, Hálfdan háleggr, Guðrøðr liómi, Rǫgnvaldr réttil-
beini, þeir váru synir Sniófríðar finnsku. Dagr, Hringr, Ragnarr
rykkill, þeira móðir hét Álfhildr, dóttir Hrings Dagssonar af
Hringaríki. Þeir fœdduz *upp⁸ á Upplǫndum. Ingigerðr ok Álof
árbót váru ok *hennar* dœtr. Ingibiǫrg hét *enn* dóttir Haralds

---

¹ C²·⁸D²; rak A. *Illegible in* B.  ² C²·⁸D²; fyrir lietu konung dominn A.
³ C²·⁸D²; hrohalla .s. A, hrohall₀ *(last letter illegible)* syní B.  ⁴ C⁸D²;
menn kalla ABC².  ⁵ C²·⁸; upp allir AB, upp D².  ⁶ + menn AC⁸.  ⁷ BC²;
syni AC⁸.  ⁸ C²·⁸; ÷ ABD².

konungs, er átti Hálfdan iarl. Þeira dóttir *hét[1] Gunnhildr er átti Finnr hinn skiálgi; þeira bǫrn váru Eyvindr skáldaspillir, Niáll, Sigurðr, Þóra. Dóttir Niáls var Ástríðr móðir Steinkels Svíakonungs. Enn váru fleiri dœtr Haralds konungs. Álofu dóttur *Haralds konungs[2] átti Þórir iarl þegiandi. Þeira dóttir var Bergliót móðir Hákonar hins ríka. Haraldr konungr gipti dœtr sínar innan lands iǫrlum sínum.

5.18–6.19 / Þá er Haraldr konungr heriaði landit ok átti orrostur eignaðiz hann
7.16–8.18. vandliga allt *land[3] ok ǫll óðǫl, bæði byggðir ok sætr *ok[4] úteyiar ok allar markir, svá alla auðn landsins. Váru allir bœndr hans leigumenn *ok[5] landbúar.

Haraldr *hárfagri* tók konungdóm tíu vetra gamall [. . .] ok réð landi þriá vetr ok siau tigi. Þá er hann var sextøgr at aldri váru margir synir hans alrosknir, en sumir dauðir. Þeir *gørðuz[6] þá margir ofstopamenn innan lands, ok váru siálfir ósáttir sín í milli. *Tóku* þeir af eignum iarla konungs en drápu suma. Stefndi konungr þá þing fiǫlmennt austr í landi ok bauð til Upplendingum. Þá skipaði hann *lǫgum[7] ok gaf sonum sínum ǫllum konunganǫfn ok setti þat í lǫgum at hans ættmenn skyldi hverr taka konungdóm eptir sinn fǫður, en iarldóm sá er kvensvipt væri af hans ætt kominn.

*Konungr* skipti landi með *sonum sínum*. Vingulmǫrk, Raumaríki, Vestfold, Þelamǫrk, þat gaf hann Óláfi, Birni, Sigtryggi, Fróða, Þorgilsi. Heiðmǫrk ok Guðbrandsdali gaf hann Dag ok Hring ok Ragnari. Snæfríðarsonum gaf hann Hringaríki, Haðaland, Þótn ok þat er þar lá til. Guthorm son sinn setti hann til landvarnar austr við landsenda ok gaf honum *þar* yfirsókn um Ranríki frá Elfi til Svínasunds. Haraldr konungr var optast siálfr um mitt landit. Hrœrekr ok Guðrøðr váru iafnan innan hirðar með konungi ok hǫfðu veizlur stórar *um Sogn ok*[8] *Hǫrðaland*. Eiríkr var *lǫngum* með feðr sínum. Honum unni *konungr* mest ok virði hann *framast allra* sona sinna, [. . .]

7.8–18 / *Eiríki syni sínum* gaf *Haraldr konungr* Hálogaland ok Norðmœri
8.18–9.8. ok Raumsdal. Norðr í Þrándheimi gaf hann yfirsókn Hálfdani *svarta ok Hálfdani hvíta*[9] ok Sigrøði. Gaf *konungr* sonum sínum

---

[1] $C^{2,8}$; var $ABD^2$.  [2] $C^{2,8}$; hans $ABD^2$.  [3] $BC^{2,8}D^2$; landit A.  [4] $C^{2,8}$; ÷$ABD^2$.  [5] $BC^{2,8}$; e. A. *Altered text in* $D^2$.  [6] $BC^{2,8}D^2$; voro A.  [7] $BC^2D^2$; lǫg A, ÷$C^8$.  [8] + vm A.  [9] $BC^2D^2$; huíta . . . suarta $AC^8$.

í hveriu þessu fylki hálfar tekiur við sik ok þat með at þeir skyldu sitia í hásæti skǫr *hærra en iarlar, en skǫr lægra en sialfr Haraldr konungr.[1] En þat sæti eptir *dag hans* ætlaði sér hverr sona hans, en *konungr* siálfr ætlaði þat Eiríki. En Þrœndir ætluðu þat Hálfdani svarta, en Víkveriar ok Upplendingar unnu þeim bezt ríkis er þar váru þeim undir hendi. Af þessu varð mikit sundrþykki enn af nýiu milli þeira brœðra. En með því at þeir þóttuz hafa lítit ríki til forráða, þá fóru þeir í hernað, svá sem sǫgur eru til, [...]

## Chapter 4

Rǫgnvaldr réttilbeini átti Haðaland. Hann nam fiǫlkynngi ok gerðiz seiðmaðr. Haraldi konungi þóttu illir seiðmenn. Á Hǫrðalandi var sá seiðmaðr er Vitgeirr hét. Konungr sendi honum orð ok bað hann hætta *seið.[2] Hann svaraði ok kvað:

10.11–11.2/
9.12–10.2.

| Þat er vá lítil | er Rǫgnvaldr seiðir |
|---|---|
| at vér seiðim | réttilbeini |
| karla bǫrn | hróðmǫgr Haralds |
| ok kerlinga | á Haðalandi. |

En er Haraldr konungr heyrði þetta, þá fór Eiríkr blóðøx með hans ráði til Upplanda. Ok er hann kom á Haðaland brenndi hann inni Rǫgnvald með átta tigi seiðmanna, ok var þat verk miǫk lofat. Guðrøðr liómi drukknaði fyrir Iaðri.

## Chapter 10

Eptir fall Biarnar kaupmanns tók Óláfr bróðir hans ríki yfir Vestfold ok tók til fóstrs Guðrøð son Biarnar. Tryggvi hét son Óláfs. Váru þeir Guðrøðr fóstbrœðr ok miǫk[3] iafnaldrar ok *báðir[4] hinir efniligustu ok atgervimenn miklir. Tryggvi var hverium manni meiri ok styrkari.

17.11–15 /
13.5–8.

Þá er Haraldr konungr var áttrœður at aldri gerðiz hann þungfœrr, svá at hann þóttiz eigi *fœrr at* fara yfir *ríkit* eða stiórna konungs

17.15–18.5/
13.10–14.4.

---

[1] BC[2.8]D[2] (Haraldr koungr] hann D[2]); lægra en haralldr konungr. en skǫr hæra en synir haralldz konungs aðrir A.   [2] BD[2]; seiði A, seídnum C[2].
[3] miǫk] AC[1]; nęr BD[2]. *Cf. ÓlHJH 13, v. l. to line 7, and p. 1119.27–28.*
[4] BC[1]D[2]; ÷ A.

málum. Þá leiddi hann Eirík son sinn í hásæti sitt ok gaf honum vald yfir ǫllu landi. En er þat spurðu aðrir synir Haralds konungs, þá settiz Hálfdan svarti í konungs hásæti. Tók hann þá til forráða allan Þrándheim. Hurfu at því ráði allir Þrœndir með honum. En er þetta spurðu Víkveriar, þá tóku þeir Óláf til yfirkonungs um alla Víkina *ok helt hann því ríki.[1] Þetta líkaði Eiríki stórilla. Tveim vetrum síðar varð Hálfdan svarti bráðdauðr inn í Þrándheimi at veizlu nǫkkurri, ok var þat mál manna at Gunnhildr konungamóðir hefði keypt at fiǫlkunnigri konu at gera honum banadrykk. Eptir þat tóku Þrœndir Sigrøð til konungs.

## Chapter 261

II 301.8–
303.15 /
59.14–61.12.

[. . .] *En er Eiríkr iarl hafi festz í landi ok tekit trúnað af ríkismǫnnum ok allri alþýðu, þá* lét hann sér ekki líka at Erlingr Skiálgsson hefði ríki svá mikit, ok tók hann undir sik allar konungs tekiur þær er Óláfr konungr hafði veitt Erlingi. En Erlingr tók iafnt sem áðr landskyldir allt um Rogaland, ok guldu landbúar opt tvennar landskyldir.[2] En at ǫðrum kosti eyddi *Erlingr iarðabyggðina*. Lítit fekk *Eiríkr* iarl ok af sakeyri, þvíat ekki helduz þar sýslumenninir, ok því at eins fór iarl þar at veizlum ef hann hafði mikit fiǫlmenni. Þessa getr Sighvatr skáld:

> Erlingr var svá at iarla
> átt er skiǫldungr máttit,
> Óláfs mágr, svá at *œgðit*,[3]
> aldyggs sonar Tryggva.
> Næst gaf sína systur
> snarr búþegna harri,
> *þat var yðr*, en aðra
> aldr gipta Rǫgnvaldi.

Eiríkr iarl orti því ekki á at beriaz við Erling at hann var frændstórr ok frændmargr, vinsæll ok ríkr. Sat hann iafnan með fiǫlmenni, *svá*[4] sem þar væri konungshirð. Erlingr var opt á sumrum í hernaði ok *fekk*[5] sér fiár, þvíat hann helt teknum hætti um rausn ok stórmennsku, þó at hann hefði þá minni veizlur ok óhallkvæmri en um daga Óláfs konungs mágs síns.

---

[1] BC¹D²; ÷ A.  [2] + alt vm (vm allt B) Roga land AB.  [3] ægðit AC¹, ęgðiʀ B (*in* D² *ch. 261 has been taken from a manuscript of ÓlH*).  [4] BC¹; ÷ AD².  [5] BC¹D²; aflaði A.

Erlingr var manna fríðastr ok mestr ok hinn styrkasti, vígr hverium manni betr ok um *margar íþróttir dró hann fast eptir Óláfi konungi* Tryggvasyni. Hann var vitr maðr, kappsamr um alla hluti ok hinn mesti hermaðr *ok svá frœkn ok sóknharðr at hann gekk fyrstr ok fremstr í hvert stríð*. Þess getr Sighvatr:

> Erlingi varð engi
> annarr lendra manna
> \*ǫrr[1] sá er átti fleiri
> orrostur stoð þorrinn.
> Þrek bar seggr við sóknir
> sinn þvíat fyrst gekk innan
> mildr í marga hildi
> mest, en ór á lesti.

Þat hefir verit iafnan mál manna at Erlingr hafi verit gǫfgastr allra lendra manna í Nóregi. Þau váru bǫrn Erlings ok Ástríðar *Tryggvadóttur*: Áslákr, Skiálgr, Sigurðr, Loðinn, Þórir ok Ragnhildr er átti Þorbergr Árnason. Erlingr hafði iafnan með sér níu tigi frelsingia eða fleiri, ok var *þar* bæði vetr ok sumar máldrykkia at dagverðarborði, en at náttverði \*var[2] ómælt drukkit. En hann hafði tvau hundruð manna eða fleira *þegar* iarlar váru nær. Aldri fór hann fámennari *milli búa sinna eða at ǫðrum sínum erendum* en með tvítøgsessu alskipaða.

Erlingr hafði iafnan heima þriá tigi þræla ok umfram annat *mannfólk*. Hann ætlaði þrælum sínum dagsverk ok gaf þeim síðan stundir til ok *orlof* at þeir ynni *sialfum* sér *þá er* \*þeir[3] hǫfðu lokit ætlanarverki. Hann gaf þeim akrlǫnd at sá sér korni ok fœra ávǫxtinn til fiár sér. Hann lagði á hvern þeira verð ok lausn, ok leystu \*margir sik[4] til frelsis hin fyrstu misseri eða ǫnnur. En allir þeir er nǫkkurr þrifnaðr var yfir leystu sik á þrim vetrum. Með því fé keypti Erlingr sér annat man. En leysingium sínum vísaði hann sumum í síldfiski, en sumum til annarra féfanga. Sumir ruddu[5] merkr ok gerðu sér bœi. Ǫllum kom hann til nǫkkurs *þrifnaðar*.

303.15–
304.3 /
62.2–11.

---

[1] C¹; or er A, oręr B.   [2] BC¹D²; ÷ A.   [3] BC¹; ÷ A. *Altered text in* D².
[4] BC¹D²; sik margir A.   [5] + ser A.

## Chapter 262

304.4–18 / Eiríkr iarl *hafði gefit grið* Einari þambarskelfi, syni Eindriða
52.14–53.8. Styrkárssonar [...] Einarr var þá átián vetra. Svá er sagt at Einarr
*hafi verit[1] allra manna styrkastr ok beztr bogmaðr er verit hafi í
Nóregi, ok var harðskeyti hans umfram alla menn aðra. Hann skaut
með bakkakólfi í gegnum uxahúð hráblauta er hekk á ási einum.
Hann var skíðfœrr hverium manni betr. Hinn mesti var hann
hreystimaðr ok íþróttamaðr. Hann var auðigr ok ættstórr. *En er
Einarr var kominn norðr í Nóreg eptir Svǫlðrarbardaga, þá gerðu
iarlarnir,* Eiríkr ok Sveinn, *sætt við hann ok* giptu *honum* systur
sína, Bergliótu, dóttur Hákonar iarls. Hon var *fríð sýnum ok* hinn
mesti skǫrungr. Eindriði hét son þeira. *Hann var snimma mikill
ok styrkr ok um marga hluti líkr Einari feðr sínum.* Iarlarnir gáfu
Einari veizlur stórar[2] í Orkadal, ok gerðiz hann ríkastr ok gǫfgastr
lendra manna í Þrœndalǫgum. Var hann iǫrlunum hinn mesti styrkr
ok *þeira* ástvinr.

## Chapter 265

314.17–19 / [...] fór *hann*[3] með her sinn vestr til Englands á hendr Aðalráði
33.11–34.2. konungi Iátgeirssyni, ok áttu þeir *margar* orrostur ok hǫfðu ýmsir
sigr. [...]

315.2–8 / *varð sá atburðr á Englandi* at Sveinn konungr varð bráðdauðr
42.2–7 and um nótt í rekkju sinni, ok er þat sǫgn enskra manna, at Iátmundr
8–9. konungr hinn helgi hafi drepit hann með þeim hætti sem *hinn
helgi Merkúríus[4] drap Iúlíánum níðing. En er þat spurði Aðalráðr
konungr, *hann var þá* á Flæmingialandi, sneri hann þegar aptr til
Englands. Dreif þá til hans mikit fiǫlmenni.

315.8–10 / *Fekk hann þá enn ríki sitt ok* andaðiz *þrim vetrum síðar. Tók* þá
Cf.47.18–19. konungdóm *í Englandi* Iátmundr *son hans.*

## Chapter 266

315.11– *Knútr son Sveins konungs í Danmǫrk tók ríki eptir fǫður sinn.*
317.1 / *Hann bió her sinn vestr til Englands á því sama sumri sem*
53.10–55.6. *Aðalráðr konungr hafði andaz áðr um* *várit.*[5] *Sendi Knútr*

---

[1] BC[1]D[2]; væri A.  [2] + vt A.  [3] *i. e.* King Sveinn tjúguskegg.  [4] BC[1];
Merkvríus risi A. *Different text in* D[1,2].  [5] BC[1]; sumarit A. *Different text
in* D[1,2].

# TEXT FROM ÓLÁFS SAGA HELGA 9

*konungr þá orð Eiríki iarli Hákonarsyni, mági sínum, norðr í Nóreg,* at hann skyldi fara með honum vestr til Englands með her, þvíat Eiríkr iarl var frægr miǫk af hernaði sínum ok af því at hann hafði borit sigr ok orðstír ór þeim tveimr orrostum er snarpastar hǫfðu verit á Norðrlǫndum. Ǫnnur sú er þeir Hákon iarl, faðir hans, bǫrðuz við Iómsvíkinga, en sú ǫnnur er Eiríkr barðiz við Óláf konung Tryggvason. *Þessarrar orðsendingar* getr Þórðr Kolbeinsson í Eiríksdrápu:

Enn hefk leyfð þar er lofða
lofkennda frá ek sendu
at hialmsǫmum hilmi
hiarls dróttna boð iarli,
at skuldligaz[1] skyldi,
skil ek hvat gramr mun vilia,
endr at ásta fundi
Eiríkr *koma[2] þeira.

*Iarl brá skiótt við* orðsending Knúts konungs *mágs síns ok bió ferð sína* ór landi, en setti eptir lands at gæta Hákon *iarl*[3] son sinn ok fekk hann í hendr Einari þambarskelfi mági sínum, at hann skyldi hafa landráð fyrir Hákoni, þvíat hann var eigi ellri en sautián vetra. En Sveinn iarl hafði þá land hálft við Hákon.

Eiríkr iarl kom til Englands til fundar við Knút konung ok var með honum þá er hann vann Lundúnaborg. *Eiríkr iarl barðiz fyrir vestan Lundúnaborg.[4] Þar felldi hann Úlfkel snilling. *Þess getr* Þórðr:

Gullkennir lét gunni,
grœðis hests, fyrir vestan,
þundr vá leyfðr til landa,
Lundún saman bundit.
Fekk regn þorinn rekka
rǫnn *of[5] þingamǫnnum
ygglig hǫgg þar er eggiar
Úlfkell blár skulfu.

---

[1] AB; skylldugaz C[1]. *The stanza is omitted in* D[1,2].   [2] BC[1]; kom A.   [3] A; ÷ BC[1]. *Different text in* D[1,2].   [4] BC[1]; ÷ A. *Different text in* D[1,2].   [5] B; af AC[1]. *The stanza is omitted in* D[1,2].

Eiríkr iarl var á Englandi einn vetr ok átti nǫkkurar orrostur. En annat *haustit* eptir ætlaðiz hann til Rómferðar. [...]

## Chapter 270

321.7–12 / Þá er Sveinn *iarl Hákonarson ok Hákon Eiríksson* réðu Nóregi
65.15–66.5. gerðu þeir sætt við Erling Skiálgsson ok var bundin með því, at Áslákr son Erlings fekk Gunnhildar dóttur Sveins iarls. Skyldu þeir feðgar, Áslákr ok Erlingr, hafa veizlur allar þær er Óláfr konungr *Tryggvson[1] hafði fengit þeim. Gørðiz Erlingr þá fullkominn vin iarlanna ok bundu þat svardǫgum sín á milli. [...]

321.14–15 / *Óláfr Haraldsson* [...] *kom af hafi* við ey *þá er* Sæla *heitir[2] út
57.17–18. fyrir* Staði.

322.1/58.7. *Sigldi hann þaðan* suðr til Úlfasunda.

322.1–4 / *En er hann kom* suðr *yfir Fialir, þá helt hann inn af þióðleið.*
62.13–14. *Hann hafði tvá knǫrru ok sex tigi hermanna á hvárum. Þeir sneru inn til Sauðungssunda ok lǫgðuz þar.* [...]

322.7–9 / *Vann iarl konungi eiða,* at hann skyldi aldri beriaz í móti honum
65.1–3. ok eigi veria Nóreg með ófriði *fyrir Óláfi konungi[3] né sœkia hann. [...]

322.11–13 / *Erlingr Skiálgsson var í þeim bardaga með Sveini iarli ok* Einarr
88.10–11 þambarskelfir ok margir aðrir lendir menn. [...]
and 14.

322.14–15 / *En Sveinn *iarl[4] flýði ok fór síðan ór landi* á fund Svíakonungs
100.10–11. mágs síns ok sagði honum frá skiptum þeira Óláfs digra.

322.15–18 / Fór Sveinn iarl *í Austrveg ok* heriaði í Garðaríki um sumarit. *En*
101.8–11. *um haustit er hann kom* aptr til Svíþjóðar *tók* hann sótt þá er hann leiddi til bana. [...]

---

[1] BC¹D¹,²; ÷ A.  [2] BC²; het A. *Different text in* D¹, *and from line 8* ok *(321.12) to the end of the chapter is omitted in* D². [3] C²; imoti honum, *corrected from* fyrir ołi kgi A, moti oł. konungi B. [4] C²; ÷ AB.

# TEXT FROM ÓLÁFS SAGA HELGA

## Chapter 271

[...] Þórðr Siáreksson [...] orti erfidrápu um Óláf konung hinn   323.17–19 /
helga. Sú er kǫlluð Róðadrápa.   438.5–6.

## Chapter 272

Þá er sannspurt *var í Nóregi* andlát Sveins iarls [...]   323.20 /
   *Cf.* 102.2–3.

*Ok er konungr* lá í Karmsundi, þá fóru orð í milli þeira Erlings   324.3–7 /
Skiálgssonar, at þeir skyldu sættaz, ok var lagðr sættarfundr með   111.13–112.4.
þeim í Hvítingsey. En er þeir *tóku at tala* um sætt sína, *þá beiddiz
Erlingr at* hafa veizlur þær allar er Óláfr konungr Tryggvason
hafði fengit honum. [...]

[...] gekk hann til handa *Óláfi* konungi með þeim skildaga sem   325.3–5 /
konungr réð *upp at segia*; skilðuz *við* þat ok váru sáttir at kalla.   113.6–7.

Erlingr Skiálgsson helt svá ríki sínu at allt norðan frá Sognsæ ok   325.5–8 /
austr til Líðandisness réð hann ǫllu við bœndr, en veizlur konungs   286.7–10.
hafði hann miklu minni en fyrr. En þó stóð sú ógn af honum at
engi *maðr mælti né gerði annat* en hann vildi [...]

[...] *at Erlingr* skyldi hafa *slíkar* allar veizlur *ok ekki meiri sem*   325.13–20 /
konungr *hafði áðr skipat honum, en* niðr settuz allar sakar þær er   289.2–6.
*Óláfr* konungr hafði á Erlingi. *Skyldi þá ok Skiálgr son Erlings
vera með Óláfi*. [...] *Skilðu þeir þá enn svá, at þeir hétu sáttir.*
Erlingr fór *þá* heim til búa sinna ok helt teknum hætti um *allan
sinn ríkdóm.* [...]

## Chapter 273

[...] *En Óláfr konungr* dvalðiz í *Víkinni um sumarit ok sat* í   326.8–11 /
Sarpsborg *um vetrinn*, en Knútr konungr í Danmǫrk. Þann vetr   359.7–9.
reið Ǫnundr konungr yfir Vestra-Gautland ok hafði meir en þriá
tigi hundraða manna.

Hittuz *þeir Óláfr konungr* í Elfi við Konungahellu [...]   326.11–12 /
   360.5.

Skilðuz *þeir* mágarnir vinir. Fór Ǫnundr konungr þá upp *aptr* á   326.13–18 /
Gautland, en Óláfr konungr fór norðr í Víkina ok svá norðr með   360.8–13.

landi. Hann lá lengi ok beið byriar í Eikundasundi. Spurði *konungr þá at Erlingr Skiálgsson ok Iaðarbyggvar lágu í liðsamnaði ok hǫfðu her manns.*

326.18–20 / 61.12–14. Erlingr átti skeið mikla; *hon var* tvau rúm ok þrír tigir ok þó mikil at því. Hana *var hann vanr at hafa í víking eða í stefnuleiðangr, ok váru þar á tvau hundruð manna eða meir.*

## Chapter 274

326.21–22 / Cf. 361.5–7. *Óláfr konungr sigldi ór Eikundasundi þegar byr gaf norðr um Iaðar. Fór konungr þá at veizlum um Hǫrðaland.* [...]

326.23–24 / 371.4–5. Sá var hinn þrettándi vetr konungdóms hans.

326.24–25 / Cf. 409.12– 410.3. Bióz Óláfr konungr um várit ór Niðarósi *ok bauð her út um allt land. Fór konungr þá suðr með landi.*

326.25– 327.3 / Cf. 422.5–8. En er hann kom á Hǫrðaland spurði hann þau tíðindi at Erlingr Skiálgsson var farinn ór landi vestr til Englands á fund Knúts konungs *með miklu liði. Hafði hann haft* skip fiǫgur eða fimm. Hann hafði siálfr *skeið hina[1] miklu. [...]

327.6–7 / 456.5–6. Erlingr Skiálgsson ok synir hans allir hǫfðu verit um sumarit í her Knúts konungs. [...]

327.16–21 / 470.11–12 and 470.13– 471.4. Var Óláfr konungr þá í Túnsbergi er *Knútr konungr sigldi* hit ýtra um Foldina. Lá Knútr í Eikundasundi nǫkkura hríð. Kom þar til hans Erlingr Skiálgsson með mikit lið, *ok* bundu þeir Knútr konungr þá enn vináttu sína af nýiu. Var þat í heitum við Erling af *Knúti* at hann skyldi hafa land *allt[2] til forráða milli Staðar ok Rýgiarbits. [...]

## Chapter 275

328.1–4 / Cf. 476.9– 477.3. *Þá er skip Óláfs konungs komu til hans austan af Svíþióð helt hann þeim inn í Óslóarfiǫrð ok upp í vatn þat er Rǫnd heitir. Hafðiz hann þar við um sumarit þar til er Knútr konungr var *um[3] farinn suðr til Danmerkr.*

---

[1] C²; skeiðina AB.   [2] C²; ÷ AB.   [3] C²; ÷ AB.

# TEXT FROM ÓLÁFS SAGA HELGA 13

Þá helt Óláfr konungr skipum sínum út til Túnsbergs. 328.4–5 /
478.2.
Síðan bió hann ferð sína *norðr í land* með þat lið er honum vildi 328.5–7 /
fylgia. Hafði hann þá þrettán skip. *Helt hann þá* út eptir Víkinni. 478.3–5.
Þat var ǫndverðan vetr. Þeim byriaði heldr seint; lágu þeir í 328.7–12 /
Sóleyium miǫk lengi, ok spurði *konungr* þar at Erlingr hafði 478.9–16.
liðsamnat mikinn á Iaðri ok skeið hans lá fyrir landi albúin ok
fiǫlði annarra skipa er bœndr áttu. Konungr helt austan *liði sínu*
ok lá í Eikundasundi um hríð. Spurðu þá hvárir til annarra.
Fiǫlmennti Erlingr þá sem mest.

## Chapter 276

Thómasmessudag fyrir iól, þegar í dagan, *lét Óláfr* konungr út ór 328.13–22 /
hǫfninni. Var þá allgóðr byrr ok heldr hvass. Fór *þá* þegar niósn 479.2–13.
hit efra um Iaðar er konungr sigldi hit ýtra. Lét *Erlingr þegar*
blása ǫllu liði sínu til skipanna. Dreif þá allt fólk til skipa ok bióz
til bardaga. Skip konungs bar skiótt *norðr[1] um Iaðar. Stefndi
*konungr* þá innleið, *þvíat hann* ætlaði inn í Fiǫrðu at fá sér þar lið
ok fé. Erlingr sigldi eptir honum ok hafði her manns ok fiǫlða
skipa. Váru skip þeira ǫrskreið, er þeir hǫfðu ekki á nema *menn
ok vápn.[2] Gekk skeiðin Erlings miklu meira en ǫnnur skipin. Þá
lét hann hefla ok beið liðs síns.

Óláfr konungr sá at þeir Erlingr sóttu eptir miǫk, þvíat skip 328.22–
konungs váru sett miǫk ok sollin, er þau hǫfðu flotit á sió allt 329.6 /
sumarit ok haustit ok um vetrinn þar til. *Konungr þóttiz siá* at 479.15–
liðsmunr mundi *allmikill* vera ef þeir mœtti ǫllu senn liði Erlings. 480.7.
Lét hann þá kalla skip af skipi at *þeir* skyldi láta síga seglin ok *þó
sem seinst*, en svipta af neðan handrifi. Var *þá* svá gǫrt. Erlingr *sá
brátt at lægði seglin þeira*. Kallaði *hann* þá ok hét á lið sitt, bað
þá sigla meira. 'Séið þér eigi,' segir hann, 'at lægir seglin þeira,
svá draga þeir undan oss.' Lét hann þá hleypa ór heflum segli á
skeiðinni. Gekk hon þá *skiótt* fram frá ǫðrum skipum.

Óláfr konungr stefndi fyrir innan Bókn. Fal þá sýn milli þeira. 329.7–12 /
Síðan bað konungr leggia seglin ok róa *skipunum* fram í sundit. 480.9–481.5.

---

[1] C²; inn A, suðr B.  [2] C²B; vapn ok menn A.

Lǫgðu þeir þá sama skipunum. Gekk þar *neshǫfði nǫkkurr fyrir útan, svá at Erlingr sá eigi skip þeira er hann sigldi at sundinu fyrr en* konungsmenn reru ǫllum skipunum at þeim. Tókz þar hin snarpasta orrosta.

329.12–13 / *Fellu þar svá fullkomliga allir menn* Erlings *þeir er á váru*
482.8–9. *skeiðinni* at hann stóð einn upp

329.13–16 / *ok* varðiz svá *prýðiliga* at engi maðr vissi dœmi til at einn maðr
483.2–4. hefði staðit *iafnlengi við svá* margra manna atsókn, en aldri leitaði hann til undankvámu,

329.16–18 / *fyrr en konungr bauð honum at* ganga *til handa, en hann iátaði*
Cf. 484.5–12. *því. Gaf hann þá upp vǫrnina ok* tók af sér hiálminn, *ok var þá drepinn, berliga at óvilia Óláfs konungs, sem segir í sǫgu hans.*

## Chapter 277

329.19–20 / Þat *er* mál manna at Erlingr hafi verit *mestháttar maðr* í Nóregi
485.11–13. þeira er eigi báru tignarnafn. [. . .]

## Chapter 278

330.16–17 / *Eptir Nesiaorrostu fór Einarr þambarskelfir ór landi austr til*
Cf. 102.3–4. *Svíþióðar með Sveini iarli mági sínum.*

330.17– *En eptir andlát iarls var hann* með Óláfi Svíakonungi *þar til er*
331.1 / *hann andaðiz. Síðan fór hann aptr til Nóregs ok fann Óláf konung*
Cf. 285.11– *Haraldsson austr í landi. Gørðu þeir þá sætt sína með því móti* at
286.4. Einarr skyldi fara norðr til Þrándheims ok hafa eignir sínar allar ok svá þær iarðir er Berglióftu hǫfðu heiman fylgt. Fór Einarr þá norðr *ok settiz at búum sínum* [. . .]

331.3–11 / *En þá er Knútr konungr lagði Nóreg undir sik ok setti þar Hákon*
472.2–5 *iarl til landsgæzlu,* þá réðz Einarr til lags við *Hákon iarl mág*
and 472.11– *sinn.* Tók hann þá upp veizlur þær allar er hann hafði fyrr haft, þá
473.4. er iarlar réðu landi. Knútr konungr gaf Einari stórar giafar ok batt hann *svá* í kærleikum við sik. Hét hann því at Einarr skyldi vera mestr ok gǫfgastr ótiginna manna í Nóregi meðan hans vald stœði yfir, en lét þat fylgia at honum þótti Einarr bezt til fallinn at bera tignarnafn í Nóregi eða Eindriði son hans fyrir ættar sakir, ef *iarlsins* væri eigi við kostr.

# TEXT FROM ÓLÁFS SAGA HELGA

## Chapter 279

(The beginning of this chapter, 331.12–332.18, is only a short résumé of the passages in ÓlH printed in ÓlHJH 486.11–500.11 and 514.2–515.6, with the same wording kept in only a few instances. But 332.20–333.20, on the other hand, is copied almost word for word from Chapter 184 of ÓlH, ÓlHJH 515.10–517.6.)

[...] norðr með landi, 331.13 / 487.9.

*allt* norðr um Stað. [...] 331.13 / 488.5.

[...] hann kom inn í Róðrarfiǫrð. Lagði *hann* at í Valldali [...] 331.18– 332.1 / 490.7–8.

Þat hafði *hann* enn í *ráði* at leggia niðr konungstign ok fara út til Iórsala eða í aðra helga staði [...] 332.10–12 / 514.9–11.

Þat var á einni nótt er Óláfr konungr lá í rekkiu sinni *mœddr af miklum áhyggium ok hafði sungit bœnir sínar sem hann var vanr*, þá seig á hann svefn ok þó svá lauss at hann þóttiz vaka ok siá ǫll tíðindi í húsinu. *Honum sýndiz maðr* standa fyrir rekkiunni, *mikill ok vegligr*, ok hafði klæðnað *ágætan*. *Hugði konungr þat í svefninum*, at þar væri kominn Óláfr konungr Tryggvason. Sá maðr mælti til *konungs*: 'Ert þú miǫk hugsiúkr um ráðaætlan þína? Þat þikki mér undarligt *hví* þú *válkar slíkt* fyrir þér, hvert ráð þú skalt upp taka. Svá ok ef þú ætlaz þat fyrir at leggia niðr konungstign þá er guð hefir gefit þér. Slíkt hit sama at vera hér ok þiggia ríki af útlendum hǫfðingium ok þér ókunnum. Far þú heldr aptr til ríkis *þíns*[1] er þú hefir at erfðum tekit ok ráðit lengi fyrir með þeim styrk er guð gaf þér ok lát eigi undirmenn þína hræða þik. Þat er konungs frami at sigraz á óvinum sínum, en vegligr dauði at falla í orrostu með liði sínu, eða ifar þú nǫkkut um þat at þú hafir *eigi* rétt at mæla í yðarri deilu? Eigi skaltu þat gera at dylia siálfan þik sanninda. Mátt þú fyrir því diarfliga sœkia til landsins at guð mun bera þér vitni um at þat er þín eiga.' *Síðan* vaknaði *Óláfr* konungr ok þóttiz siá svip mannsins er *í* braut gekk. *Þakkaði konungr guði þessa vitran ok* herði *hug sinn* þaðan í frá ok einstrengði þá ætlan fyrir sér at fara aptr til Nóregs, svá sem hann hafði verit áðr fúsastr til ok hann fann at allir hans menn vildu helzt vera láta. Talði 332.20– 333.20 / 515.10– 517.6.

---

[1] C[2]; þess ABD[1].

hann þá þat í huginn at landit mundi vera auðsótt er hǫfðingialaust var, svá sem hann hafði spurt *af þeim mǫnnum er þá váru nýkomnir af Nóregi at Hákon iarl hafði týnz í hafi með alla skipshǫfn sína er hann fór vestan af Englandi.* En er *hann* birti þessa ráðagørð mǫnnum sínum, þá tóku allir því þakksamliga. [...]

## Chapter 280

335.3–5 / [...] *hina næstu nótt fyrir bardagann á Stiklarstǫðum.* Konungr
546.11–13. vakði lǫngum um nóttina ok bað til guðs fyrir sér ok liði sínu ok sofnaði lítt. Rann á hann hǫfgi móti *deginum.[1] [...]

## Chapter 281

336.10–13 / [...] *Eitt sumar* fór Einarr ór landi, fyrst vestr *um haf* til Englands
Cf. 316.11– ok *þaðan allt suðr til Róms. Var hann á brottu einn vetr* ok kom
317.2. heim annat *sumarit ok settiz þá enn um kyrrt.* [...]

337.1–2 / Hófz þá hǫfðingskapr Einars af nýiu [...]
473.5.

337.6–15 / *En er hann fann Knút konung* fagnaði konungr honum vel. Síðan
523.9–    bar Einarr upp erendi sín fyrir konung, sagði at þá var hann kominn
524.7.   at vitia heita þeira er Knútr konungr hafði *heitit honum iarlsnafni í Nóregi,* ef Hákonar iarls væri eigi við kostr. Konungr svarar: 'Þat mál *veit nú* allt annan veg við,' segir hann. 'Ek hefi nú sent menn ok iartegnir mínar til Danmerkr, *at* ek hefi gefit *Sveini syni mínum allt* ríki í Nóregi *ok skal hann þar vera konungr yfir.* En ek vil halda við þik vináttu. Skaltu *þá* hafa *slíkar* nafnbœtr sem þú hefir burði til ok vera lendr maðr. Sá Einarr þá [...]

338.6–7 / Varð *ok* Einarr fyrstr ríkismanna til þess at halda upp helgi Óláfs
597.4–5. konungs [...]

## Chapter 282

338.9–11 / *Sveinn son Knúts konungs, hann var kallaðr Sveinn Alfífuson.*
594.9–13. Hann var þá kominn austan í Víkina er orrostan var á Stiklarstǫðum. Var hann *síðan* til konungs tekinn *í Nóregi.*

---

[1] B; degi A; ÷ C[2,10].

En er *Sveinn Alfífuson* hafði þriá vetr ráðit landi *með lítilli vinsæld* 338.11–
*af landsmǫnnum*, þá spurðuz þau tíðindi *til Nóregs* at fyrir vestan 339.2 /
haf eflði flokk Tryggvi son Óláfs *konungs* Tryggvasonar ok Gyðu 610.6–14
ensku. *Þá* var Sveinn konungr í Þrándheimi *er* hann spurði þessi and 611.1.
tíðindi. Bauð hann þegar út leiðangri *ok stefndi til sín* lendum
mǫnnum. Einarr þambarskelfir settiz heima ok vildi eigi fara með
Sveini konungi. Fór Sveinn konungr *þá* er hann var búinn með
lið sitt suðr með landi *ok allt austr í Vík*. Tryggvi *helt liði sínu
vestan um sumarit ok kom af hafi við Hǫrðaland ok* spurðu þá
hvárir til annarra.

Helt Sveinn konungr *þá* liði sínu sunnan með landi. En Tryggvi 339.2–
helt norðan *í* móti. Svá segir í Tryggvaflokki: 340.1 /
611.8–
612.8.
Tíreggiaðr fór Tryggvi,
tókz morð af því, norðan,
en Sveinn konungr sinni
sunnan ferð at gunni.
Nær var ek þausnum þeira.
*Þar* bar skiótt at móti.
Herr týndi þar, harða
hiǫrgǫll var þat, fiǫrvi.

Fundr þeira varð fyrir norðan Iaðar í Sóknasundi fyrir innan Bókn,
nær því sem fallit hafði Erlingr Skiálgsson. Þar *varð snǫrp* orrosta.
Þat var á *dróttinsdegi er þeir bǫrðuz*. Svá segir í flokki þeim er
ortr var um Svein Alfífuson:

Vara sunnudag, svanni,
seggr hné margr und eggiar,
morgin þann sem manni
mær lauk eða ǫl bæri,
er Sveinn konungr sína
saman tengia bað drengi,
hrátt gafz hold at slíta
hrafni, skeiðarstafna.

Í þeiri orrostu fekk Sveinn konungr sigr, en Tryggvi fell ok mestr
hluti liðs hans. [. . .] Réð Sveinn konungr þá enn landi *þann* vetr
hinn næsta eptir [. . .]

# Óláfs saga Tryggvasonar en mesta

Text from *Heimskringla*

## Chapter 1

[...] *Haraldr konungr var son Hálfdanar svarta Upplendinga-* I 1.7–11 /
*konungs. Faðir Hálfdanar svarta var Guðrøðr veiðikonungr, son* 80.3–7.
*Hálfdanar konungs er* kallaðr var hinn mildi ok hinn matarilli,
*þvíat* hann gaf í mála mǫnnum sínum *iafnmikla* gullpeninga sem
aðrir konungar silfrpeninga, en hann svelti menn at mat.

*Móðir Hálfdanar svarta var Ása dóttir Haralds hins granrauða* 1.11–2.7 /
*konungs af Qgðum. Móðir Haralds hárfagra var Ragnhildur dóttir* Cf. 81.2–
*Sigurðar hiartar*; hans móðir var Áslaug dóttir Sigurðar orms í 82.7 and
auga, Ragnars sonar loðbrókar. *Móðir Sigurðar orms í auga var* 90.10–93.2.
*Áslaug dóttir Sigurðar Fáfnisbana. Sigurðr hiǫrtr átti Þyrni dóttur*
Klakk-Haralds *iarls* af Iótlandi, *systur* Þyri Danmarkarbótar er
átti Gormr hinn gamli Danakonungr. Þyrni var móðir Ragnhildar
*móður Haralds hárfagra.*

Haraldr tók konungdóm eptir fǫður sinn þá er hann var tíu vetra 2.7–11 /
gamall. Hann var allra manna mestr ok sterkastr ok fríðastr sýnum, 98.3–8.
vitr maðr ok skǫrungr mikill. Guthormr *son Sigurðar hiartar*,
móðurbróðir hans, gørðiz forstióri fyrir hirðinni ok fyrir ǫllum
landráðum; hann var hertogi fyrir liðinu.

*Í fyrstu vann Haraldr konungr Upplǫnd ok tók af lífi alla þá* 2.11–13 /
*hǫfðingia sem þar gengu á ríkit.* Cf. 100.2–20.

*Því næst* sendi *hann* menn sína eftir meyiu *einni[1] er Gyða *hét,[2] 2.13–3.13 /
dóttir Eiríks konungs af Hǫrðalandi, er hann vildi taka til frillu 101.2–
sér, þvíat hon var allfríð mær ok heldr stórlát; hon var at fóstri á 102.9.
Valdresi með ríkum bónda. En er sendimenn kómu þar báru þeir

---

[1] C⁸D²; þeiri AC²B.   [2] BC²,⁸D²; er nefnd A.

*fram* sín erendi fyrir meyna. Hon svaraði *svá*, at hon vill eigi spilla meydómi sínum til þess at *eiga* þann konung er eigi hefir meira en nǫkkur fylki til forráða, 'ok þat þikki mér undarligt,' *sagði* hon, '*er[1] engi er sá konungr er svá vill eignaz Nóreg at vera einvaldi yfir sem Gormr konungr at Danmǫrk eða Eiríkr at Uppsǫlum.' Sendimǫnnum *þótti* hon svara *heldr* stórliga ok spyria hana máls um hvar til þessi svǫr skulu koma, segia at Haraldr er svá ríkr konungr at henni er fullræði í. En þó at hon svaraði annan veg þeira erendum en þeir vildi, þá *sá* þeir engan sinn kost til þess at sinni at hafa hana *brottu* nema hennar væri vili til. Búaz þeir þá ferðar sinnar. *Sem* þeir eru[2] búnir, leiða menn þá út. Þá mælti Gyða *til sendimanna*: '*Berið* þau mín orð Haraldi konungi at ek mun þvíat eins iáta at geraz hans eiginkona ef hann vill þat áðr gera fyrir *mína skyld* at leggia undir sik allan Nóreg ok ráða því ríki iafn friálsliga sem Eiríkr konungr Svíaveldi eða Gormr konungr Danmǫrk, þvíat þá þikki mér hann *mega heita[3] þióðkonungr.'

3.13–4.6 /
102.11–
103.9.

Sendimenn fara aptr til konungs ok segia honum *ǫll* þessi orð meyiarinnar ok telia at hon *sé* furðu diǫrf ok *óvitr,[4] kalla* þat makligt at konungr sendi lið eptir henni *ok tæki hana með* ósœmð. Haraldr konungr *sagði* at þessi mær hefði eigi illa mælt eða gǫrt svá at hefnda væri fyrir vert, '*heldr hafi hon,*' *segir hann,* 'mikla þǫkk fyrir sín orð, *þvíat* hon hefir minnt mik þeira hluta er mér þikkir nú undarligt er ek hefi eigi fyrr hugleitt. *Nú* strengi ek þess heit ok því skýt ek til guðs þess er mik skóp ok ǫllu ræðr, at aldri skal hár mitt skera né kemba fyrr en ek hefi eignaz allan Nóreg með skǫttum ok skyldum ok *forræði, ella skal ek* deyia.' *Þessa heitstrenging* þakkaði honum Guthormr hertogi ok *kallaði* konungligt at efna *vel* orð sín. [. . .]

4.7–11 /
126.5–9.

*Nú sem hann var orðinn einvaldskonungr yfir ǫllu landi,* þá minntiz hann þess er mærin sú hin mikilláta hafði *mælt til hans.[5] Sendi hann þá menn sína eptir henni ok lét hana *til sín fara* ok lagði hana *í sæng* hiá sér.

---

[1] B; at AC[2.8]D[2].    [2] + farar AB.    [3] BC[2.8]D[2]; heita mega A.    [4] BC[2.8]D[2]; u uita A.    [5] BC[2.8]D[2]; til hans mælt A.

TEXT FROM HEIMSKRINGLA          23

Chapter 2

[...] *Haraldr konungr* fekk þeirar konu er Ragnhildr hét; *hon var*     4.15–17 /
dóttir Eiríks konungs af Iótlandi; hon var kǫlluð Ragnhildr hin     126.13–15.
ríka. Þeira son var Eiríkr blóðøx. [...]
Svá *segia menn[1] at Haraldr konungr léti af níu konum sínum þá     6.20–7.6 /
er *hann* fekk Ragnhildar ríku. Þess getr *Þorbiǫrn* hornklofi:     127.4–9.

    Hafnaði Holmrýgium
    ok Hǫrða meyium,
    hverri hinni heinversku
    ok Hǫlga ættar
    *konungr hinn[2] kynstóri
    er tók konuna dǫnsku.

Ragnhildr hin ríka drottning lifði þriá vetr síðan hon kom í Nóreg.     7.7 /
[...]     132.13–14.

[...] at Guthormr fell í Elfarkvíslum fyrir Sǫlva klofa. Tók *þá*     7.18–8.3 /
Óláfr *konungr* við því ríki *sem* hann hafði haft. Hálfdan hvíti fell     149.5–14.
á Eistlandi, *en* Hálfdan háleggr í Orkneyium. Þeim Þorgísli ok
Fróða gaf Haraldr konungr herskip, ok fóru þeir í vestrvíking ok
heriuðu um Skotland, Bretland ok Írland. Þeir eignuðuz *fyrstir*
Norðmanna *Dyflinni[3] *á Írlandi*. Svá er sagt at Fróða væri gefinn
dauðadrykkr, en Þorgils var lengi konungr yfir Dyflinni ok var
*um síðir* svikinn af Írum ok fell þar.

Chapter 3

Eiríkr ætlaði *sér* at vera yfirkonungr allra brœðra sinna, ok svá     8.4–5 /
vildi Haraldr konungr *faðir hans* vera láta. [...]     149.16–18.

Þá var *hann* tólf vetra er Haraldr konungr gaf honum fimm     8.7–10.10 /
langskip ok fór hann í hernað, fyrst í Austrveg ok *þaðan* suðr um     144.17–
Danmǫrk, um Frísland ok Saxland, ok dvalðiz *í þeiri ferð fióra     147.10.
vetr. Eptir þat fór hann vestr um haf ok heriaði um Skotland ok
Bretland *ok* Írland ok Valland ok dvalðisk[4] þar aðra fióra vetr.
Eptir þat fór hann norðr á Finnmǫrk ok allt til Biarmalands ok átti
þar orrostu ok hafði sigr.

---

[1] BC[2,8]D[2]; er sagt A.  [2] BC[2,8]D[2]; konungriN A.  [3] C[2]; dyflina ABC[8],
dyflinn D[2].  [4] BC[2]D[2]; ÷ A.

## 24 ÓLÁFS SAGA TRYGGVASONAR

Þá er hann kom aptr á Finnmǫrk fundu menn hans í gamma einum konu þá er þeir hǫfðu enga sét iafn fríða. Hon nefndiz fyrir þeim Gunnhildr. '*En faðir minn,*' sagði hon, '*býr* á Hálogalandi, er *heitir* Ǫzurr toti. Ek hefi hér verit at nema kunnustu at Finnum tveim þeim er hér eru fróðastir á mǫrkinni. Nú eru þeir farnir á veiðar, en báðir þeir vilia eiga mik. Þeir eru svá vísir at þeir rekia spor sem hundar, bæði á þá ok á hiarni. En þeir kunna sva vel á skíðum at ekki má forðaz þá, hvárki menn né dýr. Þeir hœfa *ok allt þat* er þeir skióta til. Svá hafa þeir fyrirkomit hverium manni er hér hefir komit í nánd. *En* ef þeir verða reiðir, þá snýz *iǫrðin* um fyrir siónum þeira, *ok* ef *þá* verðr nakkvat kvikt fyrir siónum þeira, þá fellr þegar dautt niðr. Nú *megið* þér fyrir engan mun verða á veg þeira. Ek mun fela yðr hér í gamma mínum. Skulum vér þá freista at vér fáim drepit þá.' Þeir *þekkiaz* þetta.

*Þegar hon hafði fólgit þá* tók hon línsekk einn, ok hugðu þeir at aska væri í, ok seri því um gammann, bæði útan ok innan.

Litlu síðar kómu Finnar heim *ok spurðu* hvat þar *væri* komit. Hon *sagði* at þar *var* ekki komit. Finnum *þótti* þat undarligt, *þvíat* þeir hǫfðu rakit *sporin* allt at gammanum, en *fundu þó* ekki. *Gerðu* þeir þá eld ok *matbiuggu*. En er þeir váru mettir *bió* Gunnhildr rekkiu sína. En svá hafði áðr farit *þriár nætr at Gunnhildr *svaf*, en hvárr þeira[1] *vakði* yfir ǫðrum fyrir *ábrýðis*[2] sakir. Þá mælti Gunnhildr: 'Farið nú hingat ok liggi *til sinnar handar* mér hvárr ykkarr.' Þeir urðu þessu fegnir ok gerðu svá. Hon helt sinni hendi um háls hvárum þeira. Þeir sofna þegar, en hon vekr þá. *Þeir sofna skiótt, svá* at hon *fær*[3] varla vakit þá. *Ok hit þriðia sinn sofa þeir svá fast at* hon *fær með engu móti* vakit þá, *þó at hon reisi* þá upp. *Tók* hon þá selbelgi tvá mikla ok *steypði* yfir hǫfuð þeim ok *batt rammliga* at fyrir neðan hendr þeim. Ok enn *sváfu* þeir. Gunnhildr gørir þá bending konungsmǫnnum, hlaupa þeir þá *fram*[4] ok bera vápn á *Finnana* ok fá hlaðit þeim, draga þá *síðan* út ór gammanum. Váru þá reiðarþrumur svá stórar at þeir máttu hvergi fara.

En at morni fóru þeir til *skipa* ok hǫfðu Gunnhildi með sér ok fœrðu hana Eiríki. Fór þá Eiríkr *leiðar sinnar.* En er hann kom á

---

[1] $BC^2D^2$; með þeim at huerr A.  [2] $BC^2$; uand lætis A. Altered in $D^2$.
[3] $BC^2$; gat A, getr $D^2$.  [4] $D^2$; upp $ABC^2$.

Hálogaland stefndi hann til sín Ǫzuri tota ok *sagði* at hann *vildi fá dóttur hans*. Ǫzurr *iátaði því*. *Fekk* Eiríkr þá Gunnhildar ok *hafði hana með sér suðr í land*.

## Chapter 5

Biǫrn son Haralds konungs réð fyrir Vestfold ok sat optast í Túnsbergi, en var lítt í hernaði. Til Túnsbergs sóttu miǫk kaupmenn, bæði þar um Víkina ok norðan ór landi, sunnan ór Danmǫrk ok af Saxlandi. Biǫrn konungr átti ok kaupskip í ferðum til *annarra*[1] landa ok aflaði sér svá dýrgripa eða annarra fanga þeira er hann þóttiz þurfa. Brœðr hans kǫlluðu hann kaupmann eða farmann. Biǫrn var vitr maðr ok stilltr vel ok þótti vænn til hǫfðingia. Hann fekk sér gott kvánfang ok makligt. Hann gat son er Guðrøðr hét.

Eiríkr blóðøx kom ór Austrvegi með herskip ok lið mikit. Hann beiddiz af Birni bróður sínum at taka við skǫttum ok skyldum þeim er Haraldr konungr átti á Vestfold. En hinn var áðr vanði at Biǫrn fœrði siálfr konungi eða sendi menn með. Vildi hann enn svá, ok vildi eigi af hǫndum *gialda*. En Eiríkr þóttiz þurfa *vistir ok drykk ok tiǫld*. Þeir brœðr þreyttu þetta með kappmælum ok fekk Eiríkr eigi at heldr. Fór *hann* *brott*[2] ór bœnum. Biǫrn *reið* ok ór bœnum um kveldit ok upp á Sæheim. *Eiríkr*[3] hvarf aptr um nóttina ok fór upp á Sæheim eptir Birni, kom þar *svá at* þeir Biǫrn sátu *enn ok drukku*. Eiríkr tók hús á þeim. Gengu þeir Biǫrn út ok bǫrðuz. Þar fell Biǫrn ok mart manna með honum. Eiríkr *tók*[4] þar herfang mikit ok fór norðr í land.

Þetta verk líkaði Víkverium stórilla, ok var Eiríkr þar miǫk óþokkaðr. Fóru þau orð um at Óláfr konungr mundi hefna Biarnar ef honum gæfi fœri á. Biǫrn konungr liggr í Farmannshaugi á Sæheimi.

Eptir um vetrinn fór Eiríkr norðr á Mœri ok tók veizlu í Sǫlva fyrir innan Agðanes. En er þat spurði Hálfdan svarti fór hann með her *mikinn* ok tók hús á þeim. Eiríkr svaf í útiskemmu ok komz *hann* til skógar við fimmta mann, en þeir Hálfdan brenndu bœinn ok lið þat allt er inni var. Kom Eiríkr á fund Haralds konungs með

---

[1] BC²D²; ymissa A.  [2] BC²D²; brottu A.  [3] BC²D²; Biorn A.  [4] BC²D²; fekk A.

þessum tíðindum. Konungr varð þessu *miǫk* reiðr, samnaði *hann þegar* her ok fór *norðr* á hendr Þrœndum. En er þat *spurði* Hálfdan svarti *bauð* hann út *leiðangri* ok skipum ok *varð* allfiǫlmennr ok lagði út til Staðs fyrir innan Þórsbiǫrg. Haraldr konungr lá liði sínu út *við[1] Hreinssléttu. Fóru þá menn milli þeira.

Guthormr sindri hét gǫfugr maðr *ok ættstórr*. Hann var þá í liði með Hálfdani svarta, en fyrr hafði hann verit með Haraldi konungi ok var *hinn mesti vin* beggia þeira. Guthormr var skáld mikit. Hann hafði ort sitt kvæði um hvárn þeira feðga. Þeir hǫfðu boðit honum laun, en hann neitti ok *beiddi* at þeir skyldi veita honum eina bœn, ok því hǫfðu þeir heitit. Hann fór þá á fund Haralds konungs ok bar *sættarboð* í *milli* þeira ok bað þá hvárntveggia þeirar bœnar, at þeir skyldi sættaz. En konungar gerðu svá mikinn metnað hans at af hans bœn sættuz þeir. Margir aðrir gǫfgir menn fluttu þetta mál með honum. Varð þat at sætt at Hálfdan *konungr* skyldi halda ríki sínu ǫllu; hann skyldi ok láta óhætt við Eirík bróður sinn.

Eptir þessi sǫgu orti Iórunn skáldmær nǫkkur erendi í Sendibít:

> Harald frá ek, Halfdan, spyria
> herðibrǫgð, en lǫgðis
> sýniz svartleitr reyni
> siá bragr, *hins[2] hárfagra.

## Chapter 6

13.11–17 / Hákon Griótgarðsson Hlaðaiarl hafði alla yfirsókn *í Þrándheimi[3]
154.10–18. þá er Haraldr konungr var annarstaðar í landi. Hafði Hákon mestan metnað í Þrœndalǫgum af konungi. Eptir *hann* tók Sigurðr son hans *iarldóm* í Þrándheimi; *sat* hann at Hlǫðum *sem faðir hans*. Með honum fœdduz upp synir Haralds konungs, þeir *sem* áðr *hǫfðu verit* undir hendi fǫður hans, Hálfdan svarti ok Sigrøðr. Váru þeir miǫk iafnaldrar, konungs synir ok Sigurðr.

13.18 / Sigurðr iarl var manna vitrastr.
155.3.

13.18–20 / Hann fekk Bergliótar dóttur Þóris iarls þegianda. Móðir *Bergliótar*
154.18–
155.2. var Ólof árbót, dóttir Haralds konungs hárfagra.

---

[1] BC²D²; fyrir A.  [2] BD², enn A, hín C².  [3] BC²D²; vm þrandheim A.

# TEXT FROM HEIMSKRINGLA 27

## Chapter 7

Þá er Haraldr konungr tók at eldaz sat hann at stórbúum *sínum* optliga er hann átti á Hǫrðalandi, á Alreksstǫðum *eða á*[1] Sæheimi eða á Fitium. *Stundum sat hann á Rogalandi at Útsteini* eða á Ǫgvaldsnesi í Kǫrmt. Þá er Haraldr konungr var nær *siaurœðum[2] gat hann son við konu þeiri er nefnd er Þóra *Mostrstǫng,[3] *þvíat* hon var ættuð ór Mostr ⌐á *Sunnhǫrðalandi*. *Hon var kvenna vænst ok mest ok vel ættborin*; *hon var í frændsemistǫlu við Hǫrða-Kára, en þó* var hon kǫlluð konungsambátt.[4] Váru þá margir konungi lýðskyldir *þó at* vel *væri* ættbornir, bæði karlar ok konur.

Þat var þá *mjǫk* siðr um *ríkra* manna bǫrn at vanda mjǫk menn til at ausa vatni ok gefa *nǫfn*. En er at þeiri stundu kom er Þóru var ván at hon mundi barn ala, þá vildi hon fara á fund Haralds konungs. Hann var þá norðr á Sæheimi, en hon í *Mostr.[5] Fór hon þá norðr á skipi *með Sigurði iarli*. Þau lágu um nóttina við land. Þar *fœddi* Þóra barn uppi á hellunni við bryggiu*sporðinn*; þat var sveinbarn. Sigurðr iarl iós sveininn vatni ok kallaði Hákon eptir fǫður sínum, Hákoni Hlaðaiarli. Sá sveinn var snemma mikill ok fríðr sýnum ok mjǫk líkr fǫður sínum. Konungr lét sveininn fylgia móður sinni meðan *hann* var allungr, ok váru þau at konungsbúum.

⌐*Hæðiligt þótti ǫðrum sonum Haralds konungs um Hákon ok kǫlluðu hann Mostrstangarson*.[6]

## Chapter 8

*Í þann tíma hafði tekit konungdóm á* Englandi Aðalsteinn *er* kallaðr var hinn sigrsæli ok hinn trúfasti. Hann sendi menn til Nóregs með *þessháttar erendum, at sendimaðrinn gekk inn fyrir Harald* konung *ok færði* honum sverð *með gulligum* hjǫltum ok meðalkafla, ok ǫll umgǫrðin var búin gulli ok silfri ok sett *ágætum* gimsteinum. Sendimaðrinn *sneri* hjǫltum *sverðsins at konungi* ok mælti: 'Hér er sverð þat er Aðalsteinn konungr mælti at þú skyldir *við*[7] taka.' Konungr tók meðalkaflann. Ok þegar mælti sendimaðrinn: 'Nú tóktu svá við *sverði þessu* sem várr konungr vildi; skaltu nú vera þegn hans, er þú tókt við sverði hans *at*

13.21–
14.20 /
155.3–
156.7.

14.21–
15.15 /
156.9–
157.9.

---

[1] C²; æa A, edr BD².  [2] BC²D²; siauræðr A.  [3] BD²; morstr staung A, morstrar stöng C².  [4] *Interpolated from ÓlH (?), see ÓlHJH 12.9–12 and Introduction p. viii.*  [5] BC²D²; morstr A.  [6] *Interpolated from ÓlH (?), see ÓlHJH 12.13–13.1 and Introduction p. viii.*  [7] BC²D²; með A.

*hiǫltunum.*' Haraldr konungr skilði *þá at þetta var með spotti gǫrt til hans, þvíat* hann vildi engis manns þegn vera. En þó minntiz hann þess sem háttr hans *var,*[1] at hvert sinn er skiót œði eða reiði hlióp á hann, at hann stillti sik fyrst ok lét svá renna af sér reiðina, *en leit síðan á* sakar óreiðr. Nú gerði hann enn svá ok *bar*[2] þetta *mál fyrir vini sína, ok sýndiz þeim ǫllum samt at láta ráð ráði mæta. Lét Haraldr konungr sendimenn Aðalsteins konungs fara brottu friálsa með bezta orlofi.*

15.15–  *Sá maðr var með Haraldi konungi er* Haukr *hét* hábrók; *hann var*
16.21 /  *framkvæmðarmaðr mikill í sendifǫrum, þó at torveldar væri ok*
157.11–  hinn kærasti konungi. *Á næsta sumri eptir þetta sem nú var getit*
159.2.   fekk *Haraldr konungr* Hákon son sinn *í hendr Hauki ok sendi* hann vestr til Englands á fund Aðalsteins konungs. Fann *Haukr* hann í Lundúnum. Þar var fyrir veizla virðulig. *Haukr gekk til konungshallarinnar með þriá tigu manna*. Haukr *mælti til sinna manna*: 'Svá skulu vér haga inngǫngu várri, at sá skal *síðarst* út ganga er fyrst[3] gengr inn ok standa allir iafnfram fyrir *konungsborðinu,* ok hverr *várr skal* hafa sverð á vinstri hlið ok festa svá yfirhǫfnina at *ekki* siái sverðin. *Haukr tók þá sveininn Hákon ok setti á handlegg sér*; gengu síðan inn. *Haukr heilsaði á konung.* Konungr bað hann velkominn. Haukr setti sveininn á kné Aðalsteini konungi. Konungr *sá* á sveininn ok *spurði* *Hauk*[4] hví hann *fór* svá. Haukr svarar: 'Haraldr *Nóregskonungr* bað þik fóstra *sér* ambáttarbarn *þetta.*' Aðalsteinn konungr varð reiðr miǫk ok greip til sverðs[5] er stóð hiá honum ok brá sem hann vildi drepa sveininn. *Haukr mælti þá*: 'Knésett hefir þú hann nú, *konungr, ok* máttu nú myrða hann ef þú vill. En ekki muntu með *þessu* eyða ǫllum sonum Haralds konungs.' Gekk Haukr *þá* út ok allir hans menn; fóru *síðan* leið sína til skips, *létu í haf þá* er þeir váru búnir ok kómu aptr til Nóregs á fund Haralds konungs, *ok lét hann* vel *yfir þeira erendi, þvíat þat er mælt at sá sé* ótignari *er*[6] ǫðrum *fóstrar* barn. Í *þvílíkum skiptum konunganna* fannz þat á, at hvárr þeira vildi vera *ǫðrum* meiri, *en* þó varð ekki gert misdeili tignar þeira at heldr, þvíat hvárrtveggi var yfirkonungr síns ríkis *allt* til dauðadags.

---

[1] BC¹D²; hafði uerit A.  [2] BC¹D²; berr A.  [3] C¹; fyrstr ut ganga er (sem D²) siþarst ABD².  [4] BC¹D²; ÷ A.  [5] + þess A.  [6] C¹D²; sem AB.

## Chapter 9

Aðalsteinn konungr lét skíra Hákon ok kenna *honum* rétta trú ok góða siðu ok *allsháttar* kurteisi. *Konungr elskaði Hákon meir en nǫkkurn mann annan, skyldan eða óskyldan,* ok þar út í frá unni honum *hvert barn* er hann kunni. Var hann síðan kallaðr Aðalsteinsfóstri. Hann var *hverium manni* meiri ok *sterkari[1] ok fríðari sýnum ok* hinn mesti íþróttamaðr, vitr ok orðsniallr ok vel kristinn. Aðalsteinn konungr gaf Hákoni sverð þat er hioltin váru af gulli ok meðalkaflinn, en brandrinn var þó betri. Með *því* sverði hió Hákon kvernstein til augans; *því* var þat síðan kallat Kvernbítr. Þat sverð hefir bezt komit til Nóregs.

17.1–10 / 159.4–15.

## Chapter 11

Haraldr konungr lifði þriá vetr síðan *er[2] hann hafði gefit Eiríki einvald ríkis *síns*; var hann þá á Hǫrðalandi eða Rogalandi at stórbúum *er hann átti.[3]

Eiríkr *konungr* ok Gunnhildr *gátu* son er Haraldr konungr iós vatni ok gaf nafn sitt. Sagði *hann* svá at sá skyldi konungr vera eptir Eirík fǫður sinn.

Haraldr konungr varð sóttdauðr á Rogalandi [. . .] *Haraldr var* heygðr á Haugum við Karmsund.

18.6–13 / 161.2–7 and 9–11

## Chapter 12

Eiríkr konungr tók allar *konungs* tekiur *ok landsskyldir* um mitt landit hinn næsta vetr eptir andlát Haralds konungs, en Óláfr konungr austr um Víkina, en Sigrøðr bróðir þeira *hafði[4] allt um Þrœndalǫg. Eiríki konungi *eirði* þetta stórilla, ok fóru þau orð um at hann mundi með styrk eptir leita við brœðr sína *at* hann mætti fá einvaldsríki yfir ǫllu landi, sem faðir hans hafði gefit honum. En er Óláfr *konungr* ok Sigrøðr spyria þetta, þá *fara sendimenn[5] í milli þeira. Því næst *gera[6] þeir stefnulag sitt. Ferr Sigrøðr *konungr* um várit *landveg* austr til Víkr, ok finnaz þeir Óláfr *konungr* í Túnsbergi. Dvǫlðuz *þeir* þar um hríð.

Þat sama vár býðr Eiríkr út liði miklu ok skipum ok snýr austr til Víkr. Hann fekk svá mikit hraðbyri at hann sigldi dag ok nótt

18.14– 19.17 / 162.16– 164.9.

---

[1] BC¹D²; styrkari A.  [2] C¹D²; ÷ AB.  [3] BC¹D²; + þar D², sinum A.
[4] BD²; ÷ AC¹.  [5] BC¹D²; foro menn A.  [6] BC¹D²; gerðu A.

ok fór engi niósn fyrir honum. Ok er hann kom til Túnsbergs, þá gengu þeir Óláfr ok Sigrøðr *með sitt lið[1] austr ór bœnum á brekkuna ok fylkðu þar. Eiríkr hafði lið miklu meira, ok fekk hann sigr, en þeir Óláfr ok Sigrøðr fellu þar báðir, ok er þar haugr hvárstveggia þeira *á brekkunni[2] sem þeir lágu fallnir. Fór Eiríkr þá um Víkina *alla* ok lagði undir sik ok dvalðiz þar lengi sumars. Tryggvi ok Guðrøðr flýðu til Upplanda.

Eiríkr var mikill maðr *vexti* ok fríðr, *styrkr at afli*, hreystimaðr mikill *ok* hermaðr, sigrsæll *ok* ákafamaðr mikill í skapi, grimmr, óþýðr ok fálátr. Gunnhildr kona hans var kvenna *fegurst,[3] vitr ok margkunnig, glaðmælt ok undirhyggiumaðr mikill ok hin grimmasta. Þessi váru bǫrn þeira Eiríks ok Gunnhildar: Gamli var elztr, Guthormr, Haraldr, Ragnfrøðr, Ragnhildr, Erlingr, Sigurðr slefa, Guðrøðr. Ǫll váru bǫrn Eiríks fríð ok mannvæn.

## Chapter 13

Hákon Aðalsteinsfóstri var *vestr* á Englandi þá er hann spurði andlát Haralds konungs fǫður síns. Bióz hann þá þegar til ferðar. Fekk Aðalsteinn konungr honum lið ok góðan skipakost ok bió hans ferð allvegliga. Kom hann um haustit til Nóregs. Þá spurði hann fall brœðra sinna ok þat at Eiríkr konungr var í Víkinni. Sigldi Hákon þá norðr til Þrándheims ok fór á fund Sigurðar Hlaðaiarls er allra spekinga var mestr í Nóregi. Fekk *hann* þar góðar viðtǫkur; bundu þeir *iarl* lag sitt saman; hét Hákon honum *at auka virðing hans* ef hann yrði konungr.[4] Þá létu þeir stefna þing fiǫlmennt. Ok á þinginu talaði *Sigurðr[5] iarl at hendi Hákonar ok bauð bóndum hann til konungs. Eptir þat stóð Hákon upp siálfr ok talaði. Mæltu þat *sumir menn* sín í *millum* at þar væri kominn Haraldr *konungr* hinn hárfagri ok orðinn ungr í annat sinn.

Hákon hafði þat upphaf síns máls, at hann beiddi bœndr at gefa sér konungs nafn ok þat með at veita sér styrk ok fylgð at halda konungdóminum. En þar í móti bauð hann þeim at gera alla bœndr óðalborna ok gefa þeim óðǫl sín er á biǫggu. At þessu erendi varð rómr mikill, svá at bóndamúgrinn œpði ok kallaði at þeir vildi hann til konungs taka, ok var svá gǫrt at Þrœndir tóku Hákon til konungs um *allan Þrándheim*. Þá var hann fimmtán vetra. Tók hann sér þá hirð ok fór yfir landit.

---

[1] BC¹D²; ÷A.  [2] C¹D²; ÷AB.  [3] BC¹; uænst A, friduzst D².  [4] BC¹D²; ef hann uyrði konungr at auka virðingh hans A.  [5] BC¹D²; ÷A.

*Þessi* tíðindi spurðuz á Upplǫnd, at Þrœndir hǫfðu sér konung tekit slíkan at ǫllu sem Haraldr var hinn hárfagri, *útan* þat skilði at *Haraldr[1] hafði allan lýð í landi áþiáð ok þrælkat, en þessi Hákon vildi hverium manni gott ok bauð at gefa bóndum aptr óðǫl sín *ǫll* þau er Haraldr konungr hafði af þeim tekit. Við þau tíðindi urðu allir glaðir ok sagði hverr ǫðrum. Flaug þat sem sinueldr allt austr til landsenda. Fóru *þá* margir *menn* af Upplǫndum at hitta Hákon konung; sumir sendu menn, sumir gerðu *orðsendingar[2] ok iartegnir ok allir til þess at *þeir* vildu geraz hans menn. Hann tók því þakksamliga.

## Chapter 14

Hákon konungr fór ǫndverðan vetr á Upplǫnd; stefndi *hann* þar þing ok dreif allt fólk á hans fund þat er komaz mátti. Var hann til konungs tekinn á ǫllum þingum. Fór hann svá austr til Víkr. Þar kómu til hans Tryggvi ok Guðrøðr, brœðrasynir hans, ok margir aðrir þeir er upp tǫlðu harma sína er hlotit hǫfðu af Eiríki bróður hans.

Eiríks óvinsæld óx því meir sem allir gerðu sér kærra við Hákon ok heldr hǫfðu sér traust at mæla sem þótti. Hákon *konungr[3] gaf konungsnafn Tryggva ok Guðrøði ok ríki þat sem Haraldr konungr hafði gefit feðrum þeira. Tryggva gaf hann Ranríki ok Vingulmǫrk, en Guðrøði Vestfold. En fyrir því at þeir váru ungir ok bernskir, þá setti hann til gǫfga menn ok vitra at ráða landi með þeim. Gaf hann þeim land með þeim skildaga sem fyrr hafði verit at þeir skyldi hafa helming skylda ok skatta við hann.

## Chapter 15

*Þá* er váraði fór Hákon konungr norðr til Þrándheims hit efra um Upplǫnd

*ok bauð út her miklum um allan Þrándheim* ok réð til skipa. Víkveriar hǫfðu ok her mikinn úti ok ætluðu til móts við Hákon konung. Eiríkr *dró her saman* um mitt landit ok varð honum illt til liðs, þvíat ríkismenn margir skutuz honum ok fóru til *Hákonar.[4] *En er hann sá engi sín efni til *viðrtǫku* móti her Hákonar,[5] þá

---

[1] BC¹D²; hann A.  [2] BC¹D²; orð A.  [3] C¹; ÷ ABD².  [4] BC¹D²; motz við hak' A.  [5] BC¹D²; ÷ A.

sigldi hann vestr um haf með *því liði[1] er honum vildi fylgia. Fór hann fyrst til Orkneyia ok hafði þaðan með sér lið mikit; þá sigldi hann suðr til Englands *ok tók at heria. En er þat spurði* Aðalsteinn konungr, þá sendi *hann menn sína til Eiríks* ok bauð honum at taka af sér *land í lén, léz þar vilia sína kosti til leggia at þeir Hákon deildi enga óhæfu*. Eiríkr konungr þekktiz þann kost. Fóru þá menn í milli konunganna ok samðiz þat með einkamálum at Eiríkr *skyldi* halda Norðimbraland af Aðalsteini konungi ok veria þar landit fyrir Dǫnum ok ǫðrum víkingum. Eiríkr skyldi láta skíraz *ok[2] kona hans ok bǫrn ok allt lið þat er honum hafði þangat fylgt. Var *Eiríkr* þá skírðr ok tók trú rétta.

Norðimbraland er kallat fimmtungr Englands. Eiríkr hafði atsetu í Iórvík, þar sem menn segia at fyrr hafi setit Loðbrókarsynir. Norðimbraland var mest byggt Norðmǫnnum síðan Loðbrókarsynir unnu landit. Heriuðu *þar* optliga síðan Danir ok Norðmenn, er vald landsins hafði gengit undan þeim. Mǫrg heiti landsins eru þar gefin á norrœna tungu, sem *Grímsbœr[3] ok Hauksfliót ok mǫrg ǫnnur.

22.19–
23.4 /
170.14–
171.3.

En þvíat Eiríkr konungr hafði lǫnd lítil *en* helt þar fiǫlða *mikinn* Norðmanna er austan hǫfðu farit með honum, ok enn kómu margir vinir hans síðan af Nóregi, þá fór hann iafnan í hernað á sumrum. Hann heriaði um Skotland ok Suðreyiar, Írland ok Bretland ok aflaði sér svá fiár.

## Chapter 16

23.5–24.5 /
171.3–
172.18.

Aðalsteinn konungr varð sóttdauðr. Þá hafði hann konungr verit fiórtán ár ok átta vikur ok þriá daga. *Tók þá ríki ok konungdóm í Englandi* Iátmundr bróðir hans. Hann var ekki vin Norðmanna. Var Eiríkr konungr *ekki* í kærleikum við hann. Fóru þá þau orð um at Iátmundr konungr mundi annan hǫfðingia setia yfir Norðimbraland. En er þat spurði Eiríkr konungr, þá fór hann í Vestrvíking. *Hann kom í Orkneyiar ok* hafði *þaðan* með sér Arnkel ok Erlend sonu Torf-Einars. *Fór hann þaðan* í Suðreyiar, ok váru þar margir víkingar ok herkonungar *er* réðuz til liðs með Eiríki. Helt hann þá fyrst ǫllu liðinu til Írlands ok hafði þaðan *enn* lið

---

[1] D²; þat lið ABC¹.   [2] D²; ÷ ABC¹.   [3] D²; grims sker A, Grimsker B, gorms sker C².

slíkt er hann fekk. Síðan fór hann til Bretlands ok heriaði þar sem
í ǫðrum stǫðum, en allt *mannfólk* flýði undan þar sem hann fór.
Ok með því at Eiríkr var hreystimaðr mikill ok hafði *her mikinn,[1]
þá treysti hann svá vel *liði sínu[2] at hann gekk langt á land upp
ok heriaði. *En* Óláfr hét konungr sá er Iátmundr konungr hafði
þar sett til landvarnar. Hann dró saman her óvígian ok fór *í *móti[3]
Eiríki konungi. Varð þar mikil orrosta *er þeir funduz*. Fellu miǫk
*í fyrstu* enskir menn. En æ þar sem einn fell kómu þrír í staðinn af
landi ofan. Ok hinn efra hlut dagsins sneri mannfallinu á hendr
Norðmǫnnum. Ok at lykðum fell *þar* Eiríkr konungr ok fimm
konungar með honum. Þar fellu ok synir Torf-Einars *iarls,* Arnkell
ok Erlendr. Varð þar allmikit mannfall af Norðmǫnnum, en þeir
*sem* undan kómuz fóru til Norðimbralands ok sǫgðu Gunnhildi
ok sonum hennar þessi tíðindi.

En er þau fréttu at Eiríkr konungr var fallinn ok hafði áðr heriat 24.5–25.8 /
land *Iátmundar konungs*, þá þikkiaz þau vita at *þar mun *ekki* 173.2–
vera friðvænt.[4] *Biǫgguz* þau þá þegar brott af Norðimbralandi ok 174.12.
hǫfðu ǫll skip þau er Eiríkr konungr hafði átt; hǫfðu ok allt lið þat
er þeim vildi fylgia ok óf lausafiár er dregiz hafði saman í skǫttum
þar á Englandi, en sumt hafði fengiz í hernaði. *Heldu* þau *síðan*
til Orkneyia ok staðfestuz þar um hríð. Þar var þá iarl *yfir eyiunum*
Þorfinnr hausakliúfr son Torf-Einars. Tóku þá synir Eiríks undir
sik Orkneyiar ok Hialtland ok hǫfðu skatta af, sátu *þeir* þar *á*
vetrum, en fóru í vestrvíking á sumrum, heriuðu um Skotland ok
Írland. Þess getr Glúmr Geirason *í Gráfeldardrápu*:

> Hafði fǫr til feriu
> fróðr Skáneyiar góða
> *blakkríðandi[5] bakka
> barnungr þaðan farna.
> Rógeisu vann ræsir
> randullr á Skotlandi
> sendi seggia kindar
> sverðbautinn her Gauti.

[1] BC²D²; lið mikit A.   [2] BC²D²; her sinum A.   [3] BC²D²; æa mot A.
[4] C²; ecki man þeim þar friðsamligt A, þar mun ekki fridsamligt D².
[5] C²; blackrioðandi A, blakk ridanda D².

Dolgeisu rak dísar,
drótt kom mǫrg á flótta,
gumna vinr *at¹ gamni
gióðum, írskrar þióðar.
Foldar rauð ok felldi
freyr í manna dreyra
sverð, *var* sigr of *orðinn,*
seggi mækis eggiar.

## Chapter 17

25.9–26.14 / Hákon konungr Aðalsteinsfóstri lagði undir sik Nóreg allan þá er
174.14– Eiríkr bróðir hans hafði brott flýit. Sat *hann* hinn fyrsta vetr norðr
176.10. í Þrándheimi. En fyrir því at ekki þótti friðvænligt ef Eiríkr
konungr leitaði vestan um haf með her sinn, *þá* sat Hákon konungr
*lengstum* með lið sitt um mitt landit, í Firðafylki, *í* Sogni, á
Hǫrðalandi eða Rogalandi. Hann setti Sigurð Hlaðaiarl yfir ǫll
Þrœndalǫg, svá sem hann hafði fyrr haft ok Hákon faðir hans af
Haraldi konungi hinum hárfagra.

En er Hákon konungr spurði fall Eiríks konungs bróður síns ok
þat at synir hans hǫfðu ekki traust í Englandi, þá þótti honum lítil
ógn af þeim standa. Fór *hann* þá með *lið sitt* á einu sumri austr í
Vík. Í þann tíma heriuðu Danir miǫk í Víkina ok gerðu þar opt
mikinn skaða. En er *Danir* spurðu at Hákon konungr var þar
kominn með mikinn her, þá flýðu *þeir* undan, sumir suðr til
Hallands, en þeir er *nærri* váru Hákoni konungi stefndu út á haf
ok svá suðr til Iótlands. En er Hákon konungr varð þess varr, þá
sigldi hann eptir þeim með allan her sinn *ok þegar* er hann kom
til Iótlands *heriaði* hann þar. Ok *þegar* landsmenn urðu við varir,
þá *drógu* þeir her saman ok *vildu* veria *landit. Réðu þeir* til *bardaga*
við Hákon konung *ok* varð þar mikil orrosta. Hákon konungr
barðiz svá diarfliga at hann var fyrir framan merki ok hafði hvárki
hiálm né bryniu. Hákon konungr hafði sigr ok rak flóttann langt á
land upp. Svá *segir* Guthormr sindri í Hákonardrápu:

Bifrǫknum trað bekkiar
blárǫst konungr árum;
mætr hlóð mildingr *Iótum²
mistar vífs í drífu.

[1] C²D²; af A.  [2] C²D²; ytum A.

Svangœðir rak síðan
sótt ialfaðar flótta
hrót gyliaðar hylia
hrafnvíns at mun sínum.

## Chapter 18

Síðan helt Hákon konungr sunnan *her sínum* til Selunds ok leitaði 26.15–
víkinga. Hann reri með tvær snekkiur fram í Eyrarsund. Þar hitti 27.4 /
hann ellefu víkingasnekkiur ok lagði þegar til orrostu við þá, ok 176.12–
lauk svá at hann hafði sigr ok hrauð ǫll víkingaskipin. Svá segir 177.8.
Guthormr sindri:

Almdrósar fór eisu
élrunnr mǫrum sunnan
triónu tingls á grœna
tveim einum selmeina,
þá er ellifu allar
allreiðr Dana skeiðar
valsendir hrauð vandar,
víðfrægr at þat síðan.

Eptir þat heriaði Hákon *konungr*[1] víða um Selund, rænti *fólkit*, 27.5–22 /
en drap sumt. Sumt hertók hann. Hann tók giǫld stór af sumum 177.10–
ok fekk þá enga viðstǫðu. Svá segir Guthormr: 178.12.

Selund náði þá síðan
sóknheggr und sik leggia,
vals ok vinda frelsi
víð Skáneyiarsíða.

*Því næst* fór Hákon konungr austr fyrir Skáneyiarsíðu ok heriaði
allt, tók skatta ok *giǫld*[2] af landinu, en drap víkinga hvar sem
hann fann, Dani ok Vinðr. Hann fór allt austr fyrir Gautland ok
heriaði. Fekk *hann* þar stór giǫld af landinu. Svá segir Guthormr:

Skattgilda vann skyldir
skautialfaðar Gauta.
Gullskýflir vann giǫflastr
geirveðr í fǫr þeiri.

[1] C²; ÷ AD².  [2] C²; gjald A, skylldur D².

Hákon konungr fór aptr um haustit með liði sínu *í Víkina* ok hafði fengit ógrynni fiár. Sat hann \*þann vetr[1] í Víkinni við áhlaupum *ef Danir gerði eða Gautar.[2]

27.22–  Þat sama haust kom Tryggvi *konungr[3] Óláfsson ór Vestrvíking
28.13 / *ok* hafði hann þá áðr heriat um Írland ok Skotland. Um várit fór
178.14– Hákon konungr norðr í land, en setti Tryggva konung *bróðurson[4]
179.10. sinn yfir Víkina at veria fyrir ófriði ok eignaz slíkt er hann *mætti[5] af þeim lǫndum í Danmǫrk er Hákon konungr hafði skattgilt hit fyrra sumarit. Svá segir Guthormr sindri:

> Ok sóknhattar setti
> svellrióðr at því flióði
> Ónars, eiki grœnu,
> austr geðbœti *hraustan,[6]
> þann er áðr frá Írum
> íðvandr of kom skíðum
> salbrigðandi Sveigðis
> svanfangs liði þangat.

## Chapter 19

28.14– Haraldr konungr Gormsson réð *þann tíma* fyrir Danmǫrk. Honum
29.24 / líkaði stórilla er Hákon konungr hafði heriat *á* land hans *ok ríki*,
179.12– ok fóru þau orð um at Danakonungr mundi þess hefnaz. En þat
181.12. varð þó ekki svá bráðliga.

*Nú sem* Gunnhildr ok synir hennar spurðu *til Orkneyia* at ófriðr var milli Danmerkr ok Nóregs, þá *byriuðu* þau ferð sína vestan *ok* giptu *áðr* Ragnhildi dóttur Eiríks ok Gunnhildar Arnfinni syni Þorfinns iarls hausakliúfs. Settiz þá enn Þorfinnr iarl at Orkneyium er Eiríkssynir fóru brott. Gamli Eiríksson var nǫkkuru þeira elztr, ok var hann þó *enn* eigi þá roskinn maðr.

En er Gunnhildr kom með sonu sína til Danmerkr fóru þau þegar á fund Haralds konungs ok fengu þar góðar viðtǫkur, *ok* fekk konungr þeim veizlur í ríki sínu svá miklar at þau fengu vel haldit sik ok menn sína. En *Haraldr konungr* tók til fóstrs Harald Eiríksson ok knésetti hann. Fœddiz hann upp í hirð Danakonungs.

---

[1] $C^2D^2$; þar A.  [2] $C^2D^2$; dana e. ga/ta A (*same as Frísskók*).  [3] $C^2D^2$; ÷ A.
[4] $D^2$; broður A, frænda $C^2$.  [5] $C^2$; matti $AD^2$.  [6] $C^2D^2$; hraustum A.

Eiríkssynir váru í hernaði þegar þeir hǫfðu aldr til ok ǫfluðu sér *svá* fiár, heriuðu um Austrveg. *Allir* váru þeir menn fríðir ok fyrr rosknir at afli ok atgervi en vetra tali. Þess getr Glúmr Geirason í Gráfeldardrápu:

> Austrlǫndum fórz undir
> allvaldr sá er gaf skaldum,
> hann fekk gagn at gunni,
> gunnhǫrga slǫg mǫrgum.
> Slíðrtungur lét *syngia¹
> sverðleiks reginn, *ferðar*
> sendi gramr at grundu
> gullvarpaðar snarpar.

Eiríkssynir, *sem þeir léttu af hernaði í Austrveg*, sneruz þeir með *lið sitt* ofan í Víkina ok heriuðu þar. En Tryggvi konungr hafði her úti ok helt til móts við þá. Þeir áttu margar orrostur ok hǫfðu ýmsir sigr. Heriuðu Eiríkssynir stundum í Víkina, en Tryggvi *konungr heriaði* stundum um Halland ok *Siólǫnd.²

## Chapter 20

Þá er Hákon var konungr í Nóregi var þar friðr góðr með bóndum ok kaupmǫnnum, svá at engi grandaði ǫðrum né annars fé. Þá var ár mikit bæði á siá ok á landi. Hákon konungr var allra manna glaðastr ok málsniallastr ok lítillátastr. Hann var maðr stórvitr ok lagði mikinn hug á lagasetning. Hann setti Gulaþingslǫg með ráði Þorleifs spaka; hann setti ok Frostaþingslǫg með *ráði³ Sigurðar iarls ok annarra Þrœnda þeira er vitrastir váru. En Heiðsævislǫg hafði fyrst sett Hálfdan svarti.

Hákon konungr *þá* iólaveizlu í Þrándheimi *er* Sigurðr iarl hafði búit honum á Hlǫðum. Hina fyrstu iólanótt *fœddi* Bergliót kona iarls sveinbarn. En eptir um daginn iós Hákon konungr þann svein vatni ok gaf nafn sitt. Sá sveinn óx upp ok varð síðan ríkr maðr ok gǫfugr ok *tók síðan ríki ok iarldóm* eptir fǫður sinn. Sigurðr iarl var hinn kærasti vin Hákonar konungs.

30.1–14 / 181.14– 182.11.

---

[1] C²D²; slyngia A.   [2] D²; skotland C². -lǫnd *abbreviated in* A, *can be read either* -land *or* -lǫnd.   [3] C²D²; ÷ A.

## Chapter 21

30.15–
31.18 /
185.2–
186.11.

Hákon konungr var vel kristinn er hann kom í Nóreg. En fyrir því at þar var land allt heiðit ok blótskapr mikill, stórmenni mart, en hann þóttiz miǫk liðs þurfa ok alþýðu *vinganar*, þá tók hann þat ráð at fara leyniliga með kristninni, helt *heilagt dróttinsdaga, en fastaði fǫstudaga* ok *gerði* minning hinna stærstu hátíða. Hann setti þat í lǫgum at hefia iólahald þann tíma sem kristnir menn, ok skyldi þá hverr maðr eiga mælisǫl, en gialda fé *elligar*, ok halda heilagt meðan *ǫlit[1] ynniz, en áðr var iólahald hafit hǫkunótt, þat *er* miðsvetrarnótt, ok *váru þá* haldin þriggia nátta iól. Ætlaði *konungr* þá er hann festiz í landinu ok hann hefði friálsliga undir sik *tekit* allt *ríkit* at hafa fram *kristniboðit*. Gørði hann *ok* svá, at hann lokkaði þá menn fyrst er honum váru kærastir til kristninnar. Kom svá með vinsæld hans *ok umtǫlum* at margir *menn* létu skíraz. Sumir létu af blótum.

Hákon konungr sat lǫngum í Þrándheimi, því at þar var mestr styrkr landsins. Nú sem Hákon konungr þóttiz hafa styrk af nǫkkurum ríkismǫnnum at halda upp kristninni, þá sendi hann til Englands eptir byskupi ok ǫðrum kennimǫnnum. Ok er þeir kómu í Nóreg, þá gerði konungr bert at hann vill bióða kristni um allt *land[2]. En Mœrir ok Raumdœlir skutu *þangat* sínu máli sem Þrœndir váru. Hákon konungr lét þá vígia kirkiur nǫkkurar ok setti þar presta til. En er hann kom *norðr* í Þrándheim, þá stefndi hann þing við bœndr ok bauð þeim kristni. Þeir *svǫruðu* svá at þeir *vildu* þessu máli skióta til Frostaþings, vilia þá at þar komi menn ór ǫllum fylkium þeim er í Þrœndalǫgum eru, segia at þá munu þeir svara þessu vandmæli.

## Chapter 22

31.19–
32.13 /
188.8–
189.8.

Hákon konungr kom til Frostaþings, ok var þar komit allfiǫlmennt af bóndum. En er *þingit* var sett, þá talaði Hákon konungr; *hann* hóf *svá*:

'Þat *er* boð *mitt* ok bœn við *alla yðr* bœndr ok búþegna, ríka ok óríka ok þar með alla alþýðu, unga menn ok gamla, *sæla* ok *vesala,[3] konur sem karla, at allir menn skulu kristnaz láta ok trúa á einn guð, Krist Máríuson, en hafna blótum ǫllum ok heiðnum

---

[1] $C^2D^2$; iolin A.  [2] $C^2D^2$; landít A.  [3] $C^2D^2$; fatæka A.

goðum, halda heilagt hinn siaunda hvern dag við vinnum ǫllum, fasta ok hinn siaunda hvern dag.'

En þegar er konungr hafði þetta upp borit fyrir alþýðu, þá varð þegar kurr mikill *af bóndum* um þat er konungr vildi taka vinnur af þeim, *sǫgðu* at við þat mátti landit eigi byggia. En *vinnumenn* ok þrælar *kurruðu* um þat at þeir mætti eigi vinna ef þeir skyldi eigi mat hafa, sǫgðu ok at þat var skaplǫstr Hákonar konungs ok *Haralds* fǫður hans ok þeira frænda *ok forellra* at þeir váru illir af mat, *þó at* þeir væri mildir af gulli.

## Chapter 23

Ásbiǫrn *hét einn ríkr maðr*; *hann bió at* Meðalhúsum *í* Gaulardal. 32.14–
*Ásbiǫrn* stóð upp ok svaraði erendi konungs *með þessum hætti*: 33.18 /
'Þat *hugðum* vér *bœndrnir,* Hákon konungr, þá er þú hafðir hit 189.8–
fyrsta[1] þing *átt* hér í Þrándheimi ok vér hǫfðum þik til konungs 190.18.
tekit ok þegit af þér óðǫl vár, at vér hefðim þá hǫndum himin
tekit. En nú vitum vér eigi hvárt heldr er at at vér munum frelsit
þegit hafa eða muntu nú vilia þrælka oss *at* nýiu ok *þó* með
undarligum hætti, *er þú vill at vér hafnim* átrúnaði þeim er várir
feðr ok allt forellri *hefir haldit* fyrir oss, fyrst um brunaǫld ok nú
um haugaǫld, ok hafa þeir verit *margir* miklu gǫfgari en vér, ok
hefir oss þó dugat þessi átrúnaðr. Vér hǫfum lagt til *þín* mikinn
*ástarhug,* svá at vér hǫfum látit þik ráða með oss ǫllum lǫgum ok
landsrétt. Nú er þat vili várr *bónda* ok samþykki at *hafa ok* halda
þau lǫg er þú settir *oss[2] hér á Frostaþingi ok vér iátuðum þér *þá*.
Vilium vér allir þér fylgia ok þik til konungs halda meðan einn
hverr várr bóndanna er lífs, sem nú *erum* hér á þinginu, ef þú,
konungr, vill nǫkkut hóf við hafa at beiða oss þess *eina at* vér
megim veita þér ok oss sé eigi ógeranda. En ef *þú vill* þetta mál
taka með svá mikilli freku at deila afli ok ofríki við oss, þá hǫfum
vér gǫrt ráð várt at skiliaz allir við þik ok taka oss annan hǫfðingia
*þann er oss haldi[3] til þess at vér *megim í frelsi hafa[4] þann átrúnað
sem vér vilium. Skaltu nú, konungr, kiósa um þessa kosti áðr
þinginu sé slitit.'

At erendi þessu gerðu bœndr róm mikinn ok *sǫgðu* at þeir *vildu* svá vera láta *sem Ásbiǫrn hafði talat. Varð at þessu mikit háreysti.*

---

[1] + sinn A.  [2] BC²D²; ÷ A.  [3] BC²; þann er oss D², ÷ A.  [4] BC²; halldim i frelsi A, hafa med frelse D².

33.18–34.9/ En er hlióð fekkz *mælti* Sigurðr iarl: 'Þat er vili Hákonar konungs
191.2–13. at samþykkia allt við *yðr¹ bœndr ok láta aldri skilia yðra vináttu.'
Bœndr segia at þeir *vilia at konungr blóti² til árs þeim ok friðar,
svá sem faðir hans gerði. Staðnaði þá kurrinn, ok slitu þeir *við
þetta* þingit.

Síðan talaði Sigurðr iarl við konunginn ok bað hann eigi *neita*
með ǫllu at gera sem bœndr vildu, '*þvíat* eigi *mun* annat hlýða,'
*sagði hann*. 'Er þetta sem þér megit heyra siálfir, konungr, *ákafi³
hǫfðingia ok þar með alls fólks. Skulu vit,' *segir iarl*, 'finna hér
til nǫkkut gott ráð.'

Samðiz *þetta* með þeim konungi ok *Sigurði* iarli.

34.9–35.10/ Um haustit at vetrnóttum var blótveizla *mikil* at Hlǫðum ok sótti
191.15– þar til konungr. Hann hafði iafnan vanr verit, ef hann var þar staddr
193.5. sem blót váru, at mataz í litlu húsi við fá menn. En bœndr tǫlðu at
því er hann sat eigi í hásæti sínu, þá er mestr var *mannfagnaðr;⁴
sagði iarl at hann skyldi þá eigi svá gera, ok svá var, at konungr
sat í hásæti sínu.

En er hit fyrsta full var skenkt, þá mælti Sigurðr iarl fyrir ok
signaði Óðni; drakk *hann* af horninu til konungs. Konungr tók
við ok gerði krossmark yfir. Þá mælti *sá maðr er hét* Kárr af
Grýtingi: 'Hví ferr konungrinn nú svá? Vill hann enn eigi blóta?'
Sigurðr iarl svaraði: 'Konungr gerir sem allir *aðrir* þeir *sem* trúa
á mátt sinn ok megin, at signa full sín Þór; hann gerði hamar yfir
áðr hann drakk.' Var þá kyrrt um kveldit.

Eptir um daginn er menn gengu til borða, þá þustu bœndr at
konungi, *sǫgðu at hann skyldi eta hrossakiǫt.⁵ Konungr vildi þat
fyrir engan mun *gera*. Þá báðu þeir hann drekka soðit. Hann vill
þat *víst* eigi. Þá báðu þeir hann eta flotit, *en konungr* vill þat ok
eigi. Var þá ok *búit* við atgǫngu. Sigurðr iarl *gekk at ok* vildi sætta
þá, bað *hann bœndr* hætta storminum; *mælti hann þá at konungr
mundi* gína yfir ketilhǫdduna er soðreykinn hafði *á* lagt af
hrossa*kiǫtinu*, ok var haddan *orðin feit*. Konungr gekk til ok brá
líndúk um hǫdduna ok gein yfir. Gekk hann síðan til sætis *síns*,
ok líkaði hvárigum vel.

---

¹ BC²D²; ÷A.  ² BC²D²; uilldi ... blotaði A.  ³ BC²D²; ækafa A.  ⁴ Hkr;
mann fundr ok fagnaðr ABC², mestir voru mann fundir ok fagnadr D²
('ok': *et-aut correctio in* *A).  ⁵ BC²; ok baðu hann eta kiot A, beiddu
hann eta ʀossa kiot D².

Um vetrinn eptir var búit til iólaveizlu konungi inn á Mærinni. En er at leið iólunum, þá lǫgðu stefnu með sér átta hǫfðingiar þeir er mest réðu fyrir blótum í ǫllum Þrœndalǫgum. Þessir váru fiórir útan ór Þrándheimi: Kárr af Grýtingi, Ásbiǫrn af Meðalhúsum, Þorbergr af Varnesi, Ormr af Lioxu. En *þessir* af Innþrœndum: Bótólfr af Ǫlvishaugi, Narfi af Staf í Veradal, Þrándr haka af Eggiu, Þórir skegg af Húsabœ í Eynni iðri. Þessir átta menn bunduz í því at þeir fiórir af Útþrœndum skyldu eyða kristninni, en *hinir* fiórir af Innþrœndum skyldu neyða *konunginn* til blóta. Fóru *þá* Útþrœndir fiórum skipum suðr á Mœri ok drápu þar presta þriá ok brenndu¹ þriár kirkiur; fóru aptr síðan. En er Hákon konungr ok Sigurðr iarl komu inn á *Mærinni² með *hirðsveitir sínar*, þá váru þar bœndr komnir allfiǫlmennt. *Hinn fyrsta dag *veizlunnar*³ veittu *þeir* konungi atgǫngu ok báðu hann blóta, en hétu honum ella afarkostum. Sigurðr iarl bar sáttmál *milli* þeira. Kom þá svá *um síðir* at konungr át nǫkkura bita af hrosslifr ok drakk ǫll minni krossalaust þau er bœndr skenktu honum.

En er veizlu þeiri var lokit fóru konungr ok iarl þegar út á Hlaðir. Konungr var allókátr ok bióz þegar með ǫllu liði sínu *á brott ór* Þrándheimi ok *sagði* svá at hann skyldi fiǫlmennari *þar* koma í annat sinn ok gialda þá Þrœndum þenna fiándskap er þeir hǫfðu til hans gǫrt. Sigurðr iarl bað konung eigi gefa Þrœndum þetta at sǫk, sagði *iarl* svá at konungi mundi ekki þat duga at hataz eða heria á innanlandsfólk ok þar *einna* sízt *sem* mestr var styrkr landsins sem í Þrándheimi var. Konungr var svá reiðr at ekki mátti orðum við hann koma. *Konungr fór þá út eptir firði* ok suðr á Mœri; dvalðiz *hann* þar um vetrinn ok um várit. En er sumraði dró hann lið at sér, ok *váru þau⁴ orð á at hann mundi fara með her þann á hendr Þrœndum.

35.10–
36.17 /
193.7–
195.8.

## Chapter 24

Hákon konungr var *nú* kominn á skip *sín* ok hafði lið mikit *ok frítt*. Þá kómu honum þau tíðindi sunnan ór landi at synir Eiríks konungs váru komnir af Danmǫrku í Víkina ok hǫfðu elt af skipum Tryggva konung Óláfsson austr *við Sótanes;⁵ hǫfðu þeir þá heriat víða um Víkina ok hafði *fiǫlði fólks* gengit undir þá. En er Hákon

36.18–
38.18 /
195.10–
198.6.

---

¹ + þar A.  ² B; mærina A, mærí C²D².  ³ *punctuation after* allfiǫlmennt C², *after* veizlunnar A.  ⁴ B; var þat AC²D².  ⁵ BC²; til sotaness AD².

konungr spurði *þetta*, þá þóttiz hann liðs þurfa. Sendi hann þá orð Sigurði iarli ok ǫðrum hǫfðingium þeim er honum *var[1] liðs at ván. Sigurðr iarl kom til Hákonar konungs *með* allmikit lið; váru þar þá *með honum* allir Þrœndir þeir er um vetrinn hǫfðu mest gengit at *konungi* at pynda hann til blóta. Váru þeir þá allir í sætt teknir af fortǫlum Sigurðar iarls. Fór Hákon konungr þá suðr með landi. En er hann kom suðr um Stað, þá spurði hann at Eiríkssynir váru komnir á Norðr-Agðir. Fóru þá hvárir *mót* ǫðrum. Varð fundr þeira í Kǫrmt. Gengu *þá[2] hvárirtveggiu af skipum ok bǫrðuz á Qgvaldsnesi. *Hǫfðu* hvárirtveggiu *allmikinn her*. Þar varð orrosta *allsnǫrp*. Hákon konungr sótti *fast* fram þar *sem* fyrir var Guthormr konungr *ok* sveit *hans*, ok *áttuz* þeir hǫggvaskipti við *konungarnir*. Þar fell Guthormr konungr, ok var merki hans niðr hǫggvit. Fell þar þá mart lið um hann. Því næst kom flótti í lið Eiríkssona; flýðu þeir til skipanna ok reru í *brott[3] *ok hǫfðu[4] látit lið mikit. Þess getr Guthormr sindri *í Hákonardrápu*:

> Valþǫgnar[5] lét vegnum
> vígnestr saman bresta
> handar vafs of hǫfðum
> hlymmildingum *gildir.[6]
> Þar gekk Niǫrðr af Nirði
> nadds hámána raddar
> valbrands víðra landa
> vápnunduðum sunda.

Hákon konungr fór til skipa sinna ok helt austr eptir Gunnhildarsonum; fóru þá *hvárir* sem mest máttu, þar til er þeir kómu á Austr-Agðir; sigldu þá Eiríkssynir á haf ok suðr til Iótlands. *Svá segir* Guthormr sindri:

> Almdraugar varð ægis
> opt sinn, en ek þess minnumz,
> barma ǫld fyrir Baldri
> bensíks vita ríkis.

---

[1] BC¹D²; þotti A.  [2] BC¹D²; þar A.  [3] D²; brottu ABC¹.  [4] B; hǫfðu þeir AC¹, ÷ D².  [5] AC¹; Valþagnar B, Valþeggnar D².  [6] gilldir B, gillðar AC¹, gillde D².

Bǫðsœkir helt bríkar,
brœðr síns, ok rak flœðu
undan allar kindir
Eiríks á haf *skeiðum*.

Síðan fór Hákon konungr norðr aptr í Nóreg, en Eiríkssynir dvǫlðuz þá enn í Danmǫrk langa hríð.

## Chapter 25

Þá er Hákon hafði konungr verit *í¹ Nóregi tuttugu vetr, þá var *hann staddr* á Sunnmœri í ey þeirri er *Freiða hét* þar sem heitir Birkistrǫnd at búi sínu. *Hann hafði með sér* ekki *meira lið en* hirð sína ok bœndr þá er váru í boði hans.   38.19 / 199.9–10.
38.19–39.3 / 200.19–201.4.

Kómu honum *þá niósnir* at *Eiríkssynir² váru *komnir norðr um Stað með allmikinn* her.   39.3–4 / 201.6–8.

*Helt Hákon konungr þegar til móts við þá með slíkt lið sem hann fekk. Hann* hafði níu skip, en Eiríkssynir meir en tuttugu skip. *Þeir funduz í* Féeyiarsundi *við Freiðarberg. Gengu hvárirtveggiu á land ok bǫrðuz á Rastarkálfi.* Hákon konungr gekk svá hart fram *í orrostu þessi at hann* hió til beggia handa, *en hlífði sér ekki, sem* segir Guthormr sindri:   39.5–21 / Cf. 203.3–207.2.

Hræddr fór hiǫrva raddar
herr fyrir malma þverri.
Rógeisu gekk ræsir
ráðsterkr framarr merkium.
Gerra gramr í snerru
geirvífa sér hlífa,
hinn er yfrin gat iǫfra
*óðs* kvánar byr mána.

⌜Þar fell Gamli³ Eiríksson, *en Hákon fekk sigr*.⁴ *Flýðu Gunnhildarsynir með sitt lið þat er undan komz enn suðr til Danmerkr.*

---

¹ BC¹D²; yfir A.   ² BC¹; gunnhilldar s(ynir) AD².   ³ + konungr A.
⁴ Þar — sigr] BC¹D²; *after* Rastarkálfi (*line 16*) A.

## Chapter 26

40.1–42.10/ Þá er Hákon Aðalsteinsfóstri hafði verit konungr *at[1] Nóregi sex
208.5– vetr ok tuttugu síðan Eiríkr bróðir hans fór ór landi tók konungr
211.7. veizlu á Hǫrðalandi í Storð á Fitium. Hafði hann þar hirð sína ok
bœndr marga í boði sínu. *Þar var þá með honum Eyvindr frændi
hans, son Finns skiálga, er kallaðr var skáldaspillir.*

*Þá* er *Hákon* konungr sat *yfir[2] dagverðarborði sá varðmenn er
úti váru at skip mǫrg sigldu sunnan ok áttu eigi langt til eyiarinnar.
Þá mælti hverr við annan at segia skyldi konungi at þeir hugðu at
herr *fœri* at þeim. En engum þótti dælt at segia konungi hersǫgu,
þvíat hann hafði mikit við lagt hverium er þat gerði, *ef eigi vissi
víst*. Þeim þótti ok *óhœfa* at konungr yrði þessa eigi varr. *Gekk* þá
einn þeira inn í stofuna ok *mælti til Eyvindar Finnssonar*: '*Gakk
út skiótt, þvíat* hin mesta nauðsyn *er* á.' Eyvindr gekk, *ok* þegar
*hann* mátti siá *seglin kenndi hann at herskip váru. Hann sneri*
þegar aptr í stofuna, gekk fyrir konung ok mælti: 'Lítil er líðandi
stund, en lǫng matmáls stund.' Konungr leit móti honum ok mælti:
'Hvat ferr?' Eyvindr kvað:

> Blóðøxar tiá beiða
> brynþings fetilstinga,
> oss gøraz hneppt, hins hvassa
> hefnendr, setu efni.
> Heldr er vant, en ek vilda
> veg þinn, konungr, segia,
> fám til fornra vápna
> flióttt, hersǫgu dróttni.

Konungr *svarar*: 'Ert þú drengr svá góðr, Eyvindr, at eigi *muntu*
hersǫgu segia nema sǫnn sé.' Þá svǫruðu margir at sú *hersaga*
var sǫnn. Lét þá konungr taka upp borðin; gekk hann út ok sá til
skipanna; *kenndi hann þegar* at þat váru herskip. *Konungr* mælti
þá til sinna manna: 'Hvárt skal *nú* ráð *hafa at* beriaz með lið þat
er *vér hǫfum,* eða *skal* ganga til skipa ok sigla norðr undan? Er
oss þat auðsætt ef vér *beriumz* at vér munum nú *eiga at etia* við
liðsmun miklu meira en *nǫkkurt sinn* fyrr, ok hefir oss þó opt þótt
misiafnaðr liðs várs þá er vér hǫfum *orrostu[3] átt við Gunnhildar-
sonu.' Hér veittu menn ekki skiótan órskurð. Þá *svaraði* Eyvindr:

---

[1] D²; yfir A.    verit — at] radit BC¹.    [2] C¹; at ABD².    [3] D²; orrostor C¹, ÷ A.

# TEXT FROM HEIMSKRINGLA

Samira norðr en norðarr
naddregns hvǫtum þegni,
vér getum bili at bǫlva,
borðmœrar *skæ[1] fœra.

Nú er þat er *røkr[2] á Rakna
rymleið flota breiðan,
grípum vér í *greipar[3]
gunnbráðr, Haraldr sunnan.

Konungr svarar: 'Hreystiliga er þetta mælt, Eyvindr, ok nær mínu skaplyndi. En þó vil ek heyra fleiri manna órskurð um þetta mál.' En er menn þóttuz skilia konungs vilia, þá sǫgðu margir at heldr vildu falla með drengskap en flýia fyrir Dǫnum at óreyndu. Sǫgðu ok svá at þeir hǫfðu opt sigraz þá er þeir hǫfðu bariz með minna liði en nú hǫfðu þeir. Konungr þakkaði þeim orð sín ok bað menn vápnaz, ok var svá gert. Konungr herklæddiz; hann hafði hringabryniu ok var gyrðr sverðinu Kvernbít, hafði hiálm gullroðinn á hǫfði, kesiu í hendi ok skiǫld á hlið. Síðan fylkði hann hirð sinni ok bóndum ok setti upp merki sitt.

## Chapter 27

Haraldr Eiríksson var *þá[4] hǫfðingi fyrir liði þeira brœðra eptir fall Gamla. Þeir brœðr hǫfðu nú mikinn her. Váru þar í liði með þeim móðurbrœðr þeira, Eyvindr skreyia ok Álfr askmaðr; þeir váru menn *sterkir[5] ok hinir mestu illgerðamenn. Eiríkssynir heldu skipum sínum til eyiarinnar, gengu á land *upp[6] ok fylkðu, ok er svá kallat at eigi væri minni liðsmunr en sex *mundu[7] vera þeira menn um Hákonar mann einn.

42.11–17 /
211.9–17.

## Chapter 28

Hákon konungr hafði þá fylkt liði sínu, ok segia menn at hann steypði af sér bryniunni áðr orrostan tækiz.

42.18–19 /
212.2–4.

Hákon konungr valði miǫk menn með sér í hirð at afli ok hreysti, svá sem gǫrt hafði Haraldr konungr faðir hans. Þar var þá með konungi Þórálfr hinn sterki Skólmsson ok gekk á aðra hlið konungi.

42.19–
43.16 /
213.1–21.

[1] written ske A; skir C[1], skôr D[2].  [2] written reykr C[1]; raukkr A, rykr D[2].
[3] C[1]D[2]; greipum A.  [4] C[1]; ÷AD[2].  [5] D[2]; styrkir AC[1].  [6] C[1]; ÷AD[2].  [7] C[1]; mundi AD[2].

# 46  ÓLÁFS SAGA TRYGGVASONAR

Hann hafði hiálm ok skjǫld, kesiu ok sverð þat er kallat var Fetbreiðr. Þat var mælt at þeir Hákon konungr væri iafnsterkir. Þessa getr Þórðr Siáreksson í drápu þeiri er hann orti um Þórálf:

> Þar er bǫðharðir bǫrðuz
> bands iódraugar landa
> lystr gekk herr til hiǫrva
> hnits í Storð á Fitium,
> ok *gimslǫngum* ganga
> gífrs hlémána drífu
> nausta blakks hit næsta
> Norðmanna gram þorði.

En er fylkingar gengu saman *var fyrst* skotit spiótum, *því næst* brugðu menn sverðum. Gerðiz þá orrostan óð ok mannskœð. Hákon konungr ok Þórálfr *gengu* þá fram um merkin ok hiǫggu til beggia handa.

43.16–19 / 214.9–12. Hákon konungr var auðkenndr, meiri en aðrir menn, lýsti ok *miǫk* af *hiálmi hans* er sólin skein á. *Þá varð* vápnaburðr mikill at *honum.*[1] Tók þá Eyvindr Finnsson hatt *einn* ok setti yfir hiálm konungsins.

43.19– 45.17 / 214.14– 217.16. Þá kallaði hátt Eyvindr skreyia: 'Leyniz *Norðmanna konungrinn nú,[2] eða hefir hann flýit, *þvíat horfinn* er nú gullhiálmrinn.' Eyvindr ok Álfr bróðir hans *gengu þá hart* fram *svá* sem óðir *ok* galnir væri, hiǫggu til beggia handa. Þá mælti Hákon konungr hátt til Eyvindar: 'Haltu svá fram stefnunni, ef þú vill finna[3] Norðmanna konung.' Var þá skammt at bíða at Eyvindr kom þar, reiddi upp sverðit ok hió til konungs. Þórálfr skaut við honum *Eyvindi* skildinum *svá at hann* stakaði við. Konungr tók *þá* tveim hǫndum sverðit Kvernbít ok hió til Eyvindar, klauf hiálminn ok hǫfuðit allt í herðar niðr. *Í því bili* drap Þórálfr Álf askmann. Svá segir Eyvindr skáldaspillir:

> Veit ek at beit hinn bitri
> byggving meðaldyggvan
> bulka skíðs ór báðum
> benvǫndr konungs hǫndum.

---

[1] C¹D²; konungi A.  [2] C¹; hann nú norðmanna konungr A, nu nordmanna konungrinn D².  [3] + hann A.

Ófælinn klauf ála
*éldraugr[1] skǫr hauga
gullhiǫltuðum galtar,
*grandaðr[2] Dana, brandi.

Eptir fall þeira brœðra gekk Hákon konungr svá hart fram at allt *fólk[3] hrǫkk fyrir honum. *Sló* þá felmt ok flótta á lið Eiríkssona, en Hákon konungr var í ǫndverðri sinni fylking ok fylgði fast flóttamǫnnum ok hió títt ok hart. Þá *fló* ǫr ein er fleinn er kallaðr ok kom í hǫnd Hákoni konungi *upp[4] í músina fyrir neðan ǫxl, ok er þat margra manna sǫgn at skósveinn Gunnhildar sá er Kispingr er nefndr hlióp fram í þysinum ok kallaði: 'Gefi rúm konungsbananum,' ok skaut *þá* *fleininum[5] til konungs, en sumir segia at engi vissi hverr skaut. Má þat ok vel vera, *fyrir því* at ǫrvar ok spiót ok *allskonar[6] skotvápn flugu svá þykkt sem drífa. Fiǫlði manns fell þar af Eiríkssonum, *en konungarnir allir komuz á skipin ok reru þegar undan*, en Hákonar menn eptir þeim. Svá segir Þórðr Siáreksson:

> Varði víga myrðir
> vítt, svá skal frið slíta,
> iǫfur vildu þann eldaz,
> ǫndvert folk, *at[7] lǫndum.
> Starf hófz upp þá er arfi
> ótta vanr á flótta
> gulls, *er* gramr var fallinn,
> Gunnhildar kom sunnan.

> Þrot var sýnt þá er settuz
> sinn róðr við þrǫm stinnan,
> maðr lét ǫnd ok annarr
> ófár, *búendr[8] sárir.
> Afreks veit þat er iǫfri
> allríkr í styr slíkum
> gǫndlar niǫrðr, sá er gerði,
> gekk næst, hugins drekku.

[1] D²; eldraugar AC¹. [2] C¹D²; grandraðr A. [3] C¹D²; ÷ A. [4] C¹D²; uppi A. [5] C¹; fleiNum A, fleínum D². [6] C¹D²; ðNur A. [7] C¹D²; æ A. [8] C¹; bændr A. *The stanza is omitted in* D².

## Chapter 29

45.18–
46.14 /
217.18–
219.5.
Hákon konungr gekk út á skeið sína, lét þá binda sár sitt, en þar rann blóð svá miǫk at eigi varð stǫðvat. Ok er á leið daginn ómætti konung. Sagði hann þá at hann vill fara norðr á Alreksstaði til bús síns. En er þeir kómu norðr at Hákonarhellu, *þá[1] lǫgðu þeir þar at *landi*. Var konungr þá nær lífláti. Kallaði hann þá til sín vini sína ok sagði þeim skipan þá *sem* hann vildi á gera um ríkit. Hann átti dóttur eina barna er Þóra hét, en engan son. Bað hann senda þau orð Eiríkssonum at þeir *skyldi* konungar vera yfir *Nóregi*, en *beiddi* af þeim virkða vinum sínum ok frændum. 'En *þó at* mér verði lífs auðit,' segir hann, 'þá *skal* ek *af landi*[2] fara til kristinna manna ok bœta þat er ek hefi *misgǫrt* við guð. En ef ek dey hér í heiðni, þá veitið mér grǫpt slíkan sem yðr sýniz.'

Litlu síðar andaðiz Hákon konungr þar á hellunni sem hann hafði fœddr verit. Hákon konungr var svá harmaðr at bæði vinir hans ok óvinir grétu dauða hans ok sǫgðu at eigi mundi iafngóðr konungr koma síðan í Nóreg. Vinir hans fluttu lík hans norðr á Sæheim á Norðr-Hǫrðaland, *gerðu* þar haug mikinn ok lǫgðu þar í konung með alvæpni sitt ok hinn bezta búnað, en ekki fé annat, mæltu svá fyrir grepti hans sem heiðinna manna siðr var til.

## Chapter 30

46.15–
48.18 /
223.3–
225.15.
Eiríkssynir tóku konungdóm yfir Nóregi *þá* er Hákon var *dauðr*. Var Haraldr mest fyrir þeim at virðingu; var hann ok elztr þeira *brœðra* er þá lifðu. Gunnhildr móðir þeira hafði miǫk landráð með þeim. Hon var þá kǫlluð konungamóðir. Þá váru hǫfðingiar í *Nóregi* Tryggvi *konungr* Óláfsson austr í *Vík*, Guðrøðr konungr Biarnarson á Vestfold, Sigurðr Hlaðaiarl *norðr* í Þrándheimi. Gunnhildarsynir hǫfðu mitt *landit* hinn fyrsta vetr; fóru þá orð ok sendimenn milli Gunnhildarsona ok þeira Tryggva ok Guðraðar, ok var þar mælt til sætta, at þeir skyldu *halda* þvílíkan hlut ríkis af Gunnhildarsonum sem þeir hǫfðu áðr haft af Hákoni konungi.[3]

Glúmr Geirason var skáld Haralds konungs *Gunnhildarsonar*; hann orti vísu þessa eptir fall Hákonar konungs *ok hœldi þar at Haraldr konungr hefði hefnt Gamla bróður síns*:

---

[1] C²; ÷AD². [2] C²; or lande D²; ÷A. [3] *The remainder of ch. 30 is omitted in* D².

# TEXT FROM HEIMSKRINGLA

> Vel hefir hefnt, en hafna
> hiǫrs bendraugar fiǫrvi,
> folkrakkr \*of[1] *vann* fylkir
> framligt, Haraldr Gamla,
> er døkkvalir drekka
> \*dolgbrands[2] fyrir ver handan,
> roðinn frá ek rauðra benia
> reyr, Hákonar dreyra.

Þessi vísa varð allkær *í hirð Haralds konungs*. En er *þat* spurði Eyvindr Finnsson, þá kvað hann *aðra* vísu *í móti*:

> Fyrr rauð Fenris varra
> flugvarr konungr sparra,
> malmhríðar svall meiðum
> \*móðr,[3] í Gamla blóði,
> þá er óstirfinn arfa
> Eiríks of rak, geira
> nú *tregar* gæti Gauta
> grams fall, á siá alla.

Var *siá* vísa ok miǫk flutt. En er þat spurði Haraldr konungr gaf hann \*Eyvindi þar fyrir[4] dauðasǫk, *þar* til er vinir þeira sættu þá með því *móti* at Eyvindr skyldi gøraz skáld *Haralds konungs*, sem hann hafði áðr verit Hákonar konungs; var ok frændsemi mikil milli þeira, svá at *Eyvindr var son Gunnhildar dóttur* Hálfdanar iarls, *sem áðr er sagt*, en móðir *Gunnhildar* var Ingibiǫrg dóttir Haralds konungs hárfagra. Eyvindr orti þá vísu um Harald konung:

> Lítt kváðu þik láta,
> landvǫrðr, er brast, Hǫrða,
> benia hagl á brynium,
> buguz almar, geð falma,
> þá er ófolginn ylgiar
> endr ór þinni hendi
> fetla svell til fyllar
> fullegg, Haraldr, gullu.

[1] C²; ÷A.  [2] C²; dolg bandz A.  [3] C²; moð A.  [4] C²; þar fyrir Eyvindi A.

## Chapter 31

Gunnhildarsynir sátu mest um mitt *landit*, þvíat þeim þótti *hvárki trúligt at sitia undir hendi Þrænda né Víkveria*, er mestir hǫfðu verit vinir Hákonar konungs, en stórmenni mart í *hvárumtveggia[1] stað. Fóru þá menn at bera sættarboð milli *Gunnhildarsona ok Sigurðar iarls,[2] þvíat *Eiríkssynir* fengu áðr engar skyldur ór Þrándheimi. Varð þat at lykðum at þeir gerðu sætt sína, *konungar[3] ok *Sigurðr* iarl ok bundu svardǫgum. Sigurðr iarl skyldi *hafa[4] slíkt ríki af þeim í Þrándheimi sem hann hafði fyrr haft af Hákoni konungi. Váru þeir þá sáttir kallaðir.[5]

Allir Gunnhildarsynir váru menn sínkir, ok var þat mælt at þeir fæli fé sitt í iǫrðu. *Þess getr* Eyvindr skáldaspillir:

> Bárum, ullr, of alla,
> ímunlauks, á hauka
> fiǫllum Fýrisvalla
> fræ Hákonar æfi.
> Nú hefir folkstríðir Fróða
> fiǫlglýiaðra þýia
> meldr í móður holdi
> mellu dolgs of *folgit*.

> Fullar skein á fiǫllum
> fallsól brá vallar
> ullar kióls of allan
> aldr Hákonar skaldum.
> Nú er alfrǫðull elfar
> iǫtna dolgs of folginn,
> ráð eru rammrar þióðar
> rík, í móður líki.

Þá er Haraldr konungr spurði vísur þessar sendi hann orð Eyvindi, at hann *kæmi* á hans fund. *Ok er hann kom mælti konungr*: '*Þú vill vera óvinr minn, Eyvindr,* ok samir þér þat illa at veita mér *ótrúnað,*[6] þvíat þú hefir áðr gǫrz minn maðr.' Þá kvað Eyvindr:

---

[1] $C^2D^2$; huarntueggia A.  [2] $C^2D^2$; Sigurðar j. ok G. ss. A.  [3] $D^2$; G. ss. A, kongarner $C^2$.  [4] $C^2D^2$; hallda A.  [5] *The remainder of ch. 31 is omitted in* $D^2$.  [6] $C^2$; o truleik A.

Einn dróttin hefik áttan,
iǫfurr dýrr, en þik fyrra,
belli, bragningr, elli,
bið ek ei mér hins þriðia.
Trúr var ek tiggia dýrum,
tveim skiǫldum leik ek aldri.
Fylli ek flokk þinn, stillir,
fellr á hendr mér elli.

Haraldr konungr lét Eyvind festa sér *siálfdœmi* fyrir mál þetta. Eyvindr átti gullhring mikinn ok góðan er kallaðr var *Foldi*; hann hafði tekinn verit ór iǫrðu[1] lǫngu áðr. Konungr segir at *þar skal kostr vera* engi annarr *en hann skal* hafa hring þann. Þá kvað Eyvindr:

Skylda ek, skeria foldar
skíðrennandi, um síðir
þussa *bœs* frá þvísa
þinn góðan byr finna,
er, valiarðar, verðum,
veliandi, þér selia
lyngva mens, þat er lengi,
látr, minn faðir átti.

Fór þá Eyvindr heim, ok er ekki þess getit at hann fyndi Harald konung síðan.

## Chapter 32

Gunnhildarsynir *hǫfðu tekit* kristni á Englandi, *sem fyrr er ritat.[2] En er þeir kómu til *ríkis*forráða í Nóregi, þá *kómu þeir* engu á leið at kristna *landsfólkit*, en allt þar er þeir kómu því við, þá brutu þeir niðr hof ok spilltu blótum. Fengu þeir *þar fyrir af alþýðu* mikla *óvinsæld*. Spilltiz *þá ok skiótt* árferð í landi. Konungar váru margir ok hafði hverr hirð um sik; þurftu þeir *mikit til kostnaðar* ok váru *þeir[3] hinir fégiǫrnustu, *en ekki heldu þeir[4] miǫk lǫg þau er Hákon konungr hafði sett. Allir váru þeir menn fríðir *sýnum*, stórir ok sterkir ok íþróttamenn miklir. Svá segir Glúmr Geirason *af Haraldi konungi*:

50.20–
51.14 /
228.16–
229.18.

---

[1] + fyrir A.  [2] D²; ÷ AC².  [3] C²; ÷ A. *Altered text in* D².  [4] C²; helldu þeir ecki A. *Altered text in* D².

> Kunni tolf, sá er, *kanna,*
> tíðum, *haldinskíða*
> ógnarstafr, of iǫfra
> íþróttir, fram sótti.

Optliga váru þeir brœðr allir saman, en stundum sér *hverr.[1] Þeir váru menn grimmir ok hraustir, orrostumenn miklir ok miǫk sigrsælir.

51.14– Gunnhildr konungamóðir ok synir hennar váru opt á tali ok
52.13 / *málstefnu* ok réðu landráðum. Ok eitt sinn *spurði* Gunnhildr sonu
230.3– sína hvern veg þeir ætli at láta fara *um[2] ríki í Þrándheimi: 'Þér
231.14. berið konunganǫfn, svá sem fyrr hafa haft *langfeðgar[3] yðrir, en hafið lítit af *landi,[4] en eruð margir til skiptis. Víkina austr hafa *þeir[5] Tryggvi ok Guðrøðr ok *eiga* þeir *þar[6] nǫkkura tiltǫlu fyrir ættar sakir. En Sigurðr iarl ræðr ǫllum Þrœndalǫgum, ok veit ek eigi hver skylda yðr berr til þess at láta iarl einn ráða svá miklu ríki undan yðr. Þikki mér þat undarligt er þér farið í víking *at heria* á ǫnnur lǫnd, en látið innan lands[7] taka af yðr fǫðurleifð yðra. Lítit mundi Haraldi þikkia, er þú ert eptir kallaðr, fǫðurfǫður þínum, at *taka* einn iarl af ríki ok lífi, er hann vann allan Nóreg undir sik ok réð til elli.' Haraldr svarar: 'Þat er eigi svá *dælt* at taka Sigurð iarl af lífdǫgum sem at *drepa* kið eða kálf. Sigurðr iarl er ættstórr ok frændmargr, vinsæll ok vitr. Vænti ek ef hann spyrr at sǫnnu at hann á ófriðar ván af oss, þá eru þar allir Þrœndir sem hann er. Eigum vér þar þá ekki erindi nema illt eina. Lítz mér svá sem engum várum brœðra þikki trúligt at sitia undir hendi þeim Þrœndum.' Gunnhildr mælti: 'Vér skulum fara allt annan veg *með[8] þessu ráði. *Vit* Haraldr *konungr* ok *Erlendr skulum sitia í vetr* á Norðmœri *ok freista svá* hvat at sýsliz.' *Ok svá gerðu þau.*

## Chapter 33

52.14– Griótgarðr hét bróðir Sigurðar iarls; hann var miklu yngri ok virðr
53.16 / minna; hafði hann ok ekki tignarnafn. Hann helt þó sveit *manna[9]
231.17– ok var á sumrum í víking. Haraldr konungr sendi menn inn í
233.12. Þrándheim á fund *Sigurðar[10] iarls með fégiǫfum ok vinmælum.

---

[1] $C^2$; huerir A (51.31–52.7 Allir — sigrsælir *is omitted in* $D^2$). [2] $C^2$; ÷A. *Altered text in* $D^2$. [3] $C^2$; langfedr A, forfedr $D^2$. [4] $C^2$; ʀiki A. *Altered text in* $D^2$. [5] $D^2$; ÷$AC^2$. [6] $D^2$; ÷$AC^2$. [7] + menn A. [8] $C^2D^2$; at A. [9] $C^2D^2$; ÷A. [10] $D^2$; ÷$AC^2$.

*Sagðiz* Haraldr *vilia* leggia við hann *slíka* vináttu sem *verit hafði með Hákoni ok iarlinum.* Þat fylgði orðsending at iarl skyldi koma á fund Haralds konungs; skyldu þeir þá at fullu binda vináttu sína. Sigurðr iarl tók vel sendimǫnnum ok *vináttumálum* konungs, en segir at hann mátti ekki fara á fund konungs *sakir fiǫlskylda sinna.* Sendi *hann* konungi vingiafir ok góð orð móti vináttu hans. Fóru sendimenn brott. Þeir *kómu* á fund Griótgarðs ok *báru honum* hit sama erendi: vináttu ok heimboð Haralds konungs ok þar með *góðar giafir.[1] Fóru sendimenn *við þat* heim *at* Griótgarðr hét sinni ferð.

Ok at ákveðnum degi kom Griótgarðr á fund Haralds konungs ok Gunnhildar; *tóku þau við honum blíðliga, hǫfðu* hann í kærleikum *ok* við *leyndarmál sín,* tǫlðu fyrir *honum* hversu iarl hafði hann lengi gǫrt lítinn mann. En ef hann vildi vera í ráðum með þeim segir konungr at *hann* skyldi vera iarl hans ok hafa ríki þat allt er áðr hafði Sigurðr *iarl[2] haft. Kom svá at þau sǫmðu *þat* með einkamálum at Griótgarðr skyldi halda *niósnum* til ok gera orð konungi nær líkast væri *til* at veita atfǫr iarli. Fór Griótgarðr við *þetta* heim ok þá góðar giafar af konungi.

## Chapter 34

Sigurðr iarl fór um haustit inn í Stióradal ok var þar á veizlum. 53.17–
*Þaðan[3] fór hann út á Qgló ok skyldi þar taka veizlur. Iarl hafði 54.12 /
iafnan mikit fiǫlmenni um sik meðan hann trúði illa konungum. 233.14–
En með því at þá hǫfðu vináttumál farit *millum[4] þeira *Haralds* 234.15.
konungs,* þá hafði hann ekki mikla sveit manna. Griótgarðr gerði
þá niósn Haraldi konungi at eigi mundi í annat sinn vænna at fara
at iarli. Ok þegar á sǫmu nótt fóru konungarnir Haraldr ok *Erlendr*
inn eptir Þrándheimi *ok[5] hǫfðu fiǫgur skip ok lið mikit, sigldu
inn um nóttina við stiǫrnuliós. Kom þá Griótgarðr til móts við þá.

*Þeir* kómu ofanverða nótt *inn* á Qgló, þar sem Sigurðr iarl var á
veizlu; lǫgðu þeir eld í hús ok brenndu bœinn. *Brann þar inni
Sigurðr iarl ok allt lið hans. Konungar* fóru þegar árdegis út eptir
firði ok svá suðr á Mœri ok dvǫlðuz þar *um* hríð. ⌜*Þat var tveim
vetrum eptir fall Hákonar konungs Aðalsteinsfóstra, at sǫgn Ara
prests hins fróða Þorgilssonar.[6]

---

[1] C²; goða gripi A. Different text in D². [2] C² ÷ A. Different text in D².
[3] C²D²; siþan A. [4] C²; milli A, medal D². [5] C²D²; ÷ A. [6] *from ÓlH, see
ÓlHJH* 20.8–9.

## Chapter 35

Hákon son Sigurðar iarls var inn í Þrándheimi þá er hann spurði brennu fǫður síns. ⌜Hákon var ættstórr ok frændmargr ok Sigurðr faðir hans vinsæll ok ástúðigr ǫllu *fólki.[1] Varð Hákoni gott til liðs, svá at allir Þrœndir sneruz til hans.[2] Var þá þegar svá mikit herhlaup um allan Þrándheim, at hvert skip var á vatn dregit þat er herfœrt var. En er herrinn kom saman tóku þeir Hákon *son Sigurðar[3] til iarls ok hǫfðingia yfir lið þat. ⌜Þá var hann nær tvítøgr at aldri.[4] Helt hann ǫllu liðinu út eptir firði. En er þat spurðu Gunnhildarsynir fóru þeir suðr í Raumsdal ok á Sunnmœri, ok heldu hvárir niósnum til annarra.

Helt Hákon iarl þá Þrándheimi með styrk *frænda[5] sinna þriá vetr, svá at Gunnhildarsynir fengu þaðan engar tekiur, ⌜ok engi þeira náði at koma inn um Þrándheimsmynni.[6] Hann átti nǫkkurar orrostur við Gunnhildarsonu, en hvárir drápu marga menn fyrir ǫðrum. Þess getr Einarr skálaglamm í Velleklu er hann orti um Hákon iarl:

> Ok oddneytir úti
> eiðvandr flota breiðan
> glaðr í Gǫndlar veðrum,
> gramr svafði bil, hafði,
> ok rauðmána reynir
> rógsegl Heðins bóga
> upp hóf iǫfra kappi
> etiu *lundr* at setia.

Ok enn kvað hann:

> *Varat[7] ofbyriar ǫrva
> odda vífs í drífu
> sverða sverrifiarðar
> svanglýiaði at frýia.

[1] C¹D²; landz folki A.  [2] Hákon — hans] from ÓlH, see ÓlHJH 20.10–13.  [3] C¹D²; Sigurþar son A.  [4] from ÓlH, see ÓlHJH 20.9–10.  [5] C¹D²; uína A.  [6] from ÓlH, see ÓlHJH 20.13–14.  [7] C¹; Veit A. The stanza is omitted in D².

Brakrǫgnir skók *bogna,[1]
barg óþyrmir varga,
hagl ór *hlakkar seglum,[2]
hiǫrs, rakliga fiǫrvi.

Mart varð él áðr ála
austr lǫnd at mun banda
randar lauks af ríki
rœkilundr of tœki.

Enn getr Einarr hversu Hákon iarl hefndi fǫður síns:

Ber ek *frá* hefnd þá er hrafna
hlióms loftoginn skióma
þat nam vǫrðr at vinna
vann síns fǫður hranna.
Rignði hiǫrs á hersa
hríðremmis fiǫr víða,
**prymlundr*[3] ok iók Þundi
þegns gnótt, *méilregni.[4]

Ok *haldviðurr[5] hǫlða
haffaxa lét vaxa
laufa veðr at lífum
lífkǫld há‹a›rs drífu.

Eptir þetta fóru beggia vinir ok báru *sættarboð* milli þeira *Eiríkssona ok Hákonar iarls*. Kom þá svá með *fortǫlum gǫfugra* manna at *þeir sættuz*, svá at Hákon *iarl[6] skyldi hafa þvílíkt ríki í Þrándheimi sem haft hafði Sigurðr iarl faðir hans, en konungar slíkt sem Hákon konungr hafði haft fyrir þeim. *Var þetta sáttmál* bundit *með* fullum trúnaði. Þá gerðiz kærleikr mikill með þeim Hákoni iarli ok Gunnhildi, en stundum beittuz þau vélræðum. Leið svá fram aðra þriá vetr. Sat þá *Hakon[7] *iarl* um kyrrt í ríki sínu.

---

[1] C¹; boga A.  [2] C¹; hlakka segli A.  [3] C¹; þrym lyndr A. *The stanza is omitted in* D².  [4] C¹; meel regni A.  [5] hialld viðuʀ A. *Corrupt in* C¹. *The stanza is omitted in* D².  [6] C¹; ÷ AD².  [7] C¹D²; ÷ A.

## Chapter 36

57.7–58.3 / 240.5–18.  Hákon iarl fór einn vetr til Upplanda. Ok á *einni* gisting varð sá atburðr at hann lagðiz með konu; *hon* var lítillar ættar. En er þaðan liðu stundir gekk sú kona með barni. Ok er *barnit* var *fœtt*, var þat sveinn ok hét Eiríkr. Móðirin flutti sveininn til Hákonar *iarls[1] ok sagði at hann var faðirinn. Iarl lét sveininn upp fœða með *manni þeim[2] er kallaðr var Þorleifr hinn spaki; hann bió uppi í Meðaldal ok var ríkr maðr ok auðigr ok *vinr* mikill iarls. Eiríkr var brátt mannvænn, hinn fríðasti sýnum, mikill ok *sterkr[3] snemma. Iarl lét[4] fátt til hans.

Hákon iarl var allra manna fríðastr sýnum, ekki hárr maðr, *vel[5] *styrkr* ok íþróttamaðr mikill, spakr at viti ok hinn mesti hermaðr.

58.3–60.6 / 241.2– 243.8.  Á einu hausti fór *Hákon[6] iarl til Upplanda. *En[7] er hann kom á Heiðmǫrk *kómu* þar *til móts við hann* Tryggvi konungr Óláfsson ok Guðrøðr konungr Biarnarson. Þar kom ok Dala-Guðbrandr. Þeir áttu stefnulag með sér ok sátu lengi á einmæli. En þat kom upp at hverr þeira skyldi vera vin annars, ok *skilðu við svá búit*. Fór *þá* hverr heim til síns ríkis.

⌜*Tryggvi konungr Óláfsson var ríkr maðr ok gǫfugr*; hann þótti *Víkverium bezt til konungs fallinn at ráða landi ǫllu. Guðrøðr konungr Biarnarson var ástvinr Tryggva konungs*.[8]

Þetta spurði Gunnhildr ok synir hennar, *at þessir hǫfðingiar hǫfðu talat til vináttu með sér*, ok er þeim grunr á at þeir *mundi hafa gǫrt landráð* við konungana. Tala *þau[9] nú optliga *ok hafa ráðagǫrðir sín í milli*.

En er váraði lýstu þeir Haraldr konungr ok Guðrøðr bróðir hans því, at þeir munu fara í víking um sumarit vestr um haf eða í Austrveg, sem þeir váru vanir. Drógu þeir þá lið at sér ok *hrundu skipum á vatn ok biǫgguz*. En er þeir drukku brautfararǫl sitt váru þar drykkiur miklar ok mart *talat* við drykkinn, *ok* þar kom at *farit var í manniafnað*. Ok *því næst* var rœtt um *konungana* siálfa. Mælti *þá* einn maðr at Haraldr *konungr[10] væri framast þeira brœðra *í* ǫllum hlutum. Þessu reiddiz miǫk Guðrøðr konungr; sagði svá at hann skyldi í engu *bera lægra* hlut en Haraldr *bróðir hans*; segir *sik vera* búinn at þeir reyni þat. *Kom svá um síðir* at

---

[1] $C^1D^2$; ÷A.  [2] $C^1D^2$; þeim manni A.  [3] $C^1$; styrkr A. *Different text in* $D^2$.
[4] + ser A.  [5] $C^1$; ÷A$D^2$.  [6] $C^1D^2$; ÷A.  [7] $C^1D^2$; Ok A.  [8] *from ÓlH, see ÓlHJH 21.11–14*.  [9] $C^1D^2$; ÷A.  [10] $C^1D^2$; ÷A.

hvárrtveggi þeira *syndiz miǫk reiðr ok* þreyttu þetta með svá
miklum *kappmælum*, at hvárr bauð ǫðrum til vígs ok hliópu til
vápna. En þeir *menn sem* vitrari váru ok *minnr drukknir gengu í*
milli ok stǫðvuðu þá. Fóru þá hvárir til sinna skipa, en engi var
ván þá at þeir mætti fara allir samt. [. . .] Sigldi þá Guðrøðr *konungr*
austr með landi, en Haraldr stefndi út á haf ok sagði at hann mundi
sigla vestr um haf. En er hann kom út um eyiar stefndi hann hafleið
austr með landi. Guðrøðr konungr sigldi þióðleið austr til Víkr ok
svá austr *um* Foldina. Sendi hann þá *orð Tryggva konungi[1] at
hann skyldi koma til móts við *hann[2] ok fœri þeir báðir *saman[3]
um sumarit í Austrveg at heria. Tryggvi konungr tók því vel ok
líkliga; hann spurði at Guðrøðr hafði lítit lið. Fór Tryggvi konungr
*til fundar við hann* með eina skútu; þeir funduz við Veggina fyrir
vestan Sótanes. En er þeir gengu á málstefnu hliópu at menn
Guðrøðar ok drápu Tryggva konung ok tólf menn með honum,
ok liggr hann þar sem *síðan* er kallat Tryggvareyrr.

## Chapter 37

Haraldr konungr sigldi miǫk útleið; hann stefndi inn í Víkina ok
kom um nótt til Túnsbergs. Spurði hann þá at Guðrøðr konungr
Biarnarson var þar skammt á land upp á veizlu. *Fór* Haraldr
konungr *með lið sitt þegar hina sǫmu nótt* upp þangat ok tóku
hús á þeim. Guðrøðr konungr *gekk* út *með sína menn*; varð *þar
skǫmm[4] viðrtaka áðr Guðrøðr konungr *Biarnarson* fell ok mart
manna með honum. Haraldr konungr fór *þegar brottu. Helt hann*
þá til fundar við Guðrøð bróður sinn, *ok* lǫgðu þeir undir sik alla
Víkina.

## Chapter 38

Guðrøðr konungr Biarnarson hafði fengit sér gott kvánfang ok
makligt. Þau áttu son er hét Haraldr. Hann var sendr til fóstrs upp
á Grenland til Hróa hins hvíta, lends manns. Son Hróa var Hrani
hinn víðfǫrli. Váru þeir[5] Haraldr miǫk *iafnaldra[6] ok fóstbrœðr.

Eptir fall Guðrøðar konungs *Biarnarsonar* flýði Haraldr *son
hans*, er kallaðr var hinn grenski, fyrst til Upplanda ok með honum

60.7–61.2 /
243.10–
244.3.

61.3–62.7 /
244.5–
245.17.

---

[1] BC[1]; menn til tryggva konungs með þeim erendum AD[2].  [2] BC[1]; guðrǫð
konung AD[2].  [3] BC[1]; samt A. *Different text in* D[2].  [4] BC[1]; þa lítit A, þa
skǫm D[2].  [5] + Hrani ok A.  [6] D[2]; jafn gamlir A, iafnaldri BC[1].

Hrani fóstbróðir hans ok fáir menn aðrir; dvǫlðuz þeir þar um hríð með frændum sínum.

Eiríkssynir leituðu miǫk eptir þeim mǫnnum er í sǫkum váru bundnir við þá ok þeim ǫllum mest er þeim var uppreistar at ván. Réðu þat *þá* Haraldi *grenska[1] frændr hans ok vinir at hann fœri af landi *brottu*. Hann fór þá austr til Svíþióðar ok leitaði sér skipanar ok at koma sér í sveit með þeim *mǫnnum[2] er fóru í hernað at fá sér fiár. Haraldr var hinn gerviligasti maðr. Tósti hét maðr í Svíþióð; *hann* var einn ríkastr ok gǫfgastr í því landi þeira *manna* er eigi báru tignarnafn. Hann var hinn mesti hermaðr ok var lǫngum í *víking*; *því* var hann kallaðr Skǫglar-Tósti. Haraldr grenski kom sér þar í sveit ok var í víking um sumarit með Skǫglar-Tósta, ok virðiz Haraldr hverium manni vel. *Hann* var um vetrinn með Tósta. Haraldr hafði verit tvá vetr á Upplǫndum, en *hann var* fimm vetr með Tósta. Sigríðr hét dóttir Tósta, ung ok fríð, *svarri* mikill; hon var síðan gipt Eiríki Svíakonungi hinum sigrsæla, ok var son þeira Óláfr sœnski er síðan var konungr í Svíþióð. Eiríkr varð sóttdauðr at Uppsǫlum tíu vetrum síðar en Styrbiǫrn fell.

## Chapter 39

Gunnhildarsynir buðu út liði miklu ór Víkinni ok fóru svá norðr með landi *at þeir* hǫfðu lið ok skip ór *hveriu fylki;[3] *gerðu þeir* þá bert at þeir *mundi* *her þeim stefna[4] norðr til Þrándheims á hendr Hákoni iarli. Þessi tíðindi *spurði brátt* Hákon iarl; *dró hann þegar* her *at sér ok réð* til skipa. En er hann *spurði* hversu mikinn her *Gunnhildarsynir hǫfðu*, þá helt hann sínu liði suðr á Mœri ok heriaði *hvar* sem hann fór. Drap *hann menn þá er hann náði*, bæði ríka ok óríka. Hann sendi aptr *bóndaherinn* Þrœnda, en hann fór herskildi um Mœri hváratveggiu ok Raumsdal. *Hann* hafði niósnir allt fyrir sunnan Stað um her Gunnhildarsona. En er hann spurði at þeir váru komnir í Fiǫrðu ok biðu byriar at sigla norðr um Stað, þá sigldi *hann suðr um* Stað *svá hafhallt* at ekki *mátti siá* segl hans af landi; lét *hann* svá ganga austr með landi ok kom fram í Danmǫrk. Sigldi *hann þaðan* í Austrveg ok heriaði þar um sumarit.

---

[1] BC¹D²; ÷ A.  [2] BC¹; ÷ A. *Altered text in* D².  [3] BC¹D²; fylki hueríu A.
[4] BC¹; stefna her þeim A. *Altered text in* D².

# TEXT FROM HEIMSKRINGLA

Gunnhildarsynir heldu liði sínu norðr til Þrándheims *ok[1] dvǫlðuz þar miǫk lengi ok tóku skatta ok skyldir *af bóndum*. En er á leið sumarit settuz *þeir þar eptir Sigurðr slefa ok Guðrøðr konungr*, en Haraldr ok aðrir þeir brœðr fóru austr í land ok leiðangrslið þat er *þeim hafði þangat fylgt* um sumarit.

## Chapter 40

Hákon iarl sigldi um haustit til Helsingialands ok setti þar upp  63.12–
skip sín, fór síðan landveg um *Helsingialand ok Iamtaland,[2] svá  64.6 /
austan um Kiǫl ok kom ofan í Þrándheim. Dreif þegar til hans lið  247.9–
mikit; réð hann til skipa. En er þat spurðu Gunnhildarsynir stigu  248.6.
þeir á skip sín ok heldu út eptir firði, en Hákon iarl fór út á Hlaðir
ok sat þar um vetrinn, en Gunnhildarsynir sátu á Mœri ok veittu
hvárir ǫðrum árásir ok *manndráp*.

Hákon iarl helt ríki sínu í Þrándheimi ok *var[3] þar optast á
vetrum, en fór *um* sumrum *í hernað* í Austrveg; stundum sat hann
*um sumrum* í Þrándheimi ok hafði her úti; helduz Gunnhildarsynir
þá ekki fyrir norðan Stað.

Haraldr gráfeldr fór á einu sumri með her sinn *norðr[4] til Biarma-  64.6–18 /
lands ok heriaði þar ok átti orrostu mikla við Biarma á Vínubakka.  248.8–20.
Þar hafði Haraldr sigr ok drap fólk mart; heriaði hann þá víða um
landit ok fekk *ófamikit[5] fé. *Svá segir* Glúmr Geirason:

> Austr *rauð[6] iǫfra þrýstir
> orðrakkr fyrir bý norðan
> brand, þar er biarmskar kindir,
> brennanda, lét renna.
> Gótt hlaut gumna sættir
> geirveðr í fǫr þeiri,
> ǫðlingi fekkz ungum
> orð á Vínu borði.

*Klyppr hét hersir einn*, kynstórr maðr ok ríkr *á Hǫrðalandi*; hann  64.19–20 /
var son Þórðar Hǫrða-Kárasonar.  249.1–3.

---

[1] BC[1]; ÷AD[2].  [2] BC[1] (ok — Kiǫl] ÷ D[2]); iamta land ok helsingia land A.
[3] BC[1]; sat AD[2].  [4] C[1]; ÷AB. (*This paragraph and the following verse are omitted in* D[2].)  [5] C[1]; stormikit A, mikit B.  [6] B; reð AC[1].

64.20–23 / Kona Klypps hersis *hét* Ólof; *hon* var Ásbiarnardóttir, systir Iárn-
249.5–8. Skeggia norðan af Yrium. Bróðir Ásbiarnar var Hreiðarr faðir
Styrkárs fǫður Eindriða fǫður Einars þambarskelfis.

64.23–65.1 / Sigurðr konungr slefa kom til bús Klypps hersis.
249.1.

65.1–2 / *Hann* var eigi heima, en Ólof kona hans tók vel við konungi. Var
249.3–5. þar veizla góð ok drykkiur miklar.

65.2–13 / *Sigurðr* konungr gekk um nóttina til rekkiu Ólofar ok lá þar at
249.8– óvilia hennar. Síðan fór konungr *á* brott.
250.2. Eptir um haustit fóru þeir Haraldr konungr ok Sigurðr upp á
Vǫrs ok stefndu þar þing við bœndr. *Á því þingi* veittu bœndr
*konungum* atfǫr ok vildu drepa þá; kómuz þeir undan *með flótta*.
Fór *þá* Haraldr konungr *norðr* í Harðangr, en Sigurðr á Alreksstaði
*ok settiz þar*. En er Klyppr hersir spurði þat *heimti hann* saman
frændr *sína ok vini* ok veittu konungi atfǫr. Hǫfðingi var *sá maðr*
fyrir ferðinni *er kallaðr var* Vémundr vǫlubriótr. En er þeir kómu
á bœinn *veittu* þeir Sigurði konungi atsókn. Klyppr lagði sverði í
gegnum konung. Var þat hans bani. *Ok* þegar í stað *var Klyppr
drepinn.*

## Chapter 41

65.14– Haraldr konungr gráfeldr ok Guðrøðr bróðir hans drógu saman
66.20 / her mikinn *austan ór landi[1] ok heldu liði því norðr til Þrándheims.
250.4– En er þat spurði Hákon iarl samnaði hann liði at sér *ok[2] helt suðr
251.14. á Mœri ok heriaði þar. *Þar[3] var *fyrir* Griótgarðr fǫðurbróðir hans
ok skyldi *þar* hafa landvǫrn af Gunnhildarsonum. Hann bauð her
út, sem *konungarnir* hǫfðu orð til sent. Hákon iarl helt til fundar
við hann, ok *áttu þeir* bardaga. Þar fell Griótgarðr ok tveir
*iarlasynir* *með honum[4] ok mart lið annat. Þess getr Einarr
skálaglamm:

*Hialmgráp er[5] vann hilmir
harð, lopts vinar, barða,
því kom vǫxtr í Vínu
vínheims, fiandr sína,

[1] BC¹D²; ÷ A.  [2] BC¹; ÷ AD².  [3] BC¹D²; þa A.  [4] BC¹D²; ÷ A.  [5] C¹;
Hialm falldinn A, Hialmgreíp er B. *The stanza is omitted in* D².

at forsniallir fellu
fúrs í *Þundar* skúrum,
þat færr *Þróttar* snytri,
þrír iarls synir, tírar.

Síðan sigldi Hákon iarl út *um eyiar* ok svá *hafhallt* suðr með landi. Hann kom fram í Danmǫrk, fór þá á fund Haralds Gormssonar Danakonungs, fekk þar góðar viðtǫkur; dvalðiz með honum um vetrinn.

Þá var ok með Danakonungi maðr sá er hét Haraldr; hann var son Knúts Gormssonar, bróðurson Haralds konungs. Hann var kominn ór víking, hafði lengi heriat ok fengit óf lausafiár; *því* var hann kallaðr Gull-Haraldr. Hann þótti vel til kominn at vera konungr *í Danmǫrk.[1]

## Chapter 42

Haraldr konungr gráfeldr ok þeir *brœðr[2] heldu liði sínu norðr til Þrándheims ok fengu þar enga mótstǫðu, *þvíat Hákon iarl var í brottu*; tóku *þeir þar skatta* ok *skyldur* ok allar konungs tekiur ok *þar umfram* létu *þeir* bœndr gialda stór giǫld, þvíat *konungarnir* hǫfðu þá *langa hríð[3] lítit fé fengit ór Þrándheimi er Hákon iarl *hafði þar setit[4] með fiǫlmenni ok *átt[5] ófrið við *konunga.[6]

66.21–
67.11 /
251.16–
252.12.

Um haustit fór Haraldr konungr suðr í land með þat lið flest er þar átti heimili, en *Erlendr* konungr sat þar eptir með *liði sínu.[7] Hann hafði þá enn miklar krafir við bœndr ok gerði harðan rétt þeira, en bœndr kurruðu illa ok *gerðu ráð sín.*

*Síðar* um vetrinn sǫmnuðuz bœndr saman ok *fengu* lið mikit, *stefndu* síðan at *Erlendi* konungi þar sem hann var á veizlu ok *heldu* *við hann orrostu.[8] Þar fell *Erlendr* konungr ok mikil sveit manna með honum.

## Chapter 43

Ástríðr hét kona sú er átt hafði Tryggvi konungr Óláfsson; hon var dóttir Eiríks bióðaskalla, ríks manns er bió á *Oprostǫðum.[9] En eptir fall Tryggva konungs flýði Ástríðr á brott ok fór á

67.12–69.10 /
255.4–
256.14.

[1] BC¹D²; yfir danmǫrku A.  [2] BD²; ÷AC¹.  [3] D²; lengi ABC¹.  [4] BC¹D²; sat þar A.  [5] BC¹D²; atti A.  [6] BD²; konungana AC¹.  [7] BC¹; sitt lið A, sínu lide D².  [8] BC¹D²; orrosto við hann A.  [9] BC¹; ofro stöðum A, offrustodum D² (*always written* opro- BC¹, ofro A, offru- D²).

launungu með lausafé því er hon mátti með sér hafa. Henni fylgði fóstrfaðir hennar, sá er nef‹ndr er› Þórólfr *lúsarskegg;[1] hann skilðiz *aldri* við hana. En aðrir trúnaðarmenn hennar fóru á niósn, hvat spurðiz af óvinum hennar eða hvar þeir fóru. Ástríðr gekk með barni Tryggva konungs; hon lét flytia sik út í vatn eitt ok leyndiz þar í *hólma[2] nǫkkurum ok fáir menn með henni. Þar fœddi hon barn; þat var sveinn. *Þórólfr iós sveininn vatni ok kallaði Óláf* eptir fǫður*feðr* sínum. [. . .] *Ástríðr* leyndiz þar í *hólmanum* um sumarit. En er nótt myrkði en dag tók at skemma en veðr at kólna, þá byriaði Ástríðr ferð sína ok Þórólfr með henni, *en* fátt *annarra* manna, fóru *þar* eina með byggðum er þau leynduz um nætr ok fundu enga menn. Þau kómu fram eins dags at kveldi til Eiríks á *Oprostǫðum, fǫður Ástríðar. Þau fóru leyniliga; sendi Ástríðr menn til bœiarins at segia Eiríki *sína þarkvámu*. En hann lét fylgia þeim í eina skemmu ok setia þeim borð með hinum beztum fǫngum. Var Ástríðr þar litla hríð *áðr* fǫruneyti hennar fór brott, en hon var eptir ok tvær þiónustukonur með henni ok son hennar Óláfr, Þórólfr *lúsarskegg[3] ok *Þorgils[4] son hans sex vetra gamall. Váru þau þar um vetrinn.

## Chapter 44

69.11–
70.3 /
256.16–
257.10.
Haraldr *konungr* gráfeldr ok Guðrøðr bróðir hans fóru eptir dráp Tryggva konungs Óláfssonar til búa þeira *er[5] hann hafði átt. En þá var Ástríðr í brottu þaðan ok spurðu þeir ekki til hennar. Sá *kvittr* kom fyrir þá at hon mundi vera með barni Tryggva konungs. Þeir fóru um haustit norðr í land, *svá[6] sem fyrr er ritat. En er þeir fundu Gunnhildi móður sína sǫgðu þeir *henni* alla atburði um þau tíðindi er þá hǫfðu gerz í fǫr þeira. Hon spurði vendiliga at þar sem Ástríðr var. Þeir sǫgðu þar af slíkan kvitt sem þeir hǫfðu heyrt. *Gunnhildr svaraði:* 'Þat mun vera satt, at hon mun fœða upp son Tryggva ef engra ráða er í leitat.' En fyrir þá sǫk at þat sama haust áttu Gunnhildarsynir *deilu[7] við Hákon iarl ok svá um vetrinn eptir, sem fyrr er ritat, þá varð engi eptirleitan hǫfð um Ástríði ok son hennar á þeim vetri.

70.3–8 /
257.12–18.
En eptir um várit sendi Gunnhildr *menn* til Upplanda ok allt í Víkina at niósna hvat um hag Ástríðar mundi vera. En er *þeir*

---

[1] BC¹D²; lusa skeɢ A.  [2] BC¹; holmi AD².  [3] BC¹; lusa skegg AD².  [4] BC¹D²; ÷ A.  [5] BC¹D²; sem A.  [6] D²; ok sua C¹, ÷ AB.  [7] BC¹D²; deilur A.

*niósnarmenn* kómu aptr *til Gunnhildar* kunnu þeir þat helzt at segia *til Ástríðar* at *hon* mundi vera *á* \*Oprostǫðum með feðr sínum ok þess meiri ván at hon *fœddi* þar upp son Tryggva konungs. [...]

(In the remainder of this chapter and in the next there are just a few sentences or parts of sentences that follow *Heimskringla*.)

[...] fara á \*Oprostaði til Eiríks ok hafa þaðan son Tryggva 70.10–11 /
\*konungs[1] ok fœra *sér*. [...] 258.4–5.

[...] þriá tigu manna *alla* vel *búna* at vápnum ok hestum.[2] [...] 70.12–13 /
258.1 *and* 2.

[...] til \*Oprostaða; verða þá vinir Eiríks varir við ferð þeira *ok* 70.14–18 /
*ørendi* ok *bera* honum niósn *um sendimenn Gunnhildar. Þat var* 258.6-10
*síð dags*. En þegar um nóttina bió Eiríkr *braut*ferð Ástríðar *dóttur* *and* 12.
*sinnar*; fekk *hann* henni góða leiðtoga; fóru þau \*brott[3] er mikit
lifði nætr. [...]

Þau kómu at kveldi dags í þat herað er Skaun het,[4] sá þar bœ 71.6–13 /
mikinn ok fóru þannig ok báðu sér *þar* nætrvistar. Þau \*dulðuz[5] 258.12–
ok hǫfðu *fátœkligan klæðabúnað*. Sá *maðr er þar bió* \*er[6] nefndr 259.2.
Biǫrn eitrkveisa; *hann var* auðigr maðr ok illr *búþegn*. Hann rak
þau brott. Fóru þau um kveldit í annat þorp skammt þaðan er hét
í Vizlum. Þar *bió* sá bóndi *er* Þorsteinn hét; *hann* herbergði þau
um nóttina ok veitti þeim \*góðan beina[7] *þá nótt*; sváfu þau í góðum
umbúnaði. [...]

*Kómu þeir* um kveldit til Biarnar eitrkveisu í Skaun, *tóku* þar 71.20–
gisting, *ok spurði* Hákon Biǫrn ef hann kynni honum nǫkkut segia 72.2 /
til Ástríðar. [...] 259.9–11.

'[...] ok báðu *mik nætr*vistar, en ek rak þau *brottu* [...]' 72.3–4 /
259.12–13.

[...] munu þau vera *herbergiuð* hér \*nǫkkur[8] í þorpum. Á *því* 72.8–15 /
*sama kveldi fór húskarl* Þorsteins ór skógi ok kom til *bœiar* Biarnar 259.13–
þvíat þat var á \*leið[9] hans; hann varð varr við at þar váru gestir 260.4.

[1] BC[1]D[2]; ÷ A. [2] AD[2](*Kringla, Jöfraskinna*); klædum BC[1](*Fríssbók*).
[3] BC[1]D[2]; brottu A. [4] AC[1]; heitir B. [5] B; duolduz AC[1]D[2]. [6] BC[1]; var A
(er nefndr] het D[2]). [7] BC[1]D[2]; ÷ A. [8] C[1]D[2]; nackuar inand A, skammt B.
[9] BC[1]D[2]; ueg A.

*margir* ok svá hvert ørendi þeira var; sagði hann *þetta allt* Þorsteini bónda *er hann kom heim*.En er þriðiungr lifði nætr vakði Þorsteinn upp gesti sína ok bað þau brott fara *skiótt*; *hann mælti við þau herst ok lét ófrýnliga*. En er þau *kómu af* garðinum út á veginn [...]

74.8–20 / Snimma *um daginn* reið Hákon frá Biarnar í byggðina, ok hvar
260.11–18. sem hann kom spurði hann eptir Ástríði. En er hann kom til Þorsteins *spurði* hann ef þau *væri* þar komin. Þorsteinn *svaraði*: '*Váru hér* menn nǫkkurir *í nótt* ok fóru *brottu* móti degi austr á skóginn.' Hákon *mælti*: '*Þá muntu vilia fara með oss at leita þeira; þér munu kunnar leiðir allar ok fylgsni á skóginum. Þorsteinn iátti því ok bió sik skiótt.* En er *þeir kómu* á skóginn [...] Vísaði hann þeim *nú öllum þvers* frá því sem þau váru [...]

75.6–9 / *Leituðu* þeir *um skóginn* allan þann dag ok fundu *Ástríði* eigi *því*
261.1–3. *heldr. Eptir þat fóru sendimenn* aptr *til Gunnhildar* ok sǫgðu *henni* sitt erindi. Ástríðr ok hennar fǫruneyti [...]

75.14–15 / [...] *á fund* Hákonar gamla; dvalðiz hon þar ok son hennar langa
261.4–5. hríð í góðum fagnaði.

### Chapter 45

78.2–3 / [...] *Beiddu* konung *þá* enn fá sér styrk *til* at hafa sveininn brott
262.8–10. *með sér,* hvárt *er* Hákon gamli vill eða eigi. [...]

79.8–9 / *Kómuz* þeir *þó* nauðuliga óbarðir *undan* þrælinum. [...]
262.16–17.
79.11–12 / [...] ok þat með at þeir *hǫfðu* sét Óláf Tryggvason. [...]
262.18–19.

### Chapter 46

82.1–4 / [...] Sigurðr hét son Eiríks *bióðaskalla*[1] *á* *Oprostǫðum* bróðir
263.2–6. Ástríðar; hann *var* austr í Garðaríki með Valdamar konungi *ok* hafði *af honum* mikinn metnað *ok vald*. Fýstiz Ástríðr *systir hans þá* at fara *þangat* til *hans.*

82.4–5 / Þá hafði hon verit tvá vetr *í Svíaveldi* með Hákoni gamla. Var
263.8–9. Ólafr *son þeira Tryggva konungs* þá þrevetr.

[1] D[1,2]; ÷ ABC[1].

# TEXT FROM HEIMSKRINGLA 65

Hákon gamli *kom henni í fǫruneyti með kaupmǫnnum nǫkkurum* 82.5–8 / *ok fekk henni ok hennar mǫnnum alla hluti vel ok gnógliga, þá er* 263.6–8. *þau þurftu at hafa.*

En er þau *heldu[1] austr í hafit kómu at þeim víkingar; þat váru 82.8–83.6 / Eistr. Tóku *víkingar at herfangi bæði féit ok mennina*, drápu suma, 263.9– en sumum skiptu þeir með sér til ánauðar. Þar skilðiz Óláfr við 264.5. móður sína. Tók *þá við Óláfi ok Þórólfi fóstra hans ok Þorgilsi syni Þórólfs* sá maðr er Klerkon hét. Klerkoni þótti Þórólfr of gamall til *þrælkanar* ok þótti ekki forverk í honum; *því drap hann Þórólf,* en hafði sveinana með sér *til Eistlands* ok seldi *þá* þeim manni er Klerkr hét ok tók fyrir hafr einn *heldr* góðan. Hinn þriði maðr keypti Óláf *litlu síðar* ok gaf fyrir vesl gott eða slagning. Sá *maðr* hét Reás, en kona hans hét Rekón, en son*þeira Rekóni.[2] Var Óláfr þar *með þeim húsbónda* lengi *síðan* vel haldinn, *þvíat Reás* unni *engum mun *minna[3] Óláfi en sínum syni.* Óláfr var sex vetr í þessi útlegð á Eistlandi. [...]

*Þá* kom til Eistlands Sigurðr Eiríksson *móðurbróðir Óláfs*; *hann* 83.8–11 / *var sendr af Valdamar konungi* af Hólmgarði *at* heimta þar í landi 264.7–10. skatta konungs. Fór Sigurðr *ríkmannliga* með *miklu fiǫlmenni.* [...]

*Flutti* Sigurðr sveinana báða með sér til Hólmgarðs ok lét ekki 86.3–5 / uppvíst *fyrir mǫnnum* um ætt Óláfs, en helt hann vel *at ǫllum* 265.1–3. *hlutum.* [...]

## Chapter 47

*Þat var* einn dag *at* Óláfr Tryggvason var *úti* staddr á torgi. Var 86.7–88.2 / þar fiǫlmenni mikit. Þar kenndi hann Klerkon er drepit hafði fóstra 265.5– hans, Þórólf *lúsarskegg.[4] Óláfr hafði litla øxi í hendi; *hann gekk* 266.21. *at Klerkoni ok* setti *øxina í hǫfuð honum* svá at stóð í heila. Tók Óláfr *þegar[5] hlaup heim til herbergis ok sagði Sigurði frænda sínum, en Sigurðr kom honum þegar í herbergi *Allogie* dróttningar ok sagði henni tíðindin *ok* bað hana hiálpa sveininum. Hon leit á sveininn *ok mælti*: 'Eigi *hæfir at* drepa svá fríðan svein.' Bað hon *þá* alla sína menn koma *þar* með alvæpni. Í Hólmgarði var svá mikil friðhelgi at drepa skyldi hvern er mann ódœmðan *vá*.

[1] BC¹D¹,²; komu A.  [2] D¹,²; hans ʀekni A, þeira rekin BC¹.  [3] BC¹D¹,²; ÷A.  [4] D¹; lusa skegg AD²; ÷BC¹.  [5] BC¹D¹,²; ÷A.

Nú þeystiz *fram* allr lýður eptir sið þeira ok lǫgum *at leita* eptir Óláfi, hvar hann væri niðr kominn. Vildu *þeir[1] hann af lífi taka sem lǫg buðu*. Þá var sagt at hann var í garði dróttningar ok þar herr manns alvápnaðr *búinn at veria hann*. Því næst kom þetta *fyrir konung*. Gekk hann *þá[2] til *skiótt* með *sína hirð* ok vildi eigi at þeir berðiz. Kom hann þá griðum á ok því næst sættum. Dœmði konungr bœtr *fyrir vígit*, en dróttning helt *giǫldum[3] upp. Síðan var Óláfr með dróttningu; *var hann henni miǫk elskuligr ok ástúðigr ǫllu fólki*.

*Þat[4] váru lǫg í Garðaríki at þar skyldu ekki vera konungbornir menn nema at konungs ráði. Þá *sagði* Sigurðr dróttningu hverrar ættar Óláfr var ok *svá* fyrir hveria sǫk hann var þar kominn, at hann mátti ekki í sínu landi vera fyrir ófriði *ok umsátum sinna óvina*; bað *Sigurðr* hana þetta tala fyrir konungi. Hon gerði svá ok bað konung hiálpa við konungssyni þessum, svá harðliga sem hann var *við kominn. Kom hon svá með sínum fortǫlum* at konungr iátaði *því sem hon beiddi*. Tók *hann* þá Óláf *á* sitt vald ok helt hann vegliga sem konungssyni byriaði at vera haldinn. Dvalðiz *Óláfr* þar níu vetr *í Garðaríki* með Valdamar konungi. Hann var allra manna fríðastr, mestr ok *sterkastr[5] ok at íþróttum um fram alla menn *norrœna* þá er *sǫgur ganga frá*.

## Chapter 48

88.3–18 / Hákon iarl Sigurðarson var með Haraldi *Gormssyni Dana-
267.2– konungi[6] um vetrinn eptir er hann hafði stokkit ór Nóregi frá ríki
268.2. sínu fyrir Gunnhildarsonum. Hákon hafði svá *miklar* áhyggiur um vetrinn at hann lagðiz í rekkiu; *hann* hafði andvǫkur miklar ok drakk *eigi meira en* hann mátti halda *við[7] styrk sínum. Hann sendi menn um haustit leyniliga norðr í Þrándheim til vina sinna ok lagði þat ráð fyrir þá at þeir skyldi drepa *Erlend* konung ef þeir mætti; sagði hann *sik *mundu aptr[8] hverfa til ríkis síns þá er sumraði. Þann vetr drápu Þrœndir *Erlend* konung, sem fyrr er ritat.

Með *þeim* Hákoni ok Gull-Haraldi var vinátta kær. Bar Haraldr fyrir Hákon ráðagerðir sínar; sagði Haraldr at hann vildi þá setiaz at landi ok *létta[9] hernaði. Hann spurði Hákon hvat hann *ætlaði*,

---

[1] BC¹D¹,²; þau A.  [2] BC¹D¹,²; ÷ A.  [3] BC¹D¹,²; gerðum A.  [4] BC¹; þar A, þav D¹,².  [5] BC¹D¹,²; styrkaztr A.  [6] BC¹D¹,²; konungi gorms syni í danmǫrk A.  [7] D¹,²; fyrir BC¹, ÷ A.  [8] BC¹D¹,²; aptr mundo A.  [9] + af A.

hvárt Haraldr *konungr[1] mundi *vilia[2] skipta ríki við hann ef hann krefði. *Hákon svarar*: 'Þat hygg ek at[3] Danakonungr muni engra réttinda varna þér. En þó veiztu gørr *þetta mál ef þú rœðir[4] fyrir konungi. Vænti ek at þú fáir eigi ríkit ef þú krefr eigi.'

### Chapter 49

*Litlu síðar* talaði Gull-Haraldr við Harald konung *frænda sinn*, svá at nær váru margir ríkir menn beggia vinir. Krafði þá Gull-Haraldr konunginn at *skipta* ríki við *sik* í helminga, svá sem burðir hans váru til ok ætt þar í Danaveldi. *Við þetta ákall[5] varð Haraldr konungr reiðr miǫk *ok svaraði svá*: 'Engi maðr *dirfðiz at krefia* þess Gorm konung fǫður *minn* at hann skyldi gøraz hálfkonungr yfir Danaveldi, eigi heldr hans fǫður, Hǫrða-Knút, eða Sigurð orm í auga *eða[6] Ragnar loðbrók.' Hann gerði sik þá svá reiðan ok óðan at ekki mátti *mæla við hann.[7]   89.1–9 / 268.2–12.

Gull-Haraldr unði þá miklu verr en áðr: hafði *nú* reiði konungs, en ríki ekki heldr en fyrr. Kom hann þá til Hákonar vinar síns ok *kærði fyrir[8] honum sín vandræði ok bað hann heilla ráða, ef til væri, at hann mætti ná ríkinu; sagði at hann *hefði[9] þat helzt hugsat at *hann mundi sœkia ríkit með styrk ok vápnum*. Hákon *svarar*: 'Þetta *skaltu* fyrir engum manni mæla svá at konungr *spyri *þat*.[10] Þar liggr við líf þitt. Hugsa *þat* með siálfum þér til hvers þú munt fœrr verða. Þarf til slíkra stórræða at maðr sé diarfr ok ǫruggr, spari hvárki til góða hluti né illa at fram megi ganga þat er upp er tekit, en hitt er ófœrt at hefia upp stór ráð ok leggia síðan niðr með ósœmð.' Gull-Haraldr svarar: 'Svá *hefi ek þetta *tilkall[11] upp tekit* at eigi skal ek mínar hendr til spara at drepa siálfan konunginn ef hann vill synia mér þess ríkis er ek á með réttu at hafa.' Skilia þeir þá rœðu sína.   89.9–90.21 / 268.14– 270.15.

Litlu síðar gekk Haraldr konungr til fundar við Hákon ok *tóku* þeir tal sitt; *sagði* konungr *Hákoni* hvert *ákall[12] Gull-Haraldr *hafði* haft við hann til ríkis ok svǫr þau er hann veitti; segir *hann* svá at hann vill fyrir engan mun minnka ríki sitt. 'En ef

---

[1] C[1]D[1,2]; dana konungr B, ÷A.  [2] BC[1]D[1,2]; ÷A.  [3] + haralldr A.  [4] BC[1]D[1,2]; ef þu ræðir þetta mal A.  [5] BC[1]D[1,2]; Þessum ordum A.  [6] BC[1]D[1,2]; ne A.  [7] BC[1]; orðum við hann koma AD[2], koma ordvm vid hann D[1].  [8] BC[1]D[1,2]; s. A.  [9] C[1]D[2]; hafi A, hafdi D[1]. *Altered text in* B.  [10] BC[1]D[2]; þviat *and punctuation after* spyri A; ÷ D[1].  [11] BC[1]; rað A, ÷ D[1,2].  [12] BD[1,2]; til kall AC[1].

Gull-Haraldr vill *nǫkkut[1] halda á þessu tilkalli, þá er mér lítit fyrir at láta drepa hann, þvíat ek trúi honum illa ef hann vill eigi af þessu láta.' Iarl svarar: 'Þat hygg ek at Gull-Haraldr hafi þetta svá fremi upp *hafit* at hann *mun[2] þetta eigi láta niðr falla. Er mér þess ván, ef hann reisir ófrið hér í landi, at honum verði gott til liðs ok mest *fyrir vinsælda[3] sakir fǫður hans. En þat er yðr hin mesta óhœfa at drepa frænda yðarn, þvíat allir munu kalla hann saklausan at svá búnu. Eigi vil ek ok þat mitt ráð kalla at þú gørir þik minna mann en faðir þinn var, Gormr *konungr*; iók hann miǫk sitt ríki, en minnkaði í engan stað.' Þá svarar konungr: 'Hvert er þá þitt ráð, Hákon? Skal ek eigi miðla ríkit ok ráða af hendi mér þenna ugg?' Iarl svarar: 'Kom þú nǫkkurum dǫgum síðar, *þvíat* ek vil hugsa þetta vandamál, ok *mun ek* þá veita nǫkkurn órskurð.'
Gekk þá konungr *brottu* ok hans menn.

## Chapter 50

Hákon iarl hafði nú enn hinar mestu áhyggiur ok ráðagørðir; lét hann fá menn vera í húsinu hiá sér. Fám dǫgum síðar kom Haraldr konungr til *tals við hann*; spurði konungr ef iarl hefði hugsat þá rœðu er þeir kómu á *hinn* fyrra dag. Iarl svarar: 'Þar hefi ek vakat[4] um nótt ok dag síðan ok finnz mér þat helzt ráð til, at þú hafir ok *haldir* ríki þat allt er þinn faðir átti ok þú tókt eptir hann. En *þú* fá í hendr Haraldi frænda þínum annat konungs ríki, þat er hann megi sœmðarmaðr af verða.' 'Hvert er þat ríki,' segir konungr, 'er ek má *heimolliga fá Haraldi[5] ef ek hefi óskert Danaveldi?' Iarl svarar: 'Þat er Nóregr, *herra*. Konungar þeir er þar eru eru *leiðir* ǫllu landsfólki; vill hverr maðr þeim illt, sem vert er.' Konungr *svarar*: 'Nóregr er land mikit. Þar er fólk hart ok illt at sœkia með útlendan her. Gafz oss svá þá er Hákon *Aðalsteinsfóstri* varði landit, létum vér lið mikit, en varð engi sigr unninn. Er Haraldr Eiríksson fóstrson minn ok knésetningr.' Iarl svarar: 'Lǫngu vissa ek þat at þér *hafið* *opt veitt ǫruggan styrk[6] Gunn-hildarsonum, en þeir hafa yðr þat engu launat nema illu. *Nú* skulu vér komaz miklu léttligarr at Nóregi en beriaz til með allan Danaher. Send þú boð Haraldi fóstrsyni þínum ok bióð honum at

---

[1] BC¹D¹,²; ÷A.  [2] BC¹; muni A. *The sentence is omitted in* D¹,².  [3] BC¹D¹,²; til uín sælda fyrir A.  [4] + ok hugsat A.  [5] BC¹D¹,²; fa haralldi heimolliga A.  [6] BC¹D¹,² (ǫruggan] gnogan D¹,²); nogan styrk ueitt A.

taka af þér land *í* lén, þat er þeir *brœðr* hǫfðu fyrr hér í Danmǫrk; stefn honum *svá* á þinn fund. Má Gull-Haraldr þá *á lítilli stundu* afla ríkis í Nóregi af Haraldi gráfeld.' Konungr *mælti*: 'Þetta mun *mér* kallat illt verk at svíkia fóstrson *minn*.' *Hákon svarar*: 'Þat munu Danir kalla at betra skipti *sé* at drepa heldr víking norrœnan en bróðurson sinn *danskan*.'[1] Tala þeir *konungr ok iarl* hér um langa hríð, þar til er þetta semz með þeim.

## Chapter 51

Gull-Haraldr kom enn til *Hákonar iarls[2] ok tala þeir; segir iarl at *hann hefir nú fylgt hans málum svá[3] at meiri ván *er[4] at *ríkit* í Nóregi *liggi* laust fyrir honum. 'Skulu vit þá,' segir hann, 'halda felagskap okkrum; mun ek mega veita þér mikit traust í Nóregi. Haf þú fyrst *þat[5] ríki. Haraldr konungr *frændi þinn* er *maðr gamall*, en á þann einn son er hann ann lítit, ok *þó ekki arfborinn*.' Talar Hakon *fyrir Gull-Haraldi[6] þar til er hann lætr sér þetta vel líka.

92.9–
93.15 /
272.16–
274.12.

Síðan tala þeir optliga allir *samt*, konungr *ok[7] iarl ok Gull-Haraldr.

*Litlu síðar* sendi Danakonungr menn sína norðr í Nóreg á fund Haralds gráfelds. Var sú ferð búin allvegliga. *Tók Haraldr gráfeldr vel við sendimǫnnum*. Segia þeir þau tíðindi at Hákon iarl er í Danmǫrk ok liggr banvænn ok nær ørviti. *Þar með segia þeir* at Haraldr Danakonungr bauð til sín Haraldi gráfeld *fóstrsyni[8] sínum *at* taka af sér veizlur, svá sem þeir brœðr hǫfðu fyrr haft í Danmǫrk, ok bað *hann* finna sik á Iótlandi. Haraldr gráfeldr bar þetta mál fyrir Gunnhildi ok *aðra[9] vini sína. Lǫgðu menn þar allmisiafnt ráð til. Sumum þótti þessi ferð ekki trúlig, svá sem þar *var[10] mǫnnum fyrir skipat, *en* fleiri fýstu at fara skyldi, þvíat þá var svá mikill sultr í Nóregi at konungar fengu *varla* fœtt *lið[11] sitt. *Af því* fekk fiǫrðrinn þat nafn, þar *sem konungarnir sátu *optast*,[12] at hann hét Harðangr. Árferð var *þá* í Danmǫrk til nǫkkurrar hlítar; hugðuz menn þaðan mundu fǫng fá ef Haraldr *gráfeldr hefði* þar lén ok yfirsókn. Var þat ráðit áðr sendimenn

---

[1] BC¹D²; sænskan A, norǿnan D¹.   [2] BC¹D¹,²; motz við hakon j. A.
[3] BC¹D¹,²; nu hefir hann sva fylgt hans malum A.   [4] BC¹D¹,²; se A.
[5] BC¹D¹,²; þar A.   [6] BC¹D¹,²; við Gullharald A.   [7] BC¹D²; ÷AD¹.   [8] D¹,²; fostra ABC¹.   [9] BC¹D¹,²; ÷ A.   [10] BC¹D¹,²; ÷ A.   [11] BC¹D¹,²; folk A.
[12] BC¹D¹,²; lengztum A.

fóru í brott at Haraldr *Gunnhildarson*[1] mundi koma til Danmerkr
um sumarit á fund Danakonungs ok taka af honum þenna kost
sem hann bauð.

## Chapter 52

Haraldr gráfeldr fór um sumarit til Danmerkr ok hafði sex langskip.
Stýrði einu Arinbiǫrn hersir ór Fiǫrðum. Haraldr konungr sigldi
út ór Víkinni yfir til Limafiarðar ok lagðiz þar at Hálsi. Var honum
sagt at Danakonungr mundi þar *skiótt* koma.
En er þetta *spurði* Gull-Haraldr helt hann *þangat* níu skipum;
hann hafði áðr búit lið þat at fara í víking. Hákon iarl hafði ok
búit sitt lið ok ætlaði í hernað; hann hafði tólf skip ok ǫll stór. En
er Gull-Haraldr var brott farinn, þá *kom* Hákon iarl *til Haralds
konungs ok sagði svá*: 'Nú veit ek eigi nema vér róim leiðina ok
gialdim *\*leiðvítit*.[2] Nú mun Gull-Haraldr drepa Harald gráfeld;
síðan mun hann taka konungdóm í Nóregi. Ætlar þú, *\*konungr*,[3]
þér hann þá tryggan *\*ef*[4] þú fær honum svá mikinn styrk, er hann
mælti þat í vetr fyrir mér at *\*hann*[5] mundi drepa þik ef hann kœmiz
í fœri um? Nú mun ek vinna Nóreg undir þik ok drepa Gull-Harald
ef þú vill því heita mér at ek skal auðveldliga sættaz við yðr þar
fyrir. Vil ek þá geraz yðarr iarl ok binda þat svardǫgum ok vinna
Nóreg undir yðr með yðrum styrk, halda síðan landinu undir yðvart
ríki ok gialda yðr skatta. Ertu þá meiri konungr en þinn faðir ef
þú rœðr tveimr þióðlǫndum.' Þetta semz með þeim konungi ok
iarli. Ferr Hákon þá með liði sínu at leita Gull-Haralds.

## Chapter 53

Gull-Haraldr kom til Háls í Limafirði. Bauð hann þegar Haraldi
*gráfeld* til orrostu. En þó at *hann* hefði lið minna *en Gull-Haraldr*,
þá gekk hann þegar á land ok bióz til orrostu ok fylkði liði sínu.
En áðr fylkingar gengu saman, þá *eggiaði* Haraldr gráfeldr miǫk
lið sitt, bað *mennn* bregða sverðunum *ok beriaz hraustliga. Gekk
hann þegar fram í ǫndverða fylking ok hió til beggia handa. Svá
segir Glúmr Geirason í Gráfeldardrápu:

---

[1] BC¹D¹,²; ÷A.  [2] BC¹D¹,²; leiþar vítit A.  [3] BC¹D¹,²; ÷A.  [4] BC¹; er AD¹,².  [5] BC¹D¹,²; ÷A.

# TEXT FROM HEIMSKRINGLA

Mælti mætra hialta
malmóðinn sá, blóði,
þróttar orð, er þorði
þióðum vǫll at rióða.
Víðlendr of bað vinda
verðung Haraldr sverðum,
frægt þótti þat flotnum
fylkis orð, at morði.

Þar fell Haraldr gráfeldr. Svá segir Glúmr *Geirason:[1]

Varð á víðu borði
viggium hollr at liggia
gætir *gamla* sóta
garð Eylimafiarðar.
Sendir fell á sandi
sævar báls at Halsi.
Olli iǫfra spialli
orðheppinn því morði.

Þar fell flest lið Haralds. Þar fell Arinbiǫrn hersir. Þá *váru liðnir* frá falli Hákonar Aðalsteinsfóstra fimmtán vetr *at sǫgn Ara prests Þorgilssonar,* en frá falli Sigurðar Hlaðaiarls þrettán vetr. [. . .] Svá segir Ari prestr *Þorgilsson[2] at Hákon *Sigurðarson*[3] væri þrettán vetr iarl yfir fǫðurleifð sinni í Þrándheimi áðr Haraldr gráfeldr fell, en sex hina síðustu er Haraldr gráfeldr lifði segir Ari at Hákon *iarl* ok Gunnhildarsynir bǫrðuz um Nóreg ok stukku ýmsir ór landi.

## Chapter 54

Hákon iarl ok Gull-Haraldr funduz litlu síðar en Haraldr gráfeldr fell. *Lagði* Hákon *þegar* til orrostu við Gull-Harald. Fekk Hákon sigr, en Gull-Haraldr varð handtekinn ok lét Hákon hann festa á gálga. Síðan fór Hákon á fund *Haralds* Danakonungs ok sættiz við hann auðveldliga um dráp Gull-Haralds frænda hans.

96.10–
97.13 /
277.19–
279.10.

---

[1] BC¹D¹; ÷ AD².  [2] BC¹D¹,²; ÷ A.  [3] AD¹,²; j. BC¹. *Cf. HkrFJ I 277.13.*

Því næst bauð Haraldr konungr *her út um allt sitt ríki.[1] Þar var þá með konungi Hákon iarl ok þá var til hans kominn Haraldr grenski, son Guðraðar konungs Biarnarsonar; fór hann með Danakonungi ok mart annarra ríkismanna, þeira er flýit hǫfðu óðǫl sín ór Nóregi fyrir Gunnhildarsonum. Helt Danakonungr her þessum sunnan í Víkina; ⌜hann hafði siau hundruð skipa.[2] Gekk þá landsfólk allt undir hann. En er Haraldr kom til Túnsbergs dreif til hans mikit fiǫlmenni; fekk hann lið þat *allt[3] í hendr Hákoni iarli er til *hans[4] hafði komit í Nóregi. Gaf Haraldr konungr Hákoni til forráða Rogaland, Hǫrðaland, Sogn, Firðafylki, Sunnmœri, Raumsdal *ok[5] Norðmœri. Þessi siau fylki gaf Haraldr konungr Hákoni iarli til forráða með þvílíkum formála sem Haraldr konungr hinn hárfagri gaf sonum sínum, nema þat skilði at Hákon skyldi þar eignaz ok svá í Þrándheimi ǫll konungsbú ok landsskyldir. Hann skyldi ok hafa *konungsfé[6] sem hann þyrfti ef herr væri í landi.

Haraldr konungr gaf Haraldi grenska Vingulmǫrk, Vestfold ok Agðir til Líðandisness ok konungsnafn ok lét hann hafa þat ríki með ǫllu slíku sem *at fornu[7] hǫfðu haft frændr hans ok Haraldr hárfagri gaf sonum sínum. Haraldr grenski var þá átián vetra. Fór þá *Haraldr Danakonungr[8] heim til Danmerkr með her sinn.

## Chapter 55

97.14–99.7/ Hákon iarl fór með liði sínu norðr með landi. En er Gunnhildr ok
279.12– synir hennar spurðu þat, þá sǫmnuðu þau her ok varð illt til liðs.
281.19. Tóku þau þá enn hit sama ráð sem fyrr, at þau *sigldu[9] vestr um haf með þat lið er þeim vildi fylgia. Fóru þau fyrst til Orkneyia ok dvǫlðuz þar um hríð. Þar váru áðr iarlar synir Þorfinns hausakliúfs, Hlǫðver, Arnfinnr, Liótr ok Skúli.

Hákon iarl lagði þá land allt undir sik ok sat um vetrinn í Þrándheimi. Þess getr Einarr skálaglamm í Velleklu:

> Siau fylkium kom silkis,
> snúnaðr var þat, brúna
> geymir grundar síma
> grandvarr und sik, landi.

[1] BC¹D¹,²; ut her vm alt ʀiki sítt A.   [2] from ÓlH, see ÓlHJH 24.16–17.
[3] BC¹D¹,²; ÷ A.   [4] BC¹D¹,²; ÷ A.   [5] C¹; ÷ ABD¹,².   [6] BC¹D¹,²; fe A.
[7] BC¹D¹,²; fyrr A.   [8] BC¹; har' Gor .s. AD¹,².   [9] BC¹D¹,²; helldo A.

Þá er Hákon iarl fór sunnan með landi um sumarit ok landsfólkit gekk undir hann bauð hann um allt sitt ríki at menn skyldu halda upp hofum ok *efla blót*, ok svá var gert. Svá segir *Einarr skálaglamm*:

> Qll lét senn hinn svinni
> sǫnn Einriða mǫnnum
> herium kunn of heriuð
> hofs lǫnd ok vé banda,
> áðr vé iǫtna vitni
> valfalls, of siá allan,
> þeim stýra goð, geira
> garðs Hlóriði *varði*.
>
> Nú liggr allt und iarli,
> ímunborðs, fyrir norðan,
> veðrgœðis stendr víða,
> Vík Hákonar ríki.

Hinn fyrsta vetr er Hákon iarl réð landi gekk síld upp um allt land, ok áðr um haustit hafði korn vaxit hvar sem *sáit[1] hafði verit. En um várit ǫfluðu menn sér frækorna svá at flestir *bœndr[2] seru iarðir sínar, ok varð þat brátt árvænt. *Friðr var þá ok góðr innanlands*.

Þá váru tveir *einir* eptir á lífi synir Gunnhildar ok Eiríks *konungs*, Ragnfrøðr ok Guðrøðr. Svá segir Glúmr Geirason í Gráfeldardrápu:

99.7–101.7/ 282.2– 284.14.

> Fellumk half þá er hilmis
> hiǫrdrífa brá lífi,
> réðat oss til auðar,
> auðván, Haralds dauði.
> En ek veit at hefir heitit
> hans bróðir mér góðu,
> siá getr þar til sælu
> seggfiǫlð, *hvaðartveggi.[3]

---

[1] B; sæð AC[1]; ÷ D[1,2].   [2] BC[1]; menn A; ÷ D[1,2].   [3] C[1]; huaðartueggiu A, hvara tveᴏioi B, hvartteggi D[1], huortueggí D[2].

Ragnfrøðr konungr *Gunnhildarson* byriaði *ferð sína um várit[1] vestan *um haf* til Nóregs þá er hann hafði einn vetr verit í Orkneyium. Hann hafði frítt lið ok skip stór. En er hann kom í Nóreg spurði hann at Hákon iarl var *norðr* í Þrándheimi. Helt Ragnfrøðr *konungr* þá norðr um Stað ok heriaði um Sunnmœri, en sumt fólk gekk undir hann sem optast verðr þá er herflokkar ganga yfir land, at þeir er fyrir eru leita sér hiálpar, hverr *þangat* *sem[2] vænst þikkir. Hákon iarl spurði þessi tíðindi at ófriðr var suðr um Mœri; *skar hann þá upp herǫr ok réð til skipa.* Bióz hann sem hvatligast ok helt út eptir firði. Varð honum gott til liðs. Fundr þeira Ragnfrøðar varð á Sunnmœri norðarliga. Helt Hákon þegar til orrostu; hann hafði lið meira ok skip smæri. Þar varð hǫrð orrosta, ok veitti Hákoni þyngra. Þeir bǫrðuz um stafna sem þá var siðr til. Straumr var í sundinu, ok hóf skipin ǫll saman inn at landinu. *Hákon* iarl lét ok hamla at landi þar sem honum þótti bezt uppgǫngu. En er skipin kenndu niðr gekk iarl ok allt lið hans á land ok drógu upp skipin svá at óvinir þeira *máttu* eigi út draga. Síðan fylkði iarl uppi á vellinum ok eggiaði Ragnfrøð til uppgǫngu. Þeir Ragnfrøðr lǫgðu útan at ok skutuz á langa hríð. Vildi Ragnfrøðr *eigi* á land ganga, ok *skilðu við þat.* Helt Ragnfrøðr liði sínu suðr um Stað, þvíat hann óttaðiz *at landsherrinn mundi drífa* til Hákonar. *Hákon* iarl lagði *ok* eigi optarr til orrostu *við Ragnfrǫð á því sumri, þvíat* honum þótti *borðamunr[3] of mikill. Fór hann um haustit norðr til Þrándheims ok *sat* þar um vetrinn, en Ragnfrøðr konungr hafði þá allt fyrir sunnan Stað, Firðafylki, Sogn, Hǫrðaland, Rogaland. Hafði hann fiǫlmenni mikit um vetrinn. Ok er váraði bauð hann leiðangri út ok fekk lið mikit. Fór hann þá um ǫll þau fylki at afla sér liðs ok skipa ok annarra fanga þeira er hann þurfti.

## Chapter 56

Hákon iarl bauð liði út þá er váraði norðan ór landi; hann hafði mikit lið af Hálogalandi ok Naumudal, svá allt frá Byrðu til *Staðar* hafði hann lið af ǫllum siálǫndum. Honum dróz herr *af ǫllum Þrœndalǫgum*, svá ok um Raumsdal. Svá er *sagt* at hann hefði lið af fiórum fólklǫndum. Honum fylgðu siau iarlar ok *hǫfðu allir saman[4] ógrynni hers. Svá segir *Einarr*:

---

[1] C[1]; vm varit ferð sina A, sina ferd vm varit B, sina ferd D[1,2].  [2] BC[1]D[1,2]; er A.  [3] BC[1]; burða munr A. *Altered text in* D[1,2].  [4] BC[1]D[1,2] (D[2] *omits* saman); hafði huerr þeira A.

# TEXT FROM HEIMSKRINGLA

Hitt var meir *at[1] Mœra
morðfíkinn lét norðan
folkveriandi fyrva
fǫr til Sogns *of[2] gǫrva;
ýtti Freyr af fiórum
folklǫndum, sá branda
Ullr stóð af því, allri
yrþióð Heðins byriar.

Ok enn kvað hann:

*Ok til móts á meita
miúkhurðum fram *þorðu*
með svǫrgœli Sǫrva
siau landrekar randa.[3]
Glumði allr, þá er ullar
eggþings Heðins veggiar,
gnótt flaut nás fyrir nesium,
Nóregr, saman fóru.

Hákon iarl helt her þessum norðan fyrir Stað. Þá spurði hann at Ragnfrøðr konungr var farinn með her sinn inn í Sogn. Sneri þá iarl þangat sínu liði. Varð þar fundr þeira Ragnfrøðar konungs. Lagði iarl **þá* skip sín[4] at landi ok haslaði Ragnfrøði *konungi[5] vǫll ok tók orrostustað. Svá segir *Einarr skálaglamm*:

Varð fyrir *víga* myrði
víðfrægt, en gramr síðan
gørðiz mest at morði,
mannfall við styr annan.
*Hlunnarfi* bað hverfa
hlífar flagðs ok lagði
ialks *var ǫndvert* fylki
ǫndur *vǫrp* at landi.

Þar varð allmikil orrosta. Hafði Hákon ⌜miklu meira lið[6] ok fekk sigr. Þetta var á *Dinganesi[7] þar er mœtiz Sogn ok Hǫrðaland.

[1] BC¹D²; er AD¹.  [2] BC¹D¹; vm AD².  [3] thus BC¹, after fóru (the half-stanzas in reverse order) A. The stanza is omitted in D¹,².  [4] skip sín A, þa sinum skipum B, þa skipum sinvm C¹; ÷ D¹,².  [5] BC¹; ÷ AD¹,².  [6] miklu meira lið AD¹,² and Jöfraskinna; lid miklu meira BC¹, Kringla, Fríssbók and 325.  [7] BC¹D¹,²; þinga nesi A.

Ragnfrøðr konungr flýði til skipa sinna; *fellu* þar af *liði hans[1] þriú hundruð manna. Svá segir *Einarr* í Velleklu:

> Strǫng var guðr áðr gumnar
> gammi nás und hramma
> þrøngvimeiðr áðr þryngvi
> þrimr hundruðum lunda.
> Knátti hafs af hǫfðum,
> hagnaðr var þat, bragna
> folkeflandi fylkir
> fangsæll þaðan ganga.

Eptir orrostu þessa flýði Ragnfrøðr konungr ór Nóregi, en Hákon iarl friðaði land ok lét ⌐aptr norðr fara[2] her þann hinn mikla er honum hafði fylgt um sumarit, en hann dvalðiz suðr *í landi* um haustit ok um vetrinn *eptir*. [...]

## Chapter 58

108.16–
109.1 / [...] *með sæmðar* yfirlæti af konungi ok kærleik af dróttningu.
292.3–4.

109.1– Helt hann þá siálfr mikla sveit hermanna með sínum kostnaði,
110.7 / þeim er konungr veitti honum.
292.7–
294.1. Óláfr var ǫrr *af fé* við sína menn; því varð hann vinsæll. En þá varð þat sem opt kann *henda* þar er útlendir menn hefiaz miǫk til ríkis eða *til svá[3] mikillar frægðar at þeir verði umfram innlenzka menn, at margir ǫfunduðu þat hversu *Óláfr* var kærr konungi ok eigi síðr dróttningu. Mæltu *þeir* menn þat fyrir konungi at hann skyldi *varaz at[4] gera Óláf eigi of stóran, 'fyrir því,' *sǫgðu þeir*, 'at slíkr maðr er *þér[5] hættastr ef hann vill sik til þess *hafa* at gera *þér* mein eða *þínu* ríki er svá er *umfram aðra menn* *búinn at íþróttum,[6] vinsæld ok atgervi. Vitum vér ok eigi hvat þau dróttning tala iafnan.'

Þat var siðr mikill hinna ríkustu *konunga[7] at dróttning skyldi eiga hálfa hirðina ok halda með sínum kostnaði ok hafa þar til skatta ok skyldir sem þurfti. *Nú* var þar svá með Valdamar konungi at dróttning hafði eigi minni hirð en konungr ok kepptuz þau miǫk

---

[1] BC¹D¹,²; hans liði A.  [2] A, fara aptr BC¹D¹,².  [3] BD¹; sva til AC¹, *sua* D².  [4] B; varaz ok C¹D¹,²; ÷ A.  [5] BC¹D¹,²; ÷ A.  [6] BC¹D¹,²; at iþrottum buinn A.  [7] BC¹D¹,²; manna A.

## TEXT FROM HEIMSKRINGLA 77

um ágæta menn; vildi hvártveggia til sín hafa. Nú gørðiz svá at konungr festi trúnað á *þeira manna ræðum er rægðu Óláf*. Gørðiz konungr nakkvat *fár ok styggr til Óláfs.[1] En er Óláfr fann þat sagði hann dróttningu ok þat með at hann fýsiz at fara í Norðrlǫnd, *sagði* at frændr hans hǫfðu þar fyrr ríki haft. '*Þikki mér þat* líkast,' *segir hann*, 'at þar *verði* þroski *minn* mestr.' Dróttning *bað* hann vel fara; *sagði* at *hann myndi þar[2] þikkia gǫfugr sem hann væri. [...]

Síðan *bió Óláfr skip sín ok lið* ok helt *austan ór Gǫrðum* í Eystra- 110.18–19 /
salt. [...]                                                              294.1–3.

En er Óláfr *konungr* sigldi austan kom hann við Borgundarhólm, 110.20–
veitti þar upprás ok heriaði, en landsmenn sóttu ofan ok heldu 111.3 /
orrostu við hann. Fekk Óláfr *konungr* sigr ok *herfang mikit.[3]   294.3–6.

Svá segir Hallfrøðr vandræðaskáld í drápu þeiri er hann orti um 111.3–8 /
Óláf konung:                                                       295.12–18.

> Hilmir lét at Holmi
> hræskóð roðin blóði,
> hvat of dylði þess *hǫlða*,
> hǫrð ok austr í Gǫrðum.

*Eptir orrostuna* lá Óláfr *konungr með liði sínu* *við Borgundar- 111.9–13 /
hólm;[4] fengu *þeir þar storm veðrs ok stóran siá, svá at* þeir máttu 294.9–13.
þar eigi við *haldaz*. Sigldu þeir *þá* suðr undir Vinðland, *fengu* þar
hǫfn góða, *fóru* allt með friði ok dvǫlðuz þar um hríð. Búrizláfr
hét konungr í Vinðlandi. [...]

### Chapter 59

[...] því*at nú er* miǫk *áliðit* sumar, en veðrátta hǫrð ok stormar 112.17–113.1/
miklir. Óláfr *konungr þá* þetta boð [...]                          295.2–3
                                                                    and 7.

Var þat *þá* at *ráðum* gǫrt at Óláfr[5] fekk Geiru dróttningar. [...] 113.12–13/
                                                                      295.10–11.

---

[1] D[1,2]; styggr ok fæʀ til hans A, fáʀ ok stygʀ vid hann BC[1].   [2] BC[1]D[1,2];
þar mundi hann A.   [3] BC[1]; mikit her fang A; ÷ D[1,2].   [4] BC[1]D[1,2]; fyrir
borgundar holmi A.   [5] + konungr AC[1].

## Chapter 65

132.8–10 /
296.3–7.
[...] *en galt enga skatta, fyrir því* at Danakonungr veitti honum skatta alla þá er *hann* *átti[1] í Nóregi til starfs ok kostnaðar *er iarl hafði til[2] at veria landit fyrir *Gunnhildarsonum.[3]

## Chapter 66

132.15–
133.10 /
296.9–
297.5.
[...] sendi hann boð Haraldi *Gormssyni* Danakonungi at hann skyldi taka skírn ok trú rétta ok allt landsfólk þat er hann stýrði, en at ǫðrum kosti sagði *keisarinn* at hann mundi fara með her á hendr honum. *En er þessi erendi kómu Danakonungi, þá lét hann þegar* búa landvarnir sínar, lét halda vel upp Danavirki ok *bió* herskip sín. Hann sendi boð *norðr* í Nóreg at *Hákon iarl* skyldi koma til hans snimma um várit með allan *sinn* her þann er hann fengi. Bauð Hákon iarl her út um várit af ǫllu ríki sínu *ok varð allfiǫlmennr.[4] Helt hann liði því til Danmerkr ok fór til fundar við Harald Danakonung. Tók konungr *allþakksamliga* við honum. Margir aðrir hǫfðingiar váru þá með Danakonungi þeir er honum veittu lið. [...]

## Chapter 68

134.16–
135.2 /
298.17–
299.2 and
4–5.
*Um várit eptir* dró Ottó keisari her saman óvígian; hann hafði her af Saxlandi ok Frakklandi, Fríslandi ok af Vinðlandi. Fylgði honum Búrizláfr konungr með *mikit lið*. Hann hafði ok mikinn her af Holdsetulandi.[5] [...]

## Chapter 69

135.10–12 /
299.5–7.
[...] *þá* sendi Haraldr *konungr* Hákon iarl með *allan norrœnan* her þann er honum *hafði fylgt* suðr til Danavirkis at veria þar landit. [...]

135.13 and
136.1–21 /
299.7–
300.10.
Þess getr í Velleklu [...]:

Hitt var ok er eykir
ǫrborðs á vit norðan
und sigrrunni svinnum
sunnr Danmarkar *funnu*,

[1] C[1]D[1,2]; væri A, ÷ B.  [2] BD[1,2]; er jarl hafdi C[1], ÷ A.  [3] BC[1]D[1,2]; vfriði A.
[4] D[2]; ok vard fíolmennr ok D[1]; ÷ ABC[1].  [5] A; hollsetu landi BC[1]D[1,2].

# TEXT FROM HEIMSKRINGLA 79

en holmfiǫturs hialmi
Hǫrða valdr of faldinn,
Dofra, danskra iǫfra
dróttinn, fund of sótti.

Ok við frost at freista
fémildr konungr vildi
*merkr* Hlóðyniar markar
morðalfs þess er kom norðan,
þá er valserkiar virki
veðrhirði bað stirðan
fyrir *hlunn-Niǫrðum* hurðar
Hagbarða gramr varða.

*Ottó* keisari kom með her sinn sunnan *at Danavirki*. Danavirki er
svá háttat, at firðir tveir ganga í landit sínum megin landsins hvárr,
en *í* milli fiarðarbotnanna hǫfðu Danir gert borgarvegg *bæði hávan
ok styrkan* af grióti ok torfi ok viðum, en grafit díki *breitt ok[1]
diúpt fyrir útan. [...]

*Ottó* keisari *sótti* með sinn her sunnan *at Danavirki*, en Hákon   136.23–24 /
iarl varði borgarveggina með sínu liði.                               300.5–6.

Varð *þar hin harðasta* orrosta. Þess getr *Einarr skálaglamm* í      136.24–
Velleklu:                                                             137.24 /
                                                                      300.11–
Varat í gegn þó at gørði                                              301.16.
*garðrǫknir* styr harðan
gengiligt at ganga
*geirrásar her[2] þeira,
þá er með Frísa fylki
fór gunn-Viðurr sunnan,
kvaddi vígs, ok Vinða,
vágs blakkriði, Frakka.

Hákon iarl setti fylkingar yfir ǫll borgarhlið, en hitt var þó meiri
hlutr liðs *hans* er hann lét fara allt með borgarveggiunum *ok[3]

---

[1] BC¹D¹,²; ÷ A.   [2] C¹; geir asar lið A. *The stanza is omitted in* BD¹,².
[3] BC¹D¹,²; at A.

veria þar sem mest var at sótt. Fell *þá* mart af keisarans mǫnnum,
en þeir fengu ekki unnit at borginni. Sneri *þá keisarinn frá at
sinni ok fór með* \*her sinn[1] *til skipa sinna.* Svá segir Einarr:

> Þrymr við logs er lǫgðu
> leikmiðiungar Þriðia,
> arngreddir varð, *oddum*
> andvígr, saman randir.
> Sundfaxa kom Sǫxum
> sœki-Þróttr á flótta.
> Þar er svá at gramr með gumnum
> garð óþióðum varði.

Eptir orrostu þessa fór \*Hákon[2] iarl \*aptr[3] til skipa sinna ok ætlaði
þá at sigla norðr til Nóregs, en honum gaf \*eigi[4] byr, ok lá hann
*lengi* út í Limafirði.

## Chapter 70

138.1–2 / Óláfr konungr Tryggvason \*hafði verit[5] *einn vetr á* Vinðlandi,
297.9–10. sem *áðr* er ritat.

138.2–18 / Snimma um várit bió *hann* skip sín ok sigldi í haf. Hann \*sigldi[6]
297.16– *skipum sínum upp* undir Skáni, veitti þar uppgǫngu, en landsmenn
298.15. sǫmnuðuz saman ok heldu orrostu við hann. Þar hafði Óláfr sigr
ok fekk herfang mikit. Síðan sigldi hann austr til Gotlands; þar
tók hann kaupskip er Iamtr átta. Þeir veittu vǫrn mikla *er á skipinu
váru*, en svá lauk at Óláfr vann skipit ok drap mart manna, en tók
fé allt. Þriðiu orrostu átti hann á Gotlandi *siálfu*. Hafði hann þar
sigr \*ok[7] fekk \*mikit herfang.[8] Svá segir Hallfrøðr vandræðaskáld:

> Endr lét Iamta kindir
> allvaldr í styr falla,
> vanðiz hann, ok Vinða
> végrimmr, á þat snimma.

---

[1] BC¹D¹,²; sinn her A.   [2] BC¹D¹,²; ÷ A.   [3] D¹,²; ÷ABC¹.   [4] B; ecki
AC¹D¹,².   [5] BC¹D¹,²; var A.   [6] C¹D¹,²; helt A, (þeir) helldu B.   [7] BC¹D¹,²;
en A.   [8] BC¹; her fang mikit AD¹,².

> Hættr var hersa dróttinn
> hiǫrdiarfr Gota fiǫrvi.
> Gullskerði frá ek gørðu
> geirþey á Skáneyiu. [...]

*Sneri keisarinn þá með allt sitt fólk til Slés til skipa sinna ok fluttiz* 142.14–15 /
*þar með herinn yfir fiǫrðinn á Iótland.* [...] 301.19–302.2.

En er Haraldr Danakonungr *spurði at Danavirki var brennt ok* 143.1–8 /
*Ottó keisari kominn á Iótland með allmikinn her*, þá *fór* hann í 302.2–8.
móti með sinn her. Varð þar *er þeir funduz allmikil* orrosta *ok
lǫng, en lyktaðiz með því at keisarinn hafði* sigr, en Haraldr
konungr flýði undan til Limafiarðar, *fekk sér þar skip* ok fór út í
Mársey. Fóru þá menn *í* milli þeira *keisarans* ok *varð* komit á[1]
griðum ok stefnulagi. Funduz þeir *þá siálfir, Ottó* keisari ok
Haraldr Danakonungr, í Mársey. [...]

*Síðan* sýndi *hann* Haraldi konungi hǫnd sína óbrunna. [...] 144.3 /
302.10–11.

Haraldr konungr hafði sent orð Hákoni iarli þá er *konungr[2] sat í 144.5–14 /
Mársey *áðr en þeir keisari funduz,* at iarl skyldi koma til liðveizlu 302.12–
við *hann.[3] Var iarl þá kominn til eyiarinnar er konungr hafði 303.3.
skíraz látit. *Sendi* konungr þá orð at iarl skyldi koma *á hans fund.*
En er þeir *hittuz,* þá *nauðgaði* konungr *iarlinum* til at láta skíraz.
Var þá Hákon iarl skírðr ok allir þeir menn er *þá váru með* honum.
Fekk konungr þá í hendr *iarli* presta ok aðra lærða menn ok sagði
at iarl skyldi láta skíra allt fólk í Nóregi. Skilðuz þeir *at því. Fór*
iarl út til Háls *í Limafiǫrð* ok *beið* þar byriar.

Svá segia menn at *Ottó* keisari *veitti* guðsifiar *Sveini syni* Haralds 144.14–16 /
konungs ok gaf honum nafn sitt, ok var hann svá skírðr at hann 305.5–8.
hét *Ottó* Sveinn. [...]

*Eptir þetta fór Ottó* keisari aptr til Saxlands í ríki sitt, *ok* skilðuz 145.7–15 /
þeir Haraldr *konungr vinir.* Haraldr konungr helt vel kristni allt 305.4–5
til dauðadags. Búrizláfr konungr fór til Vinðlands ok með honum *and* 8–16.

---

[1] + með þeim A.  [2] BC[1]; hann AD[1,2].  [3] BC[1]; konung AD[1,2].

Óláfr *Tryggvason* mágr hans. *Þessa stríðs \*er þeir áttu í Danmǫrk*[1] getr Hallfreðr \*vandræðaskáld[2] í Óláfsdrápu:

> Bǫðserkiar hió birki
> barklaust í Danmǫrku
> hleypimeiðr fyrir Heiða
> hlunnviggia bý sunnan.

## Chapter 71

145.16– *Nú er þar til at taka at* Hákon iarl *beið byriar at Hálsi í Limafirði.*
147.4 / *En er veðr kom þat er honum þótti sem hann mundi í haf bera, þá*
303.2– *skaut hann upp á land hinum vígðum mǫnnum, en hann sigldi þá*
304.18. *út á haf. Veðrit gekk til útsuðrs ok þaðan til vestrs.* Sigldi *iarl þá í gegnum Eyrarsund* ok heriaði *á hvártveggia land.* Síðan sigldi *hann austr fyrir Skáneyiarsíðu ok heriaði hvar sem hann kom við land.*[3] *En er hann kom austr fyrir Gautasker lagði hann at landi ok gerði blót mikit. Þá komu þar* \*fliúgandi *hrafnar tveir*[4] *ok gullu hátt.* Þóttiz *iarl þá vita at Óðinn* mundi *þegit* hafa *blótit ok þá* mundi *iarl hafa dagráð til at beriaz. Lagði hann þá eld í skip sín ok brenndi ǫll. Gekk síðan á land upp með liði sínu ok fór allt herskildi. Þá kom* á mót *honum* með miklu liði *iarl* sá er *réð Gautlandi;* hann hét *Óttarr. Þeir áttu mikla orrostu. Fekk Hákon iarl sigr, en Óttarr iarl fell ok* mestr *hluti liðs hans. Hákon iarl* fór *um Gautland hvárttveggia ok* fór *allt herskildi* þar *til er hann kom í Nóreg. Þess getr Einarr skálaglamm*:

> Flótta gekk til fréttar
> felli-Niǫrðr á velli.
> Draugr gat dolga ságu
> dagráð Heðins váða.
> Ok haldboði hildar
> hrægamma sá ramma.
> Týr vildi sá týna
> teinlautar fiǫr Gauta.

---

[1] C¹D¹,²; *after* Óláfsdrápu A. Þessa — Óláfsdrápu *and the following verse omitted in* B. [2] C¹D¹,²; ÷ A. [3] *The remainder of ch. 71 is omitted in* D¹,². [4] BC¹; hrafnar .íj. flíugandi A.

# TEXT FROM HEIMSKRINGLA 83

Háði iarl þar er áðan
*engi mann[1] und *skýranni*
hyriar þing at heria
hiǫrlautar kom sǫrva.
Bara maðr lyngs en lengra
loptvarðaðar barða,
allt vann gramr *of[2] gengit
Gautland, frá siá randir.

## Chapter 72

[...] Síðan *fór hann* norðr *til Þrándheims* landveg. [...]     147.16 /
304.1–2.

## Chapter 73

[...] *En um várit bió hann skip sín* ok fór enn í hernað. Heriaði 148.7–21 /
*hann* fyrst um Frísland, *þar[3] næst um Saxland ok allt í Flæmingia- 306.5–
land. Svá segir Hallfrøðr: 307.2.

Tíðhǫggvit lét tiggi,
Tryggva sonr, fyrir styggvan
leiknar hest á lesti
liótvaxinn, hræ Saxa.
Vinhróðigr gaf víða
vísi margra Frísa
blǫkku brúnt at drekka
blóð kveldriðu stóði.

Rógs brá rekka lægir
ríkr Valkera líki,
herstefnir lét hrǫfnum
hold Flæmingia goldit.

## Chapter 77

[...] Óláfr *konungr* helt *fyrst* til Englands ok heriaði þar víða 159.11 /
landit. [...] 307.4–5.

---

[1] C[1]; aungr maðr A. *The stanza is omitted in* BD[1,2].    [2] C[1]; vm A.
[3] BC[1]D[1,2]; Þíj A.

159.17–18 / Hann sigldi ok allt norðr til Norðimbralands ok barðiz þar. Þá
307.5–7.   helt hann norðr fyrir Skotland ok heriaði þar víða. [...]

160.1–3 /  Frá Skotlandi sigldi *hann[1] til Suðreyia ok átti þar nǫkkurar
307.7–10.  orrostur. Síðan helt hann suðr til Manar ok barðiz þar. Hann heriaði
           um Írland ok brenndi þar víða byggðina. [...]

160.8–9 /  Þá helt hann til Bretlands ok heriaði víða *þat[2] land. Þaðan sigldi
307.10–13. hann vestr til Vallands ok heriaði þar.

160.9–     Um þennan hernað Óláfs allan saman kveðr Hallfrøðr vand-
161.6 /    ræðaskáld:
307.15–
308.14.
           Gørðiz ungr við Engla
           ofvægr konungr bægia.
           Naddskúrar réð nœrir
           Norðimbra því morði.
           Eyddi úlfa greddir
           ógnblíðr Skotum víða,
           gørði seims með sverði
           sverðleik í Mǫn skerðir.

           Ýdrauga lét œgir
           eyverskan her deyia,
           týr var tiǫrva *dýrra[3]
           tírar giarn, ok Íra.
           Barði brezkrar iarðar
           byggendr ok hió tiggi,
           gráðr *þvarr[4] geira hríðar
           gióði, valskar þióðir.

Chapter 78

161.7–9 /  Óláfr konungr Tryggvason sigldi vestan af Vallandi ok ætlaði til
307.13–15. Englands. Honum bægði veðr ok bar hann til eyia þeira er
           Syllingar heita. Þær liggia vestr í hafit frá Englandi. [...]

---

[1] BC[1]; olafr konungr AD[1,2].  [2] BC[1]; þar A, ÷ D[1,2].  [3] B; dyra AC[1]. *The stanza is omitted in* D[1,2].  [4] BC[1]; hio A.

Þá er Óláfr *konungr* lá í Syllingum spurði hann at þar í eyiunum
var spámaðr nǫkkurr sá er sagði fyrir óorðna hluti ok þótti
*mǫrgum þat*[1] *miǫk*[2] eptir ganga. *Konungi gørðiz forvitni*[3] á at
reyna spádóm þessa manns. Hann sendi þann af mǫnnum sínum
er mestr var *vexti* ok fríðastr sýnum ok bió hann sem vegligast ok
bað hann *fara til einsetumanns ok* segia *sik vera konung,* þvíat
Óláfr var þá *frægr orðinn*[4] at því um ǫll lǫnd at hann var meiri
ok fríðari en aðrir menn. En *ekki* hafði hann meira af nafni sínu,
síðan hann fór ór Garðaríki *hit fyrra sinn* en *hann* kallaði sik Óla
ok sagðiz vera girzkr.

Sendimaðr kom til spámannsins ok sagðiz vera konungr.
*Spámaðr svarar*: 'Ekki ertu konungr, en þat er ráð mitt at þú sér
trúr konungi þínum.' Ekki sagði hann þessum manni fleira. Fór
hann aptr *til konungs ok sagði hversu farit hafði með þeim
spámanni. *Tók þá ef af Óláfi*[5] at *þessi væri*[6] *sannliga* spámaðr.
*Fýstiz konungr þá* meir *en fyrr* at finna *hann*. Fór þá Óláfr á hans
fund ok átti tal við hann. Spurði *konungr* eptir hvat *spámaðrinn*
segði, *hversu* honum mundi ganga til ríkis eða annarrar hamingiu.
Einsetumaðrinn *svarar* með helgum *spádómsanda*: 'Þú munt
verða ágætr konungr ok vinna *mǫrg frægðarverk*;[7] þú munt
mǫrgum mǫnnum koma til *réttrar* trúar ok *heilagrar* skírnar.
Muntu bæði þér ok mǫrgum *ǫðrum*[8] hiálpa í því. *En til þess at
þú efiz eigi um þessi mín andsvǫr,* þá máttu þat til marks hafa, *þá
er þú kemr til skipa, þá muntu þar *svikum*[9] mœta ok *óvina-
flokkum.* Muntu *þar eiga* bardaga ok týna nǫkkuru liði þínu, en
siálfr fá *mikit* sár, *svá at* þú *munt* af því sári banvænn *verða* ok á
skildi til skips borinn. En þó muntu af *því* sári heill verða innan
siau nátta ok *síðan skiótt* við skírn taka.' Eptir þetta fór Óláfr
*konungr* til skipa sinna. Þar mœtti hann ófriðarmǫnnum þeim
er hann vildu drepa ok lið hans. *Fór allt um* þeira *skipti* sem ein-
setumaðrinn hafði[10] sagt, at *konungr* var *sárr borinn*[11] á skip út,
ok svá at hann varð heill á siau nóttum. Þóttiz *hann* þá *fullkomliga*
vita at þessi maðr mundi honum sanna hluti sagt hafa ok þat at
hann var sannr spámaðr, hvaðan sem hann hefði þann spádóm.

161.11–
163.12 /
308.19–
311.10.

---

[1] C¹D¹,²; þat morgum A (*clause omitted in* B).  [2] C¹; ÷AD¹,².  [3] + mikil
A.  [4] BC¹D¹,²; uordinn frægr A.  [5] D¹; truði Olafr konungr þa A, Tok
hann af fyrir konungi BC¹; en þa tok ef allt af olafui D². [6] + æigi D².
[7] +ok A.  [8] BC¹D¹,²; ÷A.  [9] BC¹; skipum A, hermonnvm D¹,².  [10] + honum
fyrir A.  [11] BC¹D¹,²; borinn sár A.

Fór Óláfr *konungr* þá *annan tíma* at finna þenna mann \*ok talaði *enn* mart við hann.[1] Spurði *hann* þá vandliga hvaðan honum kom sú speki er hann sagði fyrir óorðna hluti. Einsetumaðr *sagði* at siálfr guð kristinna manna lét hann vita allt þat er hann forvitnaðiz. Hann sagði þá Óláfi mǫrg stórmerki guðs. Ok af hans fortǫlum *hét* Óláfr at *láta skíraz*. [...]

## Chapter 80

165.9–10 / 311.15. Óláfr *Tryggvason* sigldi um haustit ór Syllingum til Englands.

165.10 / 311.12–13. Hafði hann með sér *or* \**eyiunum*[2] presta ok aðra lærða menn.

165.11– 167.16 / 311.16– 314.5. Lá hann *við England* í hǫfn *nǫkkurri*. Hann fór þá með friði, þvíat *landit* var kristit ok *svá* hann *siálfr*. En þar fór um landit þingboð nǫkkut, at allir menn skyldu til þings koma. En er þingit var sett kom þar dróttning ein er hét Gyða, systir Óláfs kvárans er konungr var *at* Dyflinni á Írlandi; hon hafði gipt verit einum \*ríkum[3] iarli á Englandi. *Iarlinn* var þá andaðr, en hon helt eptir ríkinu. En sá maðr var í ríki hennar er nefndr er Alfvini, kappi mikill ok hólmgǫngumaðr. Hann hafði beðit *Gyðu dróttningar,* en hon svaraði svá at hon *vill* kør af hafa hvern hon *skyldi* eiga af þeim mǫnnum er *þá* váru í ríki hennar, ok var fyrir þá sǫk *þingsins* kvatt, at Gyða skyldi kiósa sér mann. Þar var kominn Alfvini, skreyttr hinum beztum klæðum, ok \*margir aðrir[4] *hǫfðingiar ok ríkismenn* vel búnir. Óláfr var þar kominn \*ok hafði[5] vásklæði sín ok loðkápu *yzt ok steypt hettinum*; stóð hann út í frá ǫðrum mǫnnum með sína sveit.

Gyða gekk ok leit á sérhvern mann þann er henni þótti nǫkkut mannsmót at. En er hon kom þar *er* Óláfr stóð *leit hon á hann ǫllum megin*. Síðan lypti hon kápuhetti hans ok sá upp í andlit honum ok *mælti*: 'Hverr er *þessi* maðr?' Hann *svarar*: '*Ek heiti Óli*; er ek hér útlendr maðr.' Gyða mælti: 'Ef þú *vill* eiga mik, þá *kýs* ek þik *mér til bónda*.' *Hann svarar*: 'Eigi vil ek því neita. Hvert *er* nafn *þitt*, ætt eða eðli?' 'Ek er,' segir hon. 'konungs dóttir af Írlandi; var ek gipt hingat til lands iarli þeim er hér réð \*fyrir[6] ríki. Nú hefi ek stýrt ríkinu síðan hann andaðiz. Menn

---

[1] $C^1$; taladi hann mart vid hann $D^{1,2}$; ÷ AB.  [2] $BC^1D^{1,2}$; orkneyium A.
[3] $BC^1D^{1,2}$; rik bornum A.  [4] $BC^1D^{1,2}$; allir voro þar A.  [5] $BC^1D^{1,2}$; hafði hann A.  [6] $BC^1D^{1,2}$; ÷ A.

hafa beðit mín *ok* vilda ek *engum þeira* giptaz, en ek heiti Gyða.'
Hon var ung kona ok allfríð *sýnum. Tóku þau síðan tal *sitt*[1] ok
sǫmðu þetta mál sín í milli, svá at hann festi sér þá* Gyðu. Þat
líkaði Alfvina *æfar* illa. *Í þann tíma* var þat siðr á Englandi, ef tveir menn kepptuz um
einn hlut, at þar skyldi *leggia til hólmgǫngu ok skyldi sá hafa
*sinn hlut er*[2] *sigr fengi. Fyrir því* bauð Alfvini Óláfi hólmgǫngu
um þetta mál. *Lǫgðu þeir þá* stefnulag með sér til bardaga, *svá at
tólf skyldu* vera hvárir. En er þeir *biǫgguz til hólmstefnu fekk Óláfr
sínum mǫnnum þeim er beriaz skyldu ǫxar stórar ok bað þá breyta
svá* sem hann *gerði fyrir, þá er þeir kœmi til móts við berserkina.*
Hann hafði *ok siálfr* mikla øxi. En er *þeir kómu saman í ákveðnum
hólmgǫngustað* vildi Alfvini hǫggva *til Óláfs með* sverði, *en* Óláfr
laust *með ǫxinni* sverðit ór hendi honum. Ok *þegar sló hann* annat
hǫgg siálfan hann í *svima, tók hann síðan ok* batt hann *ramliga.*
Fór svá *um alla* menn Alfvina at þeir váru *barðir ok bundnir[3] ok
leiddir svá til herbergia Óláfs. Síðan *lét* hann Alvina fara brott af
*Englandi* ok *bað hann aldregi* aptr koma, en Óláfr tók allar *iarðir*
hans *ok eignir. Því næst gerði hann brúðhlaup sitt ok* fekk Gyðu.
[...]

## Chapter 82

Þá er Óláfr konungr hafði fengit Gyðu ensku dvalðiz hann á  168.13–
Englandi, en stundum á Írlandi.  169.12 /
 Þá er Óláfr *konungr* var á Írlandi *bar svá til einn tíma* at hann  314.5–
var staddr í *herfǫr* nǫkkurri *með miklu skipaliði. En* er þeir þurftu  315.6.
strandhǫggva, þá gengu menn á land upp ok *ráku* ofan fiǫlða
búsmala. Þá kom eptir þeim bóndi einn ok bað *hann* gefa sér kýr
þær er hann átti *með hiǫrðinni er þeir ráku. Óláfr konungr svarar:
'Haf þú í brottu kýr þínar ef þú kennir þær ok getr þær frá skilit
nautaflokkinum, svá at þú dvelir með engu móti ferð vára. En ek
hygg at eigi þú ok engi annarr fái þat leikit við svá mǫrg hundruð
nauta sem vér rekum.'* *Bóndi[4] hafði þar mikinn *hiarðhund;[5]
hann vísaði hundinum í nautaflokkana *er saman váru reknir.*
Hundrinn hlióp um alla nautaflokkana. *Hann greindi skiótt *frá*[6]
ok rak í brott iafnmǫrg naut sem bóndinn sagði at hann ætti *þar*

---

[1] BC¹D¹,²; saman A.  [2] BC¹D¹,²; sitt mal er lutr fylgði ok A.  [3] C¹;
bundnir ok barðir A, bundnir D¹,².  [4] C¹D¹,²; Bondin A.  [5] D¹,²; hiarðar
hund AC¹.  [6] C¹D¹,²; ÷ A.

ván; þau *naut* váru ǫll einn veg mǫrkuð. Þóttuz þeir *þaðan af* vita at hundrinn mundi rétt hafa kennt. *Þá mælti konungr*: 'Furðu vitr er hundr þinn, bóndi. *Viltu* gefa mér hundinn?' *Hann svarar*: 'Giarna *vil ek gefa þér hundinn.*' Konungr gaf honum þegar í stað *mikinn* gullhring ok hét honum sinni vináttu. Sá hundr hét Vígi ok var allra hunda *spakastr ok* beztr. Átti Óláfr *konungr þann hund* lengi síðan.

## Chapter 83

169.13–  Haraldr Gormsson Danakonungr spurði at Hákon iarl hafði kastat
171.7 / kristni, en heriat víða land hans, *sem fyrr var sagt*. Þá bauð Haraldr
315.8– konungr her út *um Danmǫrk* ok fór síðan í Nóreg. Ok er *Haraldr*
316.8.  kom *með herinn* í þat ríki er Hákon iarl hafði til forráða *tók hann at heria, drap hann menn alla þá er hann náði, en brenndi byggð alla ok* eyddi land allt *þar sem hann fór, svá at* fimm einir bœir stóðu eptir óbrunnir í Sogni í Læradal, en allt fólk *þat er því kom við* flýði á merkr *ok á skóga* með allt lausafé þat er með *fekk komiz. Haraldr konungr kom með her sinn* í eyiar þær er *Selundir* heita *ok lá þar ǫllu liðinu. Svá segiz at hann hefði eigi færa en tólf hundruð skipa.* Ætlaði Danakonungr þá at sigla *með her þann allan* til Íslands ok hefna níðs þess er allir Íslendingar hǫfðu *níddan*[1] hann, *svá at* þat var í lǫgum haft á Íslandi, at yrkia skyldi um *Harald* Danakonung níðvísu fyrir nef hvert er á var landinu. En sú var sǫk til þess at skip *eitt* þat er íslenzkir menn áttu braut í Danmǫrk, en Danir tóku upp fé allt ok kǫlluðu vágrek. Réð fyrir *fiárupptǫkunni* bryti *konungsins* sá er Birgir hét, *ok* var *því* níðit ort um þá báða, [...]

171.13–16/ Sneri *hann*[2] *þá með* liði sínu suðr með landi; fór síðan til Dan-
318.6–8. merkr. En Hákon iarl *réð Nóregi ok* lét byggia land allt, *þat er Haraldr konungr hafði brennt ok eytt,* ok galt enga skatta síðan Danakonungi.

## Chapter 84

172.1–14 / Sveinn son Haralds konungs, sá er síðan var kallaðr tiúguskegg,
318.10– *óx upp meðan hann var ungr með einum ríkum hǫfðingia er hét*
319.9. *Pálnatóki; hann réð fyrir á Fióni.* \*En þá er Sveinn var þroskaðr

---

[1] C[1]; nið̃t A. *Different text in* D[2].    [2] i.e. *King Haraldr.*

beiddiz *hann ríkis af Haraldi konungi fǫður sínum*.[1] En þá var sem fyrr, at Haraldr konungr vildi ekki tvískipta Danaveldi ok *fekk Sveinn ekki ríki af honum*. Aflaði Sveinn sér þá herskipa ok *sagði at hann vildi fara í víking*. En er lið hans *var saman komit* helt hann *skipum sínum* til Siálands ok inn í Ísafiǫrð. *Kom* þá til *móts við hann Pálnatóki fóstri hans með miklu liði*. Þar *lá* fyrir *á firðinum* *með skipum sínum*[2] Haraldr konungr faðir *Sveins*; *hann bióz at fara í leiðangr*. Sveinn lagði til orrostu við *fǫður sinn*; varð þar bardagi mikill. Þá dreif lið til Haralds konungs, svá at Sveinn varð borinn ofrliði ok flýði hann. Þar fekk Haraldr konungr sár þau er hann leiddi til bana [. . .]

Chapter 85

Sveinn *Haraldsson* var tekinn til konungs í Danmǫrk *eptir fǫður sinn*. [. . .]   175.1–2 / 319.10.

[. . .] *þá mun ek fá þik í* hendr Vinðum. [. . .] Vissi *Sveinn* konungr   177.10–21 / at Vinðr mundu kvelia hann til *dauða ef hann kœmi á þeira vald*.   320.5–16. Iátaði hann *fyrir*[3] því *at Sigvaldi skyldi einn ráða sættargerð milli þeira konunganna. Lauk svá þeim málum at Sveinn gekk at eiga Gunnhildi* dóttur Búrizláfs konungs, en *hann skyldi gipta Búrizláfi konungi* Þyri Haraldsdóttur systur *sína,* en hvárr konunga *skyldi*[4] *hafa sitt ríki friálst ok skattalaust, en* friðr *skyldi*[5] vera milli landa. [. . .] Fór þá Sveinn konungr heim *til Danmerkr* með Gunnhildi konu sína. Þeira synir váru þeir Haraldr ok Knútr hinn ríki. Í þann tíma heituðuz Danir miǫk at fara með her í Nóreg á hendr Hákoni iarli.

Chapter 86

Sveinn konungr gerði mannboð ríkt ok stefndi til sín ǫllum   177.22– hǫfðingium þeim *sem* váru í ríki hans. Hann skyldi erfa Harald   178.5 / konung fǫður sinn. Þá *hǫfðu* ok andaz litlu áðr Strút-Haraldr *iarl*   320.18– á Skáney ok Véseti í Borgundarhólmi, faðir þeira Búa digra *ok*   321.9. *Sigurðar kápu*. Sendi konungr *því* orð Iómsvíkingum, at Sigvaldi

---

[1] En þa (÷ D¹) er sueinn ⌜var þroskadr (þroskadiz D¹) beiddiz hann rikiss af (+ haralldi konvngi D¹) fodur sínum C¹D¹; ÷ A. *Different text in* D².
[2] með liði sino ok skipum A; *á* — sínum *after* Sveins C¹. *Different text in* D². [3] C¹; ÷ A. [4] C¹; ÷ A. [5] C¹; ÷ A.

iarl ok Búi ok brœðr þeira skyldi þar koma ok erfa feðr sína at
þeiri veizlu er konungr gerði. Iómsvíkingar fóru til veizlunnar
með *allt hit frœknasta lið*. [...]

178.15–25 / *Iómsvíkingar* hǫfðu *ór* Vinðlandi fióra tigu skipa, en tuttugu skip
321.9– af Skáney. Kom *til þessa erfis* *allmikit fiǫlmenni.[1] Fyrsta dag at
322.3. veizlunni, áðr Sveinn konungr stigi *upp* í hásæti fǫður síns, drakk
hann minni hans ok strengði *þess* heit, at áðr þrír vetr væri liðnir
skyldi hann kominn með her sinn til Englands ok drepa Aðalráð
konung eða reka hann ór landi. *Þat[2] minni skyldu allir drekka
þeir er at erfinu váru. Þá var skenkt hǫfðingium Iómsvíkinga hin
stœrstu horn af hinum styrkasta drykk er þar var. En er þat minni
var af drukkit, þá skyldu allir *menn[3] drekka Krists minni. Þriðia
var Michaels minni, ok drukku þat allir. Var Iómsvíkingum *æ[4]
borit fullast ok *hinn styrkasti* drykkr. [...]

179.13–19 / Sigvaldi iarl drakk *þá* minni fǫður síns ok strengði heit at áðr þrír
322.3–11. vetr væri liðnir skyldi hann kominn í Nóreg ok *hafa drepit* Hákon
iarl eða *rekit* ór landi. Þá strengði heit Þorkell hinn hávi, at hann
skyldi fylgia Sigvalda bróður sínum til Nóregs ok flýia eigi ór
orrostu svá at Sigvaldi berðiz eptir. Þá strengði heit Búi hinn digri,
at hann skyldi fara til Nóregs með þeim ok flýia eigi ór orrostu
fyrir Hákoni iarli. [...]

180.1–17 / *Síðan* strengði heit Sigurðr *kápa*, at hann mundi fara til Nóregs
322.11– ok flýia *eigi[5] ór orrostu* meðan meiri hlutr Iómsvíkinga berðiz.
323.4. *Því* næst strengði heit Vagn Ákason, at hann skal fara með þeim
til Nóregs ok koma eigi fyrr aptr en hann hefði drepit Þorkel leiru,
*lendan mann í Vík austr*, en gengit í rekkiu hiá Ingibiǫrgu dóttur
hans. Margir aðrir hǫfðingiar strengðu þar heit ýmissa hluta.
Drukku menn þann dag erfið.

En eptir um morguninn, þá er Iómsvíkingar váru ódrukknir,
þóttuz þeir hafa *fullmælt;[6] *tóku þeir tal* allir samt *ok réðu* ráðum
*sínum hvern veg* þeir *skyldu* til stilla um ferðina; ráða þat af at
búaz sem skyndiligast.

*Ok þegar eptir veizluna biǫggu Iómsvíkingar* skip sín ok herlið.
[...] Varð þetta *nú frægt* víða um lǫnd. [...]

[1] C¹; fiol menni all mikit A. [2] C¹; þetta A. [3] C¹; ÷A. [4] C¹; ÷A. [5] C¹;
÷A. [6] C¹; of mælt A.

## Chapter 87

Eiríkr iarl Hákonarson *frétti heitstrengingar ok allan búnað* Iómsvíkinga; hann var þá á Raumaríki. Dró hann þegar lið at sér ok fór til Upplanda ok svá norðr um fiall til Þrándheims á fund Hákonar iarls fǫður síns. Svá segir Þórðr Kolbeinsson í Eiríksdrápu:

> Ok sannliga sunnan,
> sáz vítt *búendr[1] ítrir
> stríð, of stála meiða
> stórhersǫgur fóru.
> Súðlǫngum frá Sveiða
> sunnr af drǫgnum hlunni
> vangs á vatn of þrungit
> vígmeiðr Dana skeiðum.

Hákon iarl ok Eiríkr iarl *létu* skera upp herǫr um ǫll Þrœndalǫg; þeir sendu boð suðr á Mœri hváratveggiu ok Raumsdal, svá norðr í Naumudal ok á Hálogaland; *stefndu* út ǫllum almenningi at skipum ok liði. Svá segir í Eiríksdrápu:

> Miǫk lét margar snekkiur
> mærðar ǫrr ok knǫrru,
> óðr vex skalds, ok skeiðar
> skialdhlynr á brim dynia,
> þá er ólítinn *úti*
> élherðir *styr gerði,*
> mǫrg var lind fyrir landi,
> *lǫnd*[2] síns fǫður *rǫndu.*[3]

Hákon iarl helt þegar suðr á Mœri í niósn ok liðsamnað, en Eiríkr iarl dró saman herinn ok flutti norðan.

## Chapter 88

Iómsvíkingar heldu liði sínu til Limafiarðar ok sigldu þaðan út á hafit. [. . .]

---

[1] C¹; bændr A.  [2] C¹; land A.  [3] C¹; randa A.

183.3–5 / Iómsvíkingar kómu *af hafi* útan at Ǫgðum, heldu *þaðan* norðr á
325.6–8. Rogaland. Þeir tóku þegar at heria er þeir kómu í ríki Hákonar
iarls. [...]

183.5– Sá maðr var nefndr Geirmundr [...] *Geirmundr fekk sér menn*
184.7 / *nǫkkura ok* eina hleypiskútu. *Fór* hann *ok* kom fram norðr á Mœri
325.9– ok fann þar Hákon iarl ok sagði *honum tíðindin,* at herr var suðr í
326.8. landi, kominn af Danmǫrk. Iarl spurði ef hann vissi sannindi til
þess. Geirmundr brá upp hendinni annarri; þar var af hreifinn.
Sagði *hann* at þat váru iarteinir at herr var í *landinu.[1] Síðan spurði
iarl inniliga um her þenna. Geirmundr sagði at þat váru Ióms-
víkingar ok hǫfðu drepit marga góða *drengi* ok víða rænt, '*en* fara
þó,' segir hann, 'skiótt *yfir* ok ákafliga; vænti ek eigi *muni[2] langt
líða áðr þeir koma hér niðr.' [...]

184.12–23 / Síðan reri iarl alla fiǫrðu, inn með ǫðru landi en ǫðru út; fór dag
326.8– ok nótt, hafði niósnir hit efra um Eið, svá suðr í Fiǫrðu, svá ok
327.4. norðr þar *sem* Eiríkr fór með herinn. Þess getr í Eiríksdrápu:

> Setti iarl, sá er atti,
> ógnfróðr, á lǫg stóði
> hrefnis, hárra stafna
> hót Sigvalda *á* móti.
> margr skalf hlumr, en hvergi
> huggendr bana uggðu,[3]
> þeir er gátu siá slíta,
> sárgams, blǫðum ára.

## Chapter 89

184.24– Sigvaldi iarl helt liði sínu norðr um Stað, lagði fyrst til Hereyia,
185.16 / en þó at þeir fyndi landsmenn, þá sǫgðu þeir aldri satt til hvat
327.7– iarlar hǫfðuz at. Iómsvíkingar heriuðu hvar sem þeir *kómu í*
328.14. *byggðir.* Þeir lǫgðu útan at Hǫð, *gengu* þar upp ok heriuðu, fœrðu
til skipa bæði *mat* ok *búfé,* en drápu *karlmenn alla* þá er at var
vígt. En er þeir fóru ofan til skipa, þá kom til þeira bóndi einn
gamall; fór þar *næst honum* sveit Búa. Bóndi mælti: 'Þér farið
ekki hermannliga: rekið til strandar kýr ok kálfa. Væri yðr meiri
veiðr at taka biǫrninn er nú er *næsta[4] kominn á biarnbásinn.'
'Hvat segir þú, karl?' segia þeir. 'Kanntu nǫkkut *at* segia oss til
Hákonar iarls?' *Hann* svarar: '*Hákon iarl* reri í gær inn í Hǫrundar-

[1] C[1]; landi A.  [2] C[1]; ÷ A.  [3] *written* vgðu AC[1].  [4] C[1]; ÷ A.

fiǫrð, hafði eitt skip eða tvau, eigi váru fleiri en þriú, ok hafði hann ekki til yðvar spurt.' Þeir Búi taka þegar hlaup til skipanna ok láta laust *allt herfangit.[1] Búi mælti: 'Niótum nú. Vér hǫfum fengit niósn ok vér erum næstir sigrinum.' Þeir *reru* þegar út er þeir **kómu* á skipin.[2] Sigvaldi iarl kallaði á þá ok spurði[3] tíðinda. Þeir segia at Hákon iarl var þar inn í fiǫrðinn. *Sigvaldi* iarl *leysti* flotann ok *reri* fyrir norðan eyna Hǫð ok svá inn um.

## Chapter 90

Hákon iarl ok Eiríkr iarl son hans lágu í Hallkelsvík. Var þar saman kominn herr þeira allr. Þeir hǫfðu hálft annat hundrað skipa ok hǫfðu þá spurt at Iómsvíkingar hǫfðu *lagit* útan at Hǫð. Reru þá iarlar *norðan* at leita þeira. [...]  185.17–20/ 329.2–6.

En er þeir *kómu* þar sem heitir Hiǫrungavágr, þá *funduz* þeir. *Skipuðu* þá hvárirtveggiu til atlǫgu. Var í miðiu liði merki Sigvalda iarls; þar *skipaðiz* *Hákon[4] iarl til atlǫgu. Hafði Sigvaldi tuttugu skip, en Hákon sex tigi *skipa.[5] Í liði Hákonar iarls váru hǫfðingiar Þórir hiǫrtr af Hálogalandi *ok* Styrkárr af Gimsum. Í annan arm fylkingar var Búi digri ok Sigurðr *kápa* bróðir hans með tuttugu skipum. Þar lagði *at* móti Eiríkr *iarl með[6] sex tigi skipa ok með honum þessir hǫfðingiar: Guðbrandr hvíti af Upplǫndum, Þorkell leira, víkverskr maðr. [...] Í annan arm fylkingar lagði fram Vagn Ákason með tuttugu skip, en þar í mót Sveinn Hákonarson ok með honum Skeggi af Yrium af Upphaugi ok Rǫgnvaldr ór *Ærvík[7] af Staði með sex tigi skipa. [...]  186.9–20/ 329.6– 330.2.

Síðan lǫgðu þeir saman flotann.  187.5/ 330.19.

Svá segir í Eiríksdrápu:  187.5–15/ 330.2–11 and 19–20.

> Enn í gegn at gunni
> glæheims skriðu mævar,
> renndi langt með landi
> leiðangr, Dana skeiðar,
> þær er iarl und árum
> œrins gulls á Mœri,
> barms rak vigg und *vǫrmu*
> valkesti, hrauð flestar.

[1] BC[1]; herfangit alt A.  [2] BC[1]; naðv skipunum A.  [3] + huat þeir segði A.
[4] BC[1]; ÷ A.  [5] BC[1]; ÷ A.  [6] BC[1]; ÷ A.  [7] BC[1]; ior vik A.

Því næst settu hvárirtveggiu upp merki sín ok tókz hin grimmasta orrosta. [...]

187.24–
188.1 / *Fell *þá* mart *manna*[1] af hvárumtveggium ok miklu fleira af
330.20– *Hákoni iarli.* [...]
331.1.

188.20–23 / Vagn Ákason *lagði[2] svá *fast* fram at *skipum[3] Sveins Hákonar-
332.1–5.  sonar at Sveinn lét á hǫmlu síga ok helt við flótta. Þá lagði þangat til Eiríkr iarl *bróðir hans* ok fram í *fylkingina* móti Vagni. Lét Vagn þá undan síga. [...]

189.19– Iómsvíkingar skutu *svá hart at ekki stóðu við hlífarnar,* ok svá
190.8 /  mikill vápnaburðr var at Hákoni iarli at brynia hans var slitin til
331.1–17. ónýts, svá at hann kastaði *henni* af sér. Þess getr Tindr Hallkelsson:

> Varða gims sem gørði
> Gerðr biúglimum herða,
> gnýr óx Fiǫlnis fúra,
> farlig sæ‹i›ng[4] iarli,
> þá er *hringfáinn* Hanga
> hrynserk, viðum bryniu,
> hruðuz riðmarar Róða
> rastar, varð at kasta.
>
> *Þá er*[5] í sundr á sandi
> Sǫrla *bæs* fyrir iarli,
> þess hefir seggia sessi,
> serk hringofinn, merki.

190.9 / Iómsvíkingar hǫfðu skip stœrri, en hvárirtveggiu sóttu hit diarfasta.
331.19– [...]
332.1.

191.11–18 / *Eiríkr iarl hafði réttan þann bug er á var orðinn flotanum fyrir*
332.5–11. *Sveini bróður hans, er hann hafði látit lúta undan Vagni, svá at* þá lágu *skipin*[6] *í þann arminn* sem í fyrstu *er þeir kómu saman.* Þá *sneri hann* aptr til liðs síns. Hǫfðu hans menn þá undan hamlat, en Búi hafði þá hǫggit tengslin *á skipum sínum* ok ætlaði at reka flóttann. Lagði þá Eiríkr iarl síbyrt við skip Búa. Var þá hǫgg-

---

[1] BC[1]; varð þa mikit maɴfall A.  [2] BC[1]; gekk A.  [3] BC[1]; liði A.  [4] + af A.
[5] C[1]; Hra/t A. *The stanza is omitted in* B.  [6] BC[1]; skip A.

orrosta hin snarpasta. Lǫgðu þá tvau eða þriú Eiríks skip at Búa skipi einu, [...]

[...] *hvert* haglkornit vá eyri. [...]  192.9 / 332.12.

Sigvaldi iarl hió tengslin ok sneri undan skipi sínu ok *tók at* flýia. 193.5–10 / Vagn Ákason kallaði á hann, bað hann eigi flýia. Sigvaldi gaf eigi 332.12–18. gaum at hvat hann sagði. Vagn skaut spióti *eptir* honum ok *nísti* þann er við stýrið sat, *þvíat hann vissi eigi at Sigvaldi hafði hlaupit til ára*. Sigvaldi iarl *sigldi* brott með hálfan fiórða tøg skipa, en eptir lá hálfr þriði tøgr. [...]

Hákon iarl lagði þá skip sitt á annat borð Búa *skipi*. Varð Búa 193.19–20 / mǫnnum þá skammt hǫggva í *millum.[1] [...]  332.18– 333.1.

Vigfúss *greip* upp nefsteðia er lá á þiliunum, er *einn* maðr hafði 194.4–6 / hnoðit við hugró á sverði sínu. Vigfúss fœrði *steðiann* tveim 333.1–5. hǫndum í hǫfuð Ásláki svá at geirrinn stóð í heila niðri. [...]

Í þessi atsókn gengu menn Eiríks *iarls* upp á skip Búa ok aptr at 194.18–23 / lyptingunni at Búa. Þá hió Þorsteinn miðlangr til Búa um þvert 333.9–16. ennit ok í sundr nefbiǫrgina. Varð þat allmikit sár. Búi hió til Þorsteins útan á síðuna, *svá at í sundr tók[2] manninn í miðiu. *Eptir þat* tók Búi kistur tvær[3] fullar *af gulli* ok *kallaði* hátt: 'Fyrir borð allir Búa liðar.' Búi steypðiz þá fyrir borð með kisturnar. [...]

*Síðan er Búi var fyrir borð stiginn* hliópu margir hans menn fyrir 195.11–15 / borð, en sumir fellu *þar* á skipinu, þvíat *eigi[4] var gott griða at 333.17– biðia. Var þá hroðit *þat* skip stafna *á meðal* ok síðan hvert at ǫðru. 334.2. Síðan lagði Eiríkr iarl at skipi Vagns. Varð þar allhǫrð viðrtaka. [...]

Varð *þá* hroðit *skipit*, en Vagn handtekinn ok *fluttr* á land með 196.1–2 / *þriá tigi* manna. [...]  334.2–4.

*Þeir* Vagn *váru nú* bundnir *allir* [...] Sátu þeir allir *saman[5] á 196.12–22 / einni lág. Þá gekk til Þorkell leira ok mælti svá: 'Þess strengðir 334.4–14. þú heit, Vagn, at drepa mik. Nú þikki mér þat líkara at ek drepa þik.' Þorkell hafði mikla øxi; hann hió þann er ýztr sat á láginni [...]. *Svá sagði* einn þeira: 'Dálk hefi ek í hendi ok mun ek stinga

---

[1] BC¹; milli A.  [2] BC¹; ok í svndr A.  [3] + baþar A.  [4] BC¹; ecki A.  [5] BC¹; samt A.  ³

*honum í iǫrðina niðr* ef ek veit nakkvat þá er af mér er hǫfuðit.' *Þá var hǫfuð af honum hǫggvit ok fell dálkr niðr á iǫrð ór hendi honum, sem ván var.* [...]

197.7–24 / *En er átián váru drepnir,* þá sat maðr allfríðr *sýnum* ok hærðr
334.14– *forkunnar* vel; hann sveipaði hárinu fram yfir hǫfuð sér ok rétti
335.15. hálsinn. *Hann mælti:* 'Gørið eigi hár mitt *í blóði.'[1] Einn *hirðmaðr Hákonar iarls* tók hárit *báðum hǫndum* ok helt fast. Þorkell reiddi upp øxina *hátt ok hió til hart.* Víkingrinn *kippði[2] hǫfðinu svá fast at sá laut eptir er hárinu helt; *reið[3] øxin ofan á hendr honum ok tók af báðar, svá at øxin nam í iǫrðu stað. Þá *kom[4] at Eiríkr iarl ok *mælti:* 'Hverr ertu, hinn fríði maðr?' 'Sigurð kalla mik,' segir hann. 'Ek em kenningarson Búa, *ok* eru enn eigi allir Iómsvíkingar dauðir.' Iarl mælti: 'Þú munt vera *sannliga* son Búa. *Villtu[5] hafa grið?' *Hann svarar:* 'Þat skiptir hverr býðr.' Iarl *svarar:[6] 'Sá býðr er vald hefir til, *Eiríkr iarl.'[7] 'Vil ek þá,' segir Sigurðr. Var hann þá *leystr* ór strenginum. Þá mælti Þorkell leira: '*Þó at* þú, iarl, vilir alla þessa menn láta grið hafa, þá skal Vagn Ákason *eigi* með lífi *í brott komaz.*' *Hlióp hann* þá fram með reidda øxina, en *Biǫrn hinn brezki* reiddi sik til falls í strenginum ok fell fyrir fœtr Þorkeli *leiru.* *Þorkell fell flatr[8] um hann. Vagn greip øxina *er honum varð laus* ok hió Þorkel með banahǫgg. [...]

198.9–10 / 'Vil ek,' segir hann [...]
335.16–17.
199.3– Hákon iarl sat á tré einu *skammt frá því er Iómsvíkingar váru*
200.14 / *hǫggnir.* Þá brast strengr á skipi *því er Búi hafði átt,* en ǫr sú *er*
336.2– *skotit var* kom á Gizur, lendan mann af Valdresi; hann sat næst
337.11 and iarli ok var allvegliga búinn. *Fell hann þegar dauðr af trénu.* Síðan
337.14–21. gengu menn út á skipit ok fundu þar Hávarð hǫggvanda; hann stóð á *kniánum* við borðit út, þvíat fœtrnir váru af honum. Hann hafði boga í hendi. En er þeir kómu út á skipit *mælti* Hávarðr: 'Hverr fell[9] af láginni?' Þeir segia at sá hét Gizurr. *Hann svarar:* 'Þá *varð[10] minna happit en ek vilda. *Iarli *hafða[11] ek ætlat.*' Þeir mæltu: 'Œrit er óhappit ok eigi skaltu vinna fleiri.' Drápu þeir hann þar.

---

[1] BC¹; bloðugt A.   [2] BC¹; kippir A.   [3] BC¹; kom A.   [4] BC¹; gekk A.
[5] BC¹; Villþu A.   [6] BC¹; m. A.   [7] BC¹; þess A.   [8] BC¹; flatr. Þorkell fell A.
[9] + maðr A.   [10] BC¹; var A.   [11] C¹; hafði AB.

Var *þá* kannaðr valrinn ok borit fé til hlutskiptis. Hálfr þriði tøgr skipa var hroðinn af Iómsvíkingum. Svá segir Tindr:

> Vann á *Vinða[1] sinni
> verðbióðr hugins ferðar,
> beit sólgagarr seilar,
> sverðs eggia spor, *leggi,[2]
> áðr hiǫrmeiðar hrióða,
> hætting var þat, mætti
> leiðar, langra skeiða,
> liðs, halfan tøg þriðia.

Síðan *skildu* þeir her þenna. *Fór* Hákon iarl *norðr* til Þrándheims ok líkaði stórilla er Eiríkr *iarl* hafði gefit grið Vagni. Eiríkr iarl fór til Upplanda ok svá austr í *Vík*. Vagn Ákason fór *austr* með *Eiríki iarli*. Þá gipti *hann* Vagni Ingibiǫrgu dóttur Þorkels leiru. [...]
Um *várit eptir* gaf Eiríkr *iarl Vagni* langskip gott með ǫllum reiða ok fekk honum *menn* *til.[3] *Skildu* þeir hinir kærustu vinir. Fór þá Vagn heim suðr til Danmarkar *með Ingibiǫrgu konu sína*; *settiz hann at Fióni* ok varð ágætr *hǫfðingi* ok er mart stórmenni frá honum komit. [...]

## Chapter 92

[...] Maðr er nefndr Loðinn; *hann var* víkverskr, auðigr ok ættaðr vel. Hann var optliga í kaupferðum, en stundum í hernaði.
Þat var *á einu sumri er* Loðinn fór í kaupferð í Austrveg; átti hann einn skip þat *er hann var á* ok mikinn kaupeyri. Hann helt til *Eistlands[4] ok var þar í kaupstefnu um sumarit. En meðan markaðrinn stóð *þá[5] var þangat fluttr margskonar kaupskapr. Þar kom mart man falt. Þar sá Loðinn konu nǫkkura er seld hafði verit mansali. En er hann leit á *konu þessa* kenndi hann at þar var Ástríðr Eiríksdóttir er átt hafði Tryggvi konungr *Óláfsson*. Hon var þá ólík *því sem hon hafði fyrr verit[6] þá er hann hafði sét hana, þvíat *nú* var hon fǫl ok grunnleit ok illa klædd. *Loðinn* gekk til *Ástríðar* ok spurði hvat væri ráðs hennar. Hon svarar: 'Þungt er frá því at segia. Ek hefi verit seld mansali, ok nú *enn em ek* hingat flutt til þess at *seliaz*.' Síðan kǫnnuðuz þau við; vissi *hon*

202.10–
203.17 /
358.18–
360.9.

---

[1] BC[1]; vagh at A.   [2] C[1]; leɢia A.   [3] BC[1]; með A.   [4] BC[1]D[2]; vindlandz A.
[5] BC[1]D[2]; ÷ A.   [6] C[1]; ok fyrr AD[2], sem fyrr hafdi hon verit B.

skyn á honum *ok á ætt hans*. Bað Ástríðr *þá* at hann *mundi* kaupa hana ok *flytia hana* heim *með sér til frænda sinna.[1] *Loðinn svarar*: 'Ek mun gera þér kost á því *at leysa þik ór ánauð ok* flytia þik *heim* *til Nóregs[2] ef þú vill giptaz mér.' En með því at Ástríðr var *þá[3] nauðuliga komin ok þat annat at hon vissi at Loðinn var maðr stórættaðr, vaskr ok auðigr, þá heitr hon honum þessu til *frelsis* sér. Síðan keypði Loðinn Ástríði ok *flutti* hana með sér til Nóregs. Fekk *Loðinn* hennar þá *at* frænda ráði. Váru þeira bǫrn Þorkell nefia, Ingiríðr ok Ingigerðr. Dœtr *þeira* Tryggva konungs ok Ástríðar váru þær Ingibiǫrg ok Ástríðr. Þeir váru synir Eiríks bióðaskalla *ok brœðr Ástríðar,* Sigurðr, Iósteinn, Karlshǫfuð ok Þorkell dyrðill. Þeir váru allir gǫfgir menn ok áttu bú *stór* austr í landi.

Chapter 93

203.18–
204.15 /
342.11–
343.16.

Hákon iarl réð Nóregi allt hit ýtra með *siánum*. Hafði hann til forráða *sextán[4] fylki. En Haraldr *konungr* hinn hárfagri hafði svá skipat at iarl skyldi vera í hveriu fylki, *ok[5] helz þat lengi síðan. Því hafði Hákon iarl undir sér sextán iarla. Svá segir í Velleklu:

> Hvar viti ǫld und *einum[6]
> iarðbyggvis svá liggia,
> þat skyli herr of hugsa,
> hiarli sextán *iarla.[7]

Meðan Hákon *iarl réð[8] Nóregi var góð árferð í landi ok friðr góðr innan lands með bóndum. Var iarl lengsta hríð *allvinsæll* *við bœndr.[9] En er á leið *æfi Hákonar iarls*, þá gerðiz þat miǫk at um *hann* at hann var ósiðugr um kvennafar. Gerðiz þar svá mikit *bragð* at iarl lét taka ríkra manna dœtr ok flytia heim til sín *ok[10] lá hiá þeim viku eða tvær, sendi þær heim síðan. Fekk hann af því óþokka mikinn af frændum kvennanna. Tóku bœndr at kurra, *svá[11] sem Þrœndir eru vanir um allt þat *er þeim[12] *þikkir* móti skapi.

[1] BC¹D²; til frænda hennar A.　[2] D²; til min A, med mer BC¹.　[3] BC¹; ÷AD².　[4] BC¹D²; .xvij. A.　[5] BC¹D²; ÷A.　[6] D²; ǫðrum A, elldi C¹. *The stanza is omitted in B.*　[7] C¹D²; iarlar A.　[8] BC¹D²; var j A.　[9] BC¹D²; af bondum A.　[10] C¹D²; hann B, ÷A.　[11] D²; ÷A (*sentence omitted in BC¹*).　[12] D²; sem A.

# TEXT FROM HEIMSKRINGLA

Hákon iarl *hafði fengit af spraka nǫkkurn* at sá maðr mun vera 204.15–
fyrir vestan haf er Óli *nefniz* ok *halda¹ menn* hann þar fyrir 205.5 /
konung. En iarl *grunaði² af frásǫgn *nǫkkurra³ manna at vera 343.18–
*mundi⁴ nǫkkurr af konunga ætt norrœnni. *Iarlinum* var sagt at 344.10.
Óli kallaðiz *girzkr* at ætt, en hann hafði þat spurt at Tryggvi
Óláfsson hafði átt son þann er farit hafði austr í Garðaríki ok þar
upp fœðz með Valdamar konungi ok hét sá Óláfr. Hafði iarl miǫk
at spurningum leitt um þann mann. Grunaði hann at sá hinn sami
mundi nú vera kominn í Vestrlǫnd. [. . .]

*Þar var ok sá* maðr er nefndr *er* Þórir *ok var kallaðr klakka. Hann* 205.8–11 /
*var* mikill vin Hákonar iarls. Hann var vanr at *fara í víking á* 344.10–13.
*sumrum,* en stundum *rak hann kaupferð til ýmissa landa. Var
honum því* víða kunnigt fyrir. [. . .]

'*Þú skalt* fara kaupferð *í sumar* sem *nú er* mǫrgum *mǫnnum* títt 206.5–9 /
*vestr* til Dyflinnar *á Írlandi. En reyndar skaltu* skynia hverr sá 344.14–18.
maðr *er sem vestr þar kallaz Óli hinn girzki. Ok ef þú* spyrr þat til
sanns at þar *sé* Óláfr Tryggvason eða nǫkkurr annarr af norrœnni
konunga ætt, þá *skaltu,* Þórir, [. . .]

## Chapter 94

*Þórir klakka kom* til Dyflinnar *á Írlandi ok frétti at Óli hinn girzki* 208.8–
var þar með Óláfi kváran mági sínum. Kom Þórir sér *skiótt* *í⁵ tal 209.10 /
við *Óla, þvíat* Þórir var maðr málspakr. En er þeir hǫfðu opt *við* 345.2–
*talaz,* þá tók Óli at spyria af Nóregi, fyrst *frá⁶ Upplendinga 346.6.
konungum, hverir þeir váru á lífi eða *hvert* ríki þeir hǫfðu. [. . .]
*Því næst frétti* Óli *um Hákon iarl,⁷ hver vinsæld hans væri í
*landinu.⁸ Þórir svarar: '*Hákon* iarl er svá ríkr at engi *maðr* þorir
annat at mæla *né gera* en hann vill, en þat *veldr því⁹ at hvergi er
*annarstaðar til nǫkkurs traustsins at siá. En þér satt at segia veit
ek margra *gǫfugra manna skaplyndi¹⁰ ok svá alþýðunnar at þess
væri fúsastir at þar kœmi nǫkkurr *konungr¹¹ til ríkis af ætt Haralds
hins hárfagra, en vér siám nú engan þann til *þar innan lands,* ok
mest fyrir þá *skyld* at þat *þikkir* nú reynt at *engum* dugir at beriaz

¹ BC¹D²; halldi A.  ² BC¹D²; grunar A.  ³ BC¹D²; aɴaʀa A.  ⁴ BC¹D²;
muni A.  ⁵ BC¹D²; æa A.  ⁶ C¹D²; af A.  ⁷ BC¹D²; at hakoni j. A.
⁸ BC¹D²; landi A.  ⁹ BC¹D²; með þo A.  ¹⁰ BC¹D²; manna skaplyndi
gǫfugra A.  ¹¹ BD²; ÷ A, *after* kœmi C¹.

við hann, síðan hann barðiz við Iómsvíkinga, svá mikinn styrk sem þeir hǫfðu.' En er þeir hǫfðu *opt[1] um þetta talat, þá lét Óláfr í liós fyrir Þóri nafn sitt ok ætt ok spurði síðan Þóri: 'Hvat ætlar þú, Þórir,' sagði hann, 'ef ek kem til Nóregs, hvárt bœndr munu vilia taka mik til konungs yfir landit?' Þórir eggiaði hann með mikilli ákefð at hann skyldi fara til Nóregs ok lofaði hann miǫk ok hans atgervi. [...]

210.16–18 / Hann hafði fimm skip. Sigldi hann af Írlandi þegar hann var búinn
346.7–9. ok til Suðreyia, þaðan til Orkneyia. Þeir Þórir váru þar í ferð með honum.

## Chapter 95

210.19– Þá er Haraldr konungr hinn hárfagri hafði lagt undir sik Norðmœri
211.4 / Cf. ok Raumsdal, en fellda þá konunga er þar réðu áðr fyrir, sem
109.6– segir í sǫgu hans, fór hann norðr til Þrándheims um haustit, en
110.16. setti iarl þann yfir bæði þau fylki er Rǫgnvaldr hét, son Eysteins glumru; hann var kallaðr Rǫgnvaldr hinn ríki ok hinn *ráðsvinni,[2] ok var þat mælt at hvárttveggia væri sannnefni.

211.4–11 / Rǫgnvaldr var hinn mesti ástvin Haralds konungs ok var í mǫrgum
131.1–7 bardǫgum ok herfǫrum *með honum.[3] Virði konungr hann mikils.
and 9–10. Rǫgnvaldr iarl átti Hildi dóttur Hrólfs nefiu. *Þeira synir váru þeir[4] Hrólfr, er kallaðr var Gǫngu-Hrólfr, ok Þórir þegiandi. Rǫgnvaldr iarl átti ok frillusonu; hét einn Hallaðr, annarr Einarr, þriði Hrollaugr. Þeir váru rosknir menn þá er hinir *skilgetnu[5] brœðr þeira váru fœddir.

211.11–14 / Í þeim ófriði er Haraldr konungr gekk til *lands[6] í Nóregi flýðu
125.12–13 margir útlagar hans vestr um haf ok gerðuz víkingar; sátu þeir á
and vetrum í Orkneyium ok Suðreyium, en heriuðu á sumrum í Nóreg
125.15– ok gerðu þar mikinn landskaða.
126.1.

211.14– Hafði Haraldr konungr þá leiðangr úti hvert sumar til landvarnar
213.4 / fyrir víkingum. En hvar sem víkingar urðu varir við her konungs,
128.4– þá flýðu þeir undan ok flestir á hafit út. En er Haraldi konungi
130.6.

[1] BC¹D²; optliga, after þetta, A.  [2] BC¹; rað spaki A. Different text corresponding to chs 95–97 in D². [3] BC¹; ÷ A.  [4] BC¹; þeir voro synir þeira A.  [5] BC¹; skilbornu (a ghost-word?) A.  [6] BC¹; ríkis A.

leiddiz *þessi¹ ófriðr, þá sigldi hann *með her sinn² á einu sumri vestr um haf. Hann kom fyrst við Hialtland ok drap þar alla víkinga þá er eigi flýðu undan; síðan *sigldi* hann suðr til Orkneyia ok hreinsaði þar allt af víkingum; *því næst fór* hann í Suðreyiar ok *heriaði* þar ok drap marga víkinga þá er áðr réðu fyrir liði. Hann átti þar orrostur margar ok hafði optast sigr. Þá heriaði hann á Skotland ok átti þar orrostu. En er hann kom vestr í Mǫn, þá flýði allt fólk *undan* inn á Skotland *ok hafði með sér* fé allt þat er *þat* mátti. Gengu þeir Haraldr konungr *þar* á land *ok* fengu ekki herfang. Svá segir Þorbiǫrn hornklofi:

> Menfergir bar margar
> margspakr, Niðar varga
> lunds vann sókn á sandi,
> sandmens í bý randir,³
> áðr fyrir *eliunprúðum⁴
> allr herr Skota þverri
> lǫgðis *seiðs* af láði
> *lœbrautar⁵ varð flœia.

*Í þessum hernaði var Rǫgnvaldr Mœraiarl ok bróðir hans er hét Sigurðr.* Þar var ok með Haraldi konungi Ívarr son Rǫgnvalds iarls, *ok* fell *hann þar í orrostu, en* Haraldr konungr gaf Rǫgnvaldi iarli í sonarbœtr Hialtland ok Orkneyiar, en *iarl* gaf Sigurði bróður sínum bæði lǫndin, *en* Haraldr konungr gaf Sigurði *iarlsnafn,* ok var hann eptir vestr *þar,*⁶ þá er *þeir Haraldr sigldu* austr. kom *þá⁷ til lags við *Sigurð iarl* *Þorsteinn⁸ rauðr, son Óláfs hvíta ok Auðar hinnar *diúpauðgu*. Þeir heriuðu á Skotland ok eignuðuz Katanes ok Suðrland allt til Ekkials. Sigurðr iarl drap iarl *einn skozkan er hét* *Melbrigða tǫnn⁹ ok batt hǫfuð hans við slagálar sér ok laust *kálfanum* á tǫnnina er *skagði¹⁰ ór hǫfðinu. Kom þar í blástr, *svá at* hann fekk af því bana, ok er hann heygðr á *Ekkialsbakka.¹¹ Guthormr *hét son Sigurðar iarls; hann* réð *lǫndum¹² eptir fǫður sinn* einn vetr, ok dó hann barnlauss. Settuz þá enn víkingar í lǫndin, Danir ok Norðmenn.

¹ BC¹; leiðangr ok A.  ² BC¹; ÷ A.  ³ *The second half of the stanza is preserved in* C¹ *only.*  ⁴ elium prudum C¹.  ⁵ lad brautar C¹.  ⁶ BC¹; ÷ A.  ⁷ BC¹; ÷ A.  ⁸ BC¹; sa maðr er het A.  ⁹ BC¹; M *and an open space in the line about 6 or 7 letters in length* A.  ¹⁰ BC¹; stoð vt A.  ¹¹ BC¹; elfiɴar bakka A.  ¹² B; lǫndunum AC¹.

## Chapter 96

213.5– Rǫgnvaldr iarl spurði *austr til Nóregs* fall Sigurðar bróður síns
214.4 / ok þat með at víkingar sátu í lǫndum *hans, bæði*[1] *Hialtlandi ok*
137.2– *Orkneyium.* Þá sendi hann vestr Hallað son sinn, ok *gaf Haraldr*
138.15. *konungr honum* iarls nafn. *Hallaðr* hafði lið mikit. En er hann kom til Orkneyia settiz hann í lǫndin, en bæði *á haustum* ok *várum* fóru víkingar um eyiarnar *ok[2] námu þar nesnám ok hiǫggu strandhǫgg. Þá leiddiz Hallaði iarli at sitia í eyiunum. Veltiz hann ór iarldóminum ok tók hǫldsrétt *ok fór við þat aptr til Nóregs.* Rǫgnvaldr *faðir hans* lét illa yfir hans ferð, sagði at synir hans mundi verða ólíkir sínu forellri. Einarr svaraði *fǫður sínum*: 'Ek hefi *litla ást* af *þér ok við þá eina sœmð hér upp vaxit at mér þikkir alllítit fyrir at missa. Má mér eigi annarstaðar verða síðr framkvæmðar auðit en hér. Nú* mun ek fara vestr til *eyianna* ef þú vill fá mér styrk nǫkkurn. *Skal* ek því heita þér *sem* þér mun mikill fagnaðr á vera, at ek *skal aldri* *aptr koma[3] til Nóregs.' Iarl svarar: 'Þat líkar mér vel at þú komir eigi aptr. Er mér lítil ván at frændum þínum verði sœmð at þér, þvíat móðurætt þín er ǫll þrælborin.' Fekk *iarl* Einari eitt langskip *skipat til hlítar.* Sigldi Einarr vestr um haustit. En er hann kom til Orkneyia *barðiz hann við víkinga þá er setz hǫfðu í eyiarnar; felldi hann þá ok* gerðiz síðan iarl yfir eyiunum. *Hann varð hǫfðingi mikill ok* ríkr.

## Chapter 97

214.7–10 / [...] Á einu vári fóru þeir Hálfdan háleggr ok Guðrøðr liómi með
139.19– mikla sveit manna *suðr á Mœri* *ok[4] kómu á óvart Rǫgnvaldi
140.3. iarli; tóku *þeir* hús á honum, *báru at eld* ok brenndu hann inni með sex tigum manna.

214.10–14 / Settiz Guðrøðr þá í ríki þat er iarl hafði áðr haft *ok litlu síðar*
140.5–12. *sættiz hann við fǫður sinn ok gaf sik* upp á *hans* vald. *Þá gaf* Haraldr konungr Þóri *syni* Rǫgnvalds iarls *alla fǫðurleifð sína, þar með iarls nafn,* ok gipti honum dóttur sína, Ólofu árbót.

214.14–16 / Hálfdan háleggr tók *þriú[5] langskip ok skipaði *mǫnnum.* Sigldi
140.3–4. hann vestr um haf þegar eptir brennu Rǫgnvalds iarls.

---

[1] + aa A.   [2] BC[1]; þeir *and punctuation after* eyiarnar A.   [3] BC[1]; koma aptr A.   [4] BC[1]; þeir *and punctuation after* Mœri A.   [5] BC[1]; tuau A.

# TEXT FROM HEIMSKRINGLA 103

Hálfdan kom í Orkneyiar miǫk á óvart. Fór Einarr iarl þegar ór  214.16–19 /
eyiunum ok kom aptr á sama hausti at óvǫrum Hálfdani. Fóru  Cf. 140.16–
þeira skipti svá, at iarl tók Hálfdan hálegg af lífi sem segir í sǫgu  142.1.
Orkneyinga iarla.

Litlu síðar fór Haraldr konungr með her sinn vestr til Orkneyia.  214.19–
En er Einarr iarl spurði at Haraldr konungr var austan kominn fór  215.16 /
hann yfir á Nes. Þá kvað iarl vísu þessa:  143.2–144.7.

> Margr verðr sekr um sauði
> seggr með fǫgru skeggi,
> en ek at ungs ór Eyium
> allvalds sonar falli.
> Hætt segia mér hǫlðar
> við hugfullan stilli.
> Haralds hefik skarð í skildi,
> skala ugga þat, hǫggvit.

Þá fóru menn ok orðsendingar milli þeira konungs ok iarls, *ok sættuz þeir at því at Orkneyingar skyldu* gialda *konungi* sex tigi marka gulls. Bóndum þótti *gialdit* of mikit. *Einarr bauð bóndum þá at gialda einn þetta fé, en þar fyrir* skyldi hann *eignaz*[1] ǫll óðǫl í Orkneyium. Þessu iátuðu bœndr fyrir þá sǫk at allir hinir *fátœkari menn* áttu litlar iarðir, en *þeir er auðugir váru \*hugðuz*[2] mundu leysa sín óðǫl þegar þeir vildi. Leysti iarl *þá* gialdit allt við konung. *Sigldi konungr* um haustit *austr til Nóregs. Átti iarl* lengi síðan ǫll óðǫl í *Orkneyium,* allt þar til er Sigurðr *iarl* Hlǫðversson gaf *bóndum* aptr óðǫlin. [. . .]

(In chs 98, 99 and 101 the wording is sometimes reminiscent of *Heimskringla*, but very little is taken word for word from it. In what follows a few sentences or parts of sentences are included from these chapters and references given to the same or similar wording in *Heimskringla*.)

## Chapter 98

[. . .] *En þvíat* Péttlandsfiǫrðr *var eigi fœrr* [. . .]   217.18–19 /
346.13.

---

[1] BC¹; eiga A.   [2] BC¹; sôgðuz A.

217.19–20/ [...] Rǫgnvaldsey *í Ásmundarvági.[1]
346.10.
217.20– En þar á váginum lá fyrir Sigurðr iarl Hlǫðversson með eitt
218.2 / langskip ok ætlaði at fara yfir á Katanes. En þegar er Óláfr konungr
346.9–10 vissi at Sigurðr iarl lá þar fyrir, þá lét hann kalla hann til tals við
and 14–15. sik. En er iarl kom [...]

220.4–5 / [...] nú í stað skaltu deyia, en ek mun fara með eld ok usla um
346.18– eyiarnar ok eyða allt þetta ríki. [...]
347.2.

220.8–9 / En svá sem iarl var þá kominn køri hann þann af [...]
347.3–4.

220.9–10 / Var iarl þá skírðr ok allt hans fólk. [...]
347.4–5.

220.12–13/ [...] fekk honum son sinn í gísling er hét Hvelpr eða Hundi. [...]
347.6–7.

Chapter 99

220.17 / Óláfr konungr sigldi austr í hafit [...]
347.8.

221.4–5 / Óláfr konungr kom af hafi útan at Mo‹r›str. Gekk hann þar á land
347.9–10. ok lét sér messu syngia í landtialdi. [...]

221.9–12 / Þórir klakka sagði[2] konungi [...] at honum var þat eitt ráð at gera
347.11–15. ekki vart við hverr hann var ok fara sem ákafligast norðr til
Þrándheims á fund Hákonar iarls [...]

221.13–15/ Gørði hann svá, at hann fór dagfari ok náttfari útleið norðr með
347.15–17. landi sem leiði gaf. [...]

222.10–18/ [...] komu þeir norðr til Agðaness [...] spurðu þeir at Hákon iarl
347.18– var þar inn í Þrándheimi ok þat með at hann var orðinn missáttr
348.9. við bœndr. En er Þórir klakka heyrði þetta brá honum miǫk í brún,
þvíat þá var ǫðruvís en hann hugði, þvíat eptir Iómsvíkinga-
bardaga váru allir menn í Nóregi *fullkomnir[3] vinir Hákonar iarls
fyrir þann sigr er hann hafði fengit ok frelst land allt af ófriði. En
nú var illa at borit [...], at hǫfðingi mikill var kominn í landit, en
bœndr ósáttir við iarl [...]

[1] D²; i asmundar vag A, ÷ BC¹.  [2] + Olafi A.  [3] BC¹D²; fullkomliga A.

# TEXT FROM HEIMSKRINGLA

## Chapter 101

[...] Var þá við siálft at *herr[1] mundi upp hlaupa.    228.5 / 349.14–15.

## Chapter 102

Litlu síðar var Hákon iarl *at* veizlu í Gaulardal ⌜*þar sem heitir*[2] á 228.6–
Meðalhúsum, en skip hans lágu út við Viggiu.    229.3 /
Ormr lyrgia er nefndr ríkr bóndi; hann bió *á bœ þeim er heitir* á 348.11–
Býnesi. *Ormr* átti þá konu er Guðrún er nefnd; *hon var* dóttir 349.6.
Bergþórs af Lundum. *Guðrún* var kǫlluð Lundasól, *þvíat* hon var
kvenna fríðust. *Hákon* iarl sendi þræla sína til Orms *lyrgiu* þeira
erinda *at fœra iarli* konu Orms. Þrælar *kómu á Býnes ok* báru
fram sitt erendi. Ormr tók því ekki fiarri, bað þá fara fyrst til
náttverðar. En áðr *þrælarnir váru* mettir *kómu* margir menn ór
byggðinni til Orms *sem* hann hafði orð *til* sent. Lét Ormr þá engan
kost at Guðrún fœri með þrælunum. Guðrún mælti *til þrælanna*:
'*Segið þau mín orð* iarli, at *ek mun* eigi til hans koma nema hann
sendi eptir mér Þóru af Rimul.' Þóra var húsfreyia rík ok ein af
unnustum iarls. Þrælarnir [...] *sǫgðu* [...] at þeir skyldi svá
koma þar ǫðru sinni [...]

[...] ok sendi til Halldórs á Skerðingssteðiu, en Halldórr lét þegar 229.5–6 /
fara ǫr *frá sín*.    349.11–12.

Sendu þeir Ormr ǫrvarboð fiǫgurra vegna *í* byggðina ok *létu* þat 229.6–8 /
boði fylgia, at allir *vígir karlar* skyldu fara með vápnum at Hákoni 349.8–11.
iarli ok drepa hann.

*Ok* eptir ǫrvarboði hlióp upp *múgi[3] manns ok sótti *þat lið allt* til 229.8–
Meðalhúsa. *Hákon* iarl fekk niósn *af herhlaupi þessu*; fór *hann* 230.1 /
þá með[4] lið sitt af bœnum í dal *einn* diúpan er síðan er kallaðr 349.15–
Iarlsdalr. Leynduz þeir þar. 350.6.
    Eptir um daginn hafði iarl niósn allt af bóndaherinum. Bœndr
tóku vegu alla *ok[5] ætluðu *þeir[6] helzt at iarl mundi farinn[7] til
skipa sinna, en fyrir skipunum réð þá Erlendr son *iarls. Hann var*
hinn *mannvænligasti* maðr. En er náttaði, þá dreifði *Hákon* iarl
liði sínu, bað *hann sína menn* fara markleiði út til Orkadals. 'Mun

---

[1] BC[1]; þeir A, herrínn D[2].    [2] AD[2]; ÷ BC[1].    [3] BC[1]D[2]; mugr A.    [4] + alt A.
[5] BC[1]; ÷ AD[2].    [6] BC[1]D[2]; þat A.    [7] + vt A.

engi maðr *yðr mein gera,'[1] *segir hann*, 'ef ek em hvergi í nánd. *Segið* Erlendi *syni mínum* at hann fari *með skip vár* út eptir *firði ok svá suðr* á Mœri *til fundar við mik*, [...] en ek mun vel fá *leynz* [...]

230.9–10 / [...] ok þar lét hann eptir mǫttul sinn [...]
350.9.

230.11 / Fóru þeir *þá til hellis þess* er síðan er kallaðr Iarlshellir. [...]
350.9–10.

230.14–16 / *Ek sá* at *mikill* maðr, svartr ok illiligr, fór *neðan at* hellinum ok
350.12–13. *hræddumz vit* at hann mundi inn ganga *í hellinn.* [...]

230.19 / Karkr *sofnaði* ǫðru sinni ok *lét* enn illa í *svefninum* [...]
350.15–16.

231.2–3 / '*Seg þú* iarli at *nú eru* lokin sund ǫll.' [...]
350.18–19.

## Chapter 103

231.5– *Eptir dráp Þóris klǫkku* helt Óláfr *konungr* útan **á* fiǫrðinn fimm
232.5 / langskipum.[2] En þar reri innan **í*[3] móti Erlendr son Hákonar iarls
352.2– með þremr skipum. [...] En er *skammt var milli þeira,* **þá*[4] grunaði
353.2. þá Erlend at ófriðr mundi vera. *Sneru þeir þá sínum skipum* at landi. Óláfr *konungr* sá *þá langskip* róa *innan* móti sér *ok* hugði hann at þar mundi fara Hákon iarl. *En er þeir Erlendr sneru undan, þá* bað *konungr sína menn* róa eptir þeim sem ákafast. En er þeir Erlendr váru miǫk *svá* komnir at landi,[5] reru þeir á grunn; hliópu þeir þegar fyrir borð ok leituðu *með sundi* til lands. Þá *renndi* at skip Óláfs *konungs. Konungr* sá hvar maðr svam forkunnliga fríðr. Hann greip hiálmunvǫlinn ok kastaði at þeim manni; kom *þat* hǫgg í hǫfuð Erlendi syni *Hákonar* iarls svá at haussinn brotnaði til heila. Lét Erlendr þar líf sitt. **Þeir Óláfr drápu*[6] þar mart manna. Sumt *liðit komz undan með* flótta. Sumt tóku þeir ok gáfu grið ok hǫfðu af tíðindasǫgn. Var þá sagt *konungi* [...] at bœndr hǫfðu *farit at Hákoni iarli með ófriði ok hann* var *orðinn forflótta* fyrir þeim ok dreift var *ǫllu hans liði*. [...]

---

[1] BC¹D²; gera yðr mein A.  [2] BC¹D²; .v. langskipum æ fiorðinn A.
[3] BC¹; at A, a- D².  [4] C¹D²; ÷ AB.  [5] + þá A.  [6] BC¹D²; drapu þeir Olafr A.

# TEXT FROM HEIMSKRINGLA 107

[...] *stóðu* síðan upp ok gengu á bœinn Rimul. Sendi iarl þá Kark 232.6–8 /
*á fund¹ Þóru ok bað hana koma leyniliga *til sín.² Hon gerði svá 351.1–3.
ok fagnaði vel iarli. [...]

'[...] fela *mik* um nǫkkurra nátta sakir, þar til er bœndr *riúfa* 232.9–10 /
samnaðinn.' [...] 351.4–5.

'[...] En *þó* er *sá* staðr einn á *þessum* bœ *at* ek munda eigi kunna 232.15–17 /
at leita *slíks³ *hǫfðingia sem þú ert*: þat er svínabœli *nǫkkut.'⁴ 351.8–10.
[...]

'[...] Hér skulu vér um búaz. Lífsins skal nú fyrst gæta [...]' 232.18–19 /
351.10–11.
*Tók* þá þrællinn *ok gerði* þar mikla grǫf ok bar *brottu* moldina, [...] 233.1 /
351.11–12.
*Sagði hon þá* iarli þau tíðindi [...] at Óláfr Tryggvason var kominn 233.2–5 /
í fiǫrðinn ok hann hafði drepit Erlend son *hans⁵. Síðan gekk⁶ 351.13–16.
iarl í grǫfina [...]

*Því næst* byrgði *hon aptr grǫfina* með viðum ok sópaði *á ofan* 233.7–11 /
moldu ok myki. *Síðan* rak *hon* þar yfir svínin. [...] Svínabœli þat 351.16–19.
var undir steini einum miklum.

## Chapter 104

[...] *Gerðu þeir þá* samlag sitt; tóku bœndr *Óláf* til konungs yfir 234.10–13 /
sik, *hǫfðu* allir eitt ráð, at leita eptir Hákoni iarli. *Þeir fóru* upp í 353.4–7.
Gaulardal. *Þótti mǫnnum* þat líkast at iarl *mundi* vera á Rimul ef
hann [...]

[...] ok *leituðu* iarls *bæði* úti ok inni [...] ok *fundu* hann eigi. Þá 235.2–5 /
átti Óláfr *konungr þing* úti í garðinum; stóð *konungr* upp á stein 253.9–12.
þann hinn mikla er þar *var* hiá svínabœlinu. [...]

Iarl mælti *til hans*: '*Hvat er nú?* Hví ertu svá bleikr, en stundum 235.19–21 /
svartr sem iǫrð? Er eigi þat at þú vilir svíkia mik?' [...] 353.16–17.

---

¹ BC¹D²; til A.  ² BC¹D²; æ sinn fund A.  ³ C¹; þviliks ABD².  ⁴ D²;
÷ ABC¹.  ⁵ D²; jarls ABC¹.  ⁶ + hakon A.

108   ÓLÁFS SAGA TRYGGVASONAR

236.1–2 / '[. . .] vit várum á *einum degi* fœddir; mun ok skammt verða í
353.18–19. milli dauða okkars.' [. . .]

236.10– Karkr sofnaði *ǫðru sinni* ok lét illiliga. *En er hann vaknaði* spurði
237.5 / iarl hvat hann dreymði. Hann svarar: 'Á Hlǫðum var ek nú ok
354.2– lagði Óláfr Tryggvason gullmen á háls mér [. . .]' Iarl *mælti*: 'Þar
355.3. mun Óláfr láta hring blóðrauðan um háls þér ef þú *kemr til hans*;
vara *þú[1] þik svá [. . .] En af mér muntu gott hlióta, svá sem fyrr
hefir verit, *ef þú svíkr* mik eigi.' Síðan vǫkðu þeir báðir, svá sem
*hvárgi trýði* ǫðrum. En móti deginum sofnaði iarl. Hann lét brátt
illa *í svefninum, œpti ógurliga* ok skaut undir sik hælunum ok
hnakkanum svá sem hann mundi vilia upp rísa. *Við þat varð
þrællinn* felms fullr *ok hræzlu*; *hann* greip mikinn kníf *ok hvassan*
af linda sér. *Hann lagði knífinum* í gegnum barka *iarls* ok skar út
ór. Þat var bani Hákonar iarls. Síðan sneið Karkr *hǫfuð[2] af iarli
ok hlióp *á brottu* með. Kom *þrællinn* inn á Hlaðir um daginn
eptir. *Hann* fœrði Óláfi konungi hǫfuð Hákonar iarls ok sagði
alla atburði um *ferð* þeira iarls, *svá* sem nú *var áðr tínt*. [. . .]

237.14–15 / Lét konungr hann *þá út* leiða ok *lét* hǫggva af honum hǫfuð.
355.3–4.

237.15– *Síðan lét konungr taka* hǫfuð Hákonar iarls ok Karks. Fór þá Óláfr
238.14 / konungr ok fiǫlði bónda með honum út til Niðarhólms. Sá hólmr
355.6– var þá hafðr til þess at drepa þar þiófa ok illmenni. Stóð þar gálgi.
356.10. Þar lét *konungr at* bera *hǫfuðin bæði ok festa upp*. Gekk þá til allr
herrinn ok œpti upp ok grýtti at *hǫfði iarls* ok *mælti* at þar skyldi
fara níðingr með ǫðrum níðingum. *Eptir þat váru menn sendir*
upp í Gaulardal; *tóku þeir* búk iarls *ór grǫfinni*, drógu brott ok
brenndu. *Ok svá varð* mikill *rómr* at fiándskap *þeim* er Þrœndir
gerðu til Hákonar iarls at engi maðr mátti nefna hann annan veg
en iarl hinn illa. Var *þat* kall haft [. . .] En *þó má þat* segia *af*
Hákoni iarli at hann hafði marga hluti til at vera hǫfðingi. [. . .]
Svá segir Þorleifr Rauðfeldarson:

> Hákon, vitum hvergi,
> hafiz hefir *runnr[3] af gunni,
> fremra iarl und ferli,
> fólk-Ránar, þér mána.

[. . .]

---

[1] C[1]D[2]; ÷ AB.   [2] B; hǫfvþit AC[1]D[2].   [3] D[2]; runn ABC[1].

# TEXT FROM HEIMSKRINGLA

En hina mestu óhamingiu bar slíkr hǫfðingi til dánardœgrs síns, 238.16–17/
[...] 356.15–16.

Var þá *ok* sá tími kominn [...] *at blótskapr ok heiðnin* [...] skyldi 238.20–
fyrirdœmaz, en í staðinn *skyldi koma* heilǫg trúa, ok réttir siðir 239.3 /
[...] 356.17–19.

## Chapter 105

[...] Hlióp þá upp múgr ok margmenni ok *vildi[1] ekki* annat 243.13–15/
heyra en Óláfr Tryggvason væri konungr. 357.5–7.

Var þá Óláfr Tryggvason til konungs tekinn á allsheriarþingi *yfir* 243.15–17/
land allt svá vítt sem haft hafði Haraldr hinn hárfagri [...] 357.3–5.

*Þess getr* Þórðr Kolbeinsson *í Eiríksdrápu*: 243.22–
244.8 /
Meinremmir brámána 357.16–
margs fýsa skǫp, varga, 358.8.
lióða litlu síðar
læ Hákonar æfi.
En til lands þess er lindar
láðstafr vegit hafði
hraustr, þá er herr fór vestan,
hygg ek kómu son Tryggva.

## Chapter 109

Óláfr *konungr* fór *yfir landit* [...] ok lagði undir sik. [...] sneruz 253.5–
til hlýðni við hann allir menn í Nóregi, *iafnvel* þeir hǫfðingiar á 254.1 /
Upplǫndum eða *austr* í *Vík* er áðr hǫfðu haldit land af Dana- 357.7–17.
konungi, þá gerðuz þeir menn Óláfs konungs ok heldu *lǫnd ok
lén* af honum. Fór *konungr* svá *yfir landit*[2] hinn fyrsta vetr ok
um sumarit eptir.

Eiríkr iarl Hákonarson ok Sveinn bróðir hans ok aðrir frændr
þeira ok vinir flýðu landit ok sóttu *austr*[3] í Svíaveldi til Óláfs
*konungs hins sœnska.*[4] Fengu *þeir* þar góðar viðtǫkur. Svá segir
Þórðr Kolbeinsson:

---

[1] BC[1]D[2]; villdo A. [2] C[1]D[2]; *after* vetr B, ÷ A. [3] BC[1]D[2]; aptr A. [4] C[1];
svia konungs A, konungs suenska BD[2].

254.2–9 /
358.9–16.

Hafði sér við særi,
slíks var ván at hánum,
auðs en upp of kvæði
Eiríkr í hug meira.
Sótti reiðr at ráðum,
rann engi því manna,
þrályndi gafz Þrœndum,
þrœnzkr iarl *konung[1] sœnskan.

Chapter 141

301.11 /
363.6–7.

[...] Fór konungr snimma um várit út í Víkina ok hafði lið mikit.

301.11–14 /
361.11–15.

Dvalðiz hann þar lengi um várit. Kómu þar til hans margir *ríkir menn þeir er váru* frændr hans, en sumir hǫfðu verit *miklir[2] vinir Tryggva konungs* fǫður hans. Var honum þar fagnat með allmiklum kærleik.

301.14–16 /
360.9–11.

Brœðr tveir biǫggu *þar í Víkinni*, *auðgir[3] ok kynstórir; hét annarr Þorgeirr, en annarr Hyrningr. [...]

303.9–22 /
362.8–
363.4.

*Eptir þessa málstefnu* gerði Óláfr konungr bert fyrir alþýðu at hann vill bióða kristni ǫllum mǫnnum í ríki sínu. *Iátuðu* fyrst þessu boði *þeir sem áðr hǫfðu undir gengit* [...]. Váru þeir ok ríkastir *þeira manna* sem þar váru við staddir. Gerðu *þat* aðrir *eptir* þeira dœmum. Váru *síðan* skírðir allir menn um Víkina *austan fiarðar*. [...] fór *Óláfr* konungr norðr í Víkina ok bauð ǫllum mǫnnum at taka *rétta trú*. En þeim er í móti mæltu veitti hann stórar refsingar, *lét* suma *drepa*, suma hamla *at hǫndum eða fótum*, suma rak hann ór landi. Kom þá svá at um allt þat ríki er átt hafði Tryggvi konungr faðir hans ok svá þat *ríki* er átt hafði Haraldr *konungr* grenski frændi hans, *þá* gekk þat fólk allt undir kristniboð þat er Óláfr *konungr* boðaði. Varð *þá* alkristit *allt* um Víkina.

Chapter 142

304.1–5 /
363.6–11.

Óláfr konungr *réð til skipa í Víkinni ok* fór þá norðr á Agðir; *hann* hafði lið mikit *ok frítt*. En hvar sem hann átti þing við bœndr *bauð* hann ǫllum mǫnnum at láta skíraz, ok gengu *allir* menn

---

[1] BC[1]D[2]; gram A.  [2] C[1]D[1,2]; ÷ A.  [3] C[1]D[1,2]; auðigir A.

undir kristni, þvíat engi fekkz uppreist af bóndum *í móti*, ok var fólkit skírt hvar sem hann *fór*[1].

Óláfr konungr stefndi þing *í \*Mostr*[2] *á Sunnhǫrðalandi*. En er *bóndum* kom þingboð *konungs* samnaz þeir saman fiǫlmennt, taka tal *með sér* ok *ráðagørðir* [. . .]   304.5–7 / 364.9–12.

*Velia síðan* til þriá menn þá er *vitrastir ok* málsniallastir váru í þeira flokki at *mæla í móti* konungi, [. . .] at þeir vilia undir *engi* ólǫg ganga *þó at* konungr bióði þeim. [. . .]   304.12–15 / 364.12–16.

Konungr talaði blíðliga til bónda [. . .]   305.17 / 364.17–18.

En er *hann hætti rœðu sinni*, þá stóð upp sá af bóndum er einna var sniallastr ok til þess *var ætlaðr af þeim* at svara fyrstr konungi *ok mæla í móti kristniboði hans*. En er hann vildi til máls taka, þá *setti* at honum hósta ok þrøngð svá *mikla* at hann fekk engu orði upp komit, ok settiz hann niðr. Þá *stóð* upp annarr bóndi ok *vildi* eigi *falla láta annsvǫrin,[3] *þó at* hinum fyrra hefði eigi vel til tekiz. En er *hann hóf* sitt mál, þá *varð* hann svá stammr at hann fekk *ekki orð talat svá at skilia mætti*. Tóku þá allir at hlæia *at honum þeir* er *nær váru*. Settiz *hann við þat* niðr. Þá stóð upp hinn þriði *með mikilli reiði ok ofmetnaði* ok *vildi* tala í móti konungi. *Hugsaði hann at hefna sinna félaga með miúku tungubragði ok mikilli snilld*. En hann varð svá háss ok rámr at engi maðr heyrði hvat hann *sagði*,[4] ok settiz *sá* niðr *með skǫmm ok svívirðing er upp reis með ofbeldi ok drambi*. Síðan varð *á því* þingi engi til at mæla í móti konungi. Kom þá svá at allir *iátuðu* því er konungr bauð. *Skildi konungr eigi fyrr* við *en* allt þingfólkit var skírt. [. . .]   307.9– 308.3 / 365.4– 366.3.

## Chapter 144

[. . .] Á Hǫrðalandi váru *þá* menn margir *ríkir ok ágætir* er komnir váru af ætt Hǫrða-Kára. *Hǫrða-Kári* átti fióra sonu. Einn var Þorleifr *hinn* spaki, annarr Ǫgmundr faðir Þórólfs skiálgs, fǫður Erlings á Sóla, Þórðr hinn þriði faðir Klypps hersis er drap Sigurð konung slefu Gunnhildarson, fiórði *son Hǫrða-Kára var* Ǫlmóðr   312.4–16 / 363.11– 364.4.

---

[1] C[1]; kom AD[1,2].   [2] C[1]D[1,2]; morstr A.   [3] C[1]D[1,2]; annsvôrin falla lata A.
[4] C[1]D[1,2]; mælti A.

112 ÓLÁFS SAGA TRYGGVASONAR

*hinn gamli faðir Áskels, fǫður Ásláks Fitiaskalla.* Var þessi áttbogi þá mestr ok gǫfgastr á Hǫrðalandi, *er kominn var af ætt Hǫrða-Kára.* En er þeir frændr spurðu til þessa vandkvæðis at *Óláfr konungr fór austan með landi ok hafði lið mikit ok braut forn lǫg á mǫnnum, en allir sættu refsingum ok afarkostum* *þeir[1] *sem í móti mæltu því er hann vildi vera láta, þá* gerðu þeir stefnulag milli sín *at gøra ráð fyrir sér, þvíat þeir vissu at konungr mundi brátt koma á fund þeira.* [...]

313.6–7 / [...] at þeir skyldu allir koma fjǫlmennt til Gulaþings ok *finna*
364.5–7. þar Óláf konung [...]

Chapter 148

323.1– [...] Óláfr konungr stefndi liði sínu til Gulaþings, þvíat bœndr
324.9 / *hǫfðu sent honum þau orð, at þeir vildi þar svara máli hans.* En er
366.5– hvárirtveggiu *komu* til þings, þá *átti* konungr fyrst tal við lands-
367.15. hǫfðingia; *bar* konungr *fyrir þá* sín erendi ok *bauð* þeim *sem ǫðrum mǫnnum at taka við kristni.* Þá svarar *sá þeira er einna var ríkastr*: 'Talat hǫfum vér frændr *ok samit* þetta mál vár í millum, at með því, konungr, *ef þú vill* pynda oss til *slíkra[2] hluta ok brióta lǫg vár ok þrøngva oss undir þik með nǫkkurri nauðung, þá munu vér í móti standa með ǫllu afli, ok fái þeir sigr *sem* auðit má verða. En ef þú, konungr, vill leggia til vár frænda nǫkkura farsæliga hluti, þá mátt þú þat svá vel gera at vér munum allir veita þér trúlynda þiónustu.' Konungr svarar: '*Hvat* vili þér *af mér þiggia* til þess at vár sætt *ok samþykki* verði sem bezt?' Þá svarar *þessi hǫfðinginn*: 'Þat er hit fyrsta ef þú vill gipta *Ástríði systur þína, dóttur Tryggva konungs,[3]* Erlingi Skiálgssyni frænda várum. *Hann* kǫllum vér nú mannvænstan allra ungra manna í Nóregi.' Konungr *svarar*: 'Líkligt *þikki mér* at þat giaforð *sé gott ok sœmiligt, þvíat* Erlingr er auðigr ok ættaðr vel ok hinn *fríðasti* sýnum, en þó á Ástríðr svǫr þessa máls. [...]' Síðan rœddi konungr þetta *mál* við systur sína [...] 'Lítt nýt ek þess *þá,'* segir hon, 'at ek em konungs dóttir ok konungs systir, *samborin í báðar ættir,* ef mik skal gipta ótignum manni. Mun ek enn heldr bíða nǫkkura vetr annars giaforðs.' Skilðu þau svá sitt tal. *Gekk hon á brottu.*

[1] C[2,8,9]D[1,2]; þeim A.  [2] C[2,8,9]D[1,2]; nǫkkurra A.  [3] C[2,8,9]D[1,2] (dóttur Tryggva konungs] ÷ D[1,2]); *after* várum A.

# TEXT FROM HEIMSKRINGLA 113

Konungr lét taka hauk er Ástríðr átti ok lét plokka af allar *fiaðrar[1]    324.9–
ok sendi henni síðan. Þá mælti Ástríðr: 'Reiðr er bróðir minn nú.'    325.1 /
Stóð hon upp *þegar* ok gekk til *fundar við konung*. Hann fagnaði    367.17–
henni vel. *Hon sagði þá* at konungr *skyldi* siá fyrir hennar ráði    368.13.
slíkt er hann vill. 'Þat hugða ek,' segir hann, 'at ek munda hafa
vald til at gera þann tiginn mann *sem ek vil hér í landi.'[2] Lét
konungr þá til *sín* kalla Erling ok alla þá frændr *ok* var *þá[3] talat[4]
bónorð þetta. Lauk svá at Ástríðr var fǫstnuð Erlingi. Síðan lét
konungr setia þing ok bauð bóndum kristni. Var þá Erlingr
forgangsmaðr at flytia þetta konungs erendi ok þar með allir frændr
hans. *Iátti því þá allr lýðr, þvíat engir urðu til mótmæla hǫfðingiar.*
Var þá skírt þat fólk allt ok kristnat.

Litlu síðar gerði Erlingr Skiálgsson *brúðhlaup[5] sitt. [...] Þar var    325.1–9 /
Óláfr konungr *ok* bauð at gefa Erlingi *iarlsnafn ok ríki mikit*. 368.15–
Erlingr *svarar*: 'Hersar hafa verit fyrri frændr mínir. Vil ek ekki    369.6.
*bera* nafn hæra en þeir. Hitt vil ek þiggia, konungr, at þér látið
mik vera mestan *mann* með því nafni hér í landi.' Konungr *iátaði*
honum því. Ok at skilnaði veitti Óláfr konungr Erlingi mági sínum
*ríki* norðan frá Sognsæ ok *allt* austr til Líðandisness með þvílíkum
hætti sem Haraldr konungr hinn hárfagri veitti sonum sínum. [...]

## Chapter 150

Þetta sama *sumar* stefndi Óláfr konungr fiǫgurra fylkna þing norðr    327.5–11 /
á Staði á Dragsheiði; skyldu þar koma Sygnir ok Firðir, Sunnmœrir    369.8–15.
ok Raumdœlir. Óláfr konungr *sótti til þings* með allmikit fiǫlmenni
er hann hafði haft austan ór landi ok svá þat lið er *þar* hafði komit
til hans á Rogalandi ok Hǫrðalandi. *Bændr kómu til þings sem
ákveðit var.* En er konungr kom þar *með lið sitt*, þá boðaði hann
þar kristni sem í ǫðrum stǫðum. [...]

En þvíat konungr hafði styrk mikinn fiǫlmennis, *þá* sá bœndr *at*    327.14–17 /
*þeir hǫfðu eigi afla til at beriaz við konung*. Var þat ráð upp tekit    369.15–16
um síðir, at allt *þat* fólk kristnaðiz [...]    and 370.3–5.

---

[1] $C^{2,8,9}$; fiaðrarnar $AD^1$, fiaðrirnnar $D^2$.    [2] $C^{2,8,9}D^{1,2}$; her i landi sem ek
vil A.    [3] $C^{2,8,9}$; ÷ $AD^{1,2}$.    [4] + vm $AD^2$.    [5] $C^{2,9}D^{1,2}$; bruðkaup $AC^8$.

327.19–20 / 370.5–6. Síðan fór konungr á Norðmœri með liði sínu ok *kristnaði* þat fylki.

Chapter 151

328.1–9 / 370.6–15. *Því næst sigldi Óláfr konungr* inn á Hlaðir ok lét brióta ofan hofit ok taka *brottu* fé allt *þat er þar var* ok allt skraut af goðonum. Hann tók gullhring mikinn ór hofshurðinni er Hákon iarl hafði gera látit. *Eptir þat* lét hann brenna *allt saman* hofit *ok guðin*. En er bœndr verða þessa varir, þá láta þeir fara herǫr um ǫll *hin næstu* fylki ok stefna *liði* út ok ætla *at fara* at konungi *með her*. Óláfr konungr helt *þá[1] liði sínu út eptir firði. *Hann stefndi* norðr með landi ok *ætlaði* at fara norðr á Hálogaland ok kristna þar. En er *konungr* kom norðr [...]

332.18– 333.3 / 370.16– 371.2. *Óláfr konungr spurði* þat, at *Háleygir hǫfðu* her úti ok *ætluðu* at veria konungi land *ef hann kœmi norðr þangat. Váru* þeir hǫfðingiar fyrir liði *því*, Hárekr ór Þióttu, Þórir hiǫrtr ór Vágum ok Eyvindr *er kallaðr var* kinnrifa. *Sneri konungr* þá leið sinni suðr *aptr* [...]

Chapter 155

349.10–11 / 381.11–13. [...] *Lagði* konungr *þá skipum sínum til Niðaróss ok dvalðiz hann þar, en var stundum á* Hlǫðum *með hirðsveitir sínar*. [...]

Chapter 161

359.3–8 / Cf. 386.11–17. Óláfr konungr *var þar þá ok hafði fiǫlða manns. Lét hann þar fram flytia starfa mikinn, þvíat hann lét þar setia kaupstað í Niðarósi ok húsa* konungsgarð upp frá *Skipakrók.[2] Þar lét hann ok reisa kirkiu um haustit. Konungr lét margar* tóptir *til garða þar á árbakkanum ok gaf síðan þeim mǫnnum sem honum sýndiz ok* sér *vildu láta* hús gera.

Chapter 163

367.11– 369.7 / 379.10– 381.2. *Á ǫndverðum vetri* lét Óláfr konungr fara *boð* um allan Þrándheim ok stefndi átta fylkna þing á Frostu. En bœndr sneru þingboði í herǫr ok stefndu saman þegn ok þræl um allan Þrándheim. En er konungr kom til þings, þá var þar kominn bóndamúgrinn með

---

[1] C[2,8,9]D[1,2]; ÷ A,  [2] C[2,8,9]D[2]; skipa kroki A, skipa lęgi D[1].

alvæpni. En er þingit var sett talði konungr trú fyrir bóndum. *En er[1] hann hafði litla hríð talat, þá æptu bœndr ok báðu hann þegia, 'ella munu vér,' *segia þeir,[2] 'veita þér atgǫngu hér þegar á þinginu ok drepa þik eða reka af landi brott. Þenna kost gerðu vér Hákoni konungi Aðalsteinsfóstra þá er hann bauð oss slík boð. [...] Nú virðu vér þik eigi meira en hann [...]' En er Óláfr konungr sá œði bónda ok þat með at þeir hǫfðu *her svá mikinn[3] at ekki mátti við standa, þá veik hann til samþykkis við bœndr ræðu sinni ok sagði svá: '[...] Vil ek fara þar til sem þér hafið hit mesta blót yðvart ok siá þar siðu yðra ok atferli. Tǫkum þá ráð várt allir samt um átrúnaðinn, hvern vér vilium hafa [...]' En þegar er Óláfr konungr talaði linliga til bónda, þá linuðuz hugir þeira. Fór þá allt tal þeira líkliga ok sáttgiarnliga með þeim. Var þat ráðit at vera skyldi miðsvetrarblót inn á Mærinni; skyldu þar til koma allir *hǫfðingiar ok ríkir bœndr[4] ór Þrœndalǫgum, svá sem siðr þeira var til. Þar skyldi ok koma Óláfr konungr.

Skeggi hét einn ríkr bóndi; hann var kallaðr Iárn-Skeggi eða Yria- 369.7–12 / Skeggi. Hann bió at Upphaugi á Yrium. Skeggi talaði fyrstr manna 381.4–9. í móti konungi á þessu þingi ok hann var mest fyrir bóndum at standa í mót kristninni. [...] Þeir slitu þinginu með *þessum hætti[5] sem nú var sagt. Fóru bœndr þá heim. [...]

## Chapter 166

Óláfr konungr gekk einn dag *úti[6] um stræti, en nǫkkurir menn 372.8– gengu í móti honum. Sá fagnaði konungi er fyrstr gekk. Konungr 373.1 / spurði þann mann at nafni. Hann nefndiz Hallfrøðr. Konungr 405.4–14. mælti: '*Ertu[7] skáldit?' Hann svarar: 'Kann ek at yrkia.' Konungr mælti: 'Þú munt vilia trúa á sannan guð [...]' [...] Konungr mælti: 'Hvat er til mælt?' 'Þat,' sagði Hallfrøðr, 'at þú, konungr, siálfr veitir mér guðsifiar. Af engum manni ǫðrum vil ek þat embætti þiggia.' Konungr sagði at hann vill þat til vinna. Var þá Hallfrøðr skírðr ok allir hans skipveriar. Helt Óláfr konungr Hallfrøði undir skírn. [...]

[1] $D^{1,2}$; ÷ $ABC^{2,8,9}$. [2] B; s. hann A, ÷ $C^{2,8,9}D^1$. Altered text in $D^2$. [3] $D^{1,2}$; her mikinn sva A, sva mikinn her $BC^{2,8,9}$. [4] $BC^{2,8,9}D^{1,2}$; rikir bændr ok hôfþingiar A. [5] $BC^{2,8,9}D^{1,2}$; þvi moti A. [6] $BC^{2,8,9}D^{1,2}$; ÷ A. [7] $C^{2,8,9}D^{1,2}$; Ert þu AB.

373.10–12 / En er á leið iólin, þá sendi konungr boð inn á Strind ok út í
381.15– Gaulardal ok svá út í Orkadal ok bauð til sín hǫfðingium ok ǫðrum
382.1. stórbóndum. [...]

373.16– *Ok um[1] nóttina eptir sváfu allir menn þar í ró. Um morgininn er
374.4 / konungr var klæddr lét hann syngia sér tíðir. En er messu var
382.4–15. lokit lét konungr blása til húsþings. Fór hann siálfr til þings með
sína menn. En er flokkrinn var kominn ok þing var sett, þá stóð
Óláfr konungr upp ok talaði. Hann sagði svá: 'Vér áttum þing inn
á Frostu. Bauð ek þá bóndum at *þeir skyldu[2] láta skíraz, en þeir
buðu mér þar í mót at ek skyldi hverfa til blóta með þeim. Kom
þat ásamt með oss at vér skyldim finnaz inn á Mærinni ok gera
þar blót mikit. [...]

374.10–18 / Nú ef *ek[3] skal til blóta hverfa ok líknaz við guðin, þá vil ek gera
382.15– láta hit mesta blót þat er mǫnnum er títt, *at blóta mǫnnum.[4] Skal
383.8. eigi til þess velia þræla eða illmenni, heldr skal til þess velia at
offra þeim ok fórnfœra hina ágætustu menn ok ríka bœndr. Nefni
ek þar til Orm lyrgiu af Meðalhúsum, Styrkár af Gimsum, Kár af
Grýtingi, Ásbiǫrn Þorbergsson af Qrnesi, Orm af Lyxu, Halldór
af Skerðingssteðiu. Nú eru þessir allir hér við staddir. En síðan
skal til nefna aðra sex þá er æztir eru ok mest virðir af Inn-
þrœndum. Skal þessum mǫnnum ǫllum blóta til árs ok friðar.[...]

376.8–13 / [...] bœndr [...] báðu konung griða. Síðan váru þeir allir skírðir
383.9-17. ok veittu konungi svardaga til þess at halda rétta trú, en leggia
niðr blótskap allan. Hafði konungr þessa menn alla í boði sínu,
þar til er þeir fengu honum í gísling sonu sína eða brœðr eða aðra
náfrændr.

## Chapter 167

376.14– Óláfr konungr fór með liði sínu eptir iólin inn í Þrándheim. [...]
377.7 / En er hann kom inn á *Mærina,[5] þá váru þar fyrir hǫfðingiar
384.2–11. Þrœnda allir þeir er þá stóðu mest í *móti[6] kristninni ok hǫfðu
þar með sér alla stórbœndr þá er fyrr hǫfðu vanir verit at halda

---

[1] BC[2,8,9]D[1,2]; Vm A.  [2] BC[2,8,9]D[1,2]; ÷ A.  [3] C[2,8,9]D[1,2]; ÷ A.  [4] C[2,8,9]D[1,2];
÷ A.  [5] C[4]; mæri AD[1,2].  [6] C[2,8,9]D[1]; mot AD[2].

TEXT FROM HEIMSKRINGLA                               117

upp blótum í þeim stað. Var þar *saman komit allmikit fiǫlmenni.*
*Ok eptir því sem fyrr hafði samit verit á Frostuþingi lét konungr
krefia þings, ok gengu hvárirtveggiu með alvæpni á þingit.* Var
*þá fyrst hark ok háreysti, en er siǫtlaðiz ok hlióð fekkz* bauð *Óláfr*
konungr bóndum kristni *sem fyrr.* Iárn-Skeggi *svarar enn* máli
konungs af hendi bónda [...]

'[...] *Er þat vili allra vár* at þú, konungr, blótir sem aðrir konungar   377.8–10 /
hafa gert hér *í landi* fyrir þér [...]'                                   384.13–15.

Chapter 168

Bœndr gerðu mikinn róm at rœðu *Skeggia*; sǫgðu at þeir vildu    378.6–7 /
svá allt vera láta sem *hann hafði talat.* [...]                  384.15–16.

Bóndum *líkaði* þat vel. Fóru þá hvárirtveggiu til hofsins.       378.9–10 /
                                                                   385.1–2.

*Gekk* konungr *inn með fá sína* menn ok nǫkkurir af bóndum. [...]  378.10–
Konungr hafði í hendi refði gullbúit. En er *þeir kómu í hofit skorti*  380.2 /
*þar eigi skurðgoð.* Þórr sat *í miðiu* ok var mest tignaðr. *Hann var*  385.4–14.
*mikill ok allr* gulli búinn ok silfri. Konungr hóf upp *refðit ok sló*
*með* Þór svá at hann *hraut* af stallanum *ok brotnaði.* Hliópu *þá til*
konungsmenn [...] ok sviptu ofan ǫllum goðunum af stǫllunum.
En meðan *þeir váru* inni, þá var Iárn-Skeggi drepinn úti fyrir
*durunum hofsins af konungs mǫnnum.* En er konungr kom út til
liðs síns [...]

En *þvíat Skeggi var drepinn,* þá varð engi *til af bóndaliðinu at*  385.13–21 /
*geraz formaðr ok bera merki í móti* Óláfi konungi. *Varð*[1] hinn   385.16–
*kostr tekinn af ǫllum at gefaz upp á vald* konungs ok hlýða því     386.9.
*sem* hann bauð. Þá lét konungr skíra þat fólk allt er þar var *áðr*
*óskírt* ok tók *gísla* af bóndum til þess at þeir skyldu halda kristni
sína. Síðan lét konungr sína menn fara *með lærðum mǫnnum* um
ǫll fylki í Þrándheimi. *Mæltu* þá *engir í* mót kristni, *ok* var allt
fólk skírt í Þrœndalǫgum.

Fór Óláfr konungr með *lið sitt* út til Niðaróss *ok settiz þar.*     385.21–
                                                                      386.1 / 386.11.

*En bœndr fluttu lík* Iárn-*Skeggia* út á Yriar, ok liggr hann í *Skeggia-   386.1–2 /
haugi á Austrátt.*[2]                                                         388.5–6.

---

[1] BC[2,9]D[1,2]; var A.  [2] BC[2,9]D[1,2] (á] j D[1,2]); í austr ǽtt i skeggia haugi A.

## Chapter 169

386.3–15 /
387.2–16.
Óláfr konungr gerði stefnulag *við frændr[1] Iárn-Skeggia ok bauð þeim bœtr fyrir víg hans. Váru þar margir menn gǫfgir til andsvara ok eptirmáls. Iárn-Skeggi átti eina dóttur er Guðrún hét. Þat kom at lykðum í sáttmál Óláfs konungs ok frænda Iárn-Skeggia, at Óláfr konungr skyldi fá Guðrúnar. En er brúðhlaupsstefna *sú[2] kom, þá gengu þau konungr ok Guðrún í eina rekkiu. En þegar hina fyrstu nótt, þá er þau lágu bæði samt ok Guðrún ætlaði at konungr mundi sofnaðr, þá brá *hon[3] knífi ok ætlaði at leggia á honum, en konungr vakði ok varð þegar varr við. Greip hann af henni knífinn ok stóð upp ór sænginni. Gekk hann til manna sinna ok sagði þeim um hvat leika var. Guðrún tók ok klæði sín ok allir þeir menn er henni hǫfðu þangat fylgt ok fóru þegar brottu. Kom Guðrún aldri síðan í sæng Óláfs konungs.

## Chapter 170

386.16–
387.2 /
387.18–
388.4.
Þenna sama vetr lét Óláfr konungr reisa langskip mikit á eyrunum við[4] Nið. Hafði hann þar til marga smiðu, ok gekk skiótt fram smíðinn. Þat var snekkia. Skipit var *þrítøgt[5] at rúmatali, stafnhátt *ok[6] heldr miótt ok ekki borðmikit. Þat skip kallaði konungr Tranann. [...]

## Chapter 171

387.16–
388.8 /
405.15–
406.10.
[...] mælti konungr: '[...] Viltu nú geraz minn maðr ok vera með mér?' Hallfrøðr svarar: 'Ek var fyrr hirðmaðr Hákonar iarls. Nú mun ek ekki geraz þér handgenginn ok engum ǫðrum hǫfðingia nema þú heitir mér því at mik hendi enga þá hluti er þú segir mik þér afhendan eða rekir mik frá þér.' Konungr svarar: '[...] at mér þikkir eigi ǫrvænt at þú farir nǫkkurum þeim hlutum fram er ek vil fyrir engan mun við sœma.' Hallfrøðr svarar: '[...] Drep þú mik þá.' Konungr mælti: 'Víst ert þú vandræðaskáld, en minn maðr skaltu þó vera.' 'Enn er samt um viðurnefnið,' sagði Hallfrøðr. 'Hvat gefr þú mér at nafnfesti, ef ek skal vandræðaskáld heita?' [...]

---

[1] $BC^{2,9}D^{1,2}$; frændum A.  [2] $BC^{2,9}D^{1,2}$; ÷ A.  [3] $D^{1,2}$; Guðrun $ABC^{2,9}$.
[4] + ana A.  [5] $BC^{2,9}$; .xxx. $AD^{1,2}$.  [6] $BC^{2,9}D^2$; ÷ $AD^1$.

## Chapter 193

[...] Óláfr konungr *fór* suðr með landi [...] *ok* allt *heldr tómliga*   II 75.9–14 /
[...] Kom *Óláfr konungr á ǫndverðum vetri* austr í Víkina.   *Cf.* 371.1–4.

## Chapter 194

Sigríðr dróttning í Svíþióð er kǫlluð var hin stórráða sat þar at   75.16–76.2 /
búum sínum. *Litlu síðar en Óláfr konungr kom austr í Víkina*   371.6–11.
[...] *fóru* menn í milli þeira Óláfs konungs ok Sigríðar dróttningar
*með þeim erendum at* konungr hóf bónorð sitt við Sigríði, en hon
tók því líkliga. Var þat fest með einkamálum

*at* stefnulag skyldi vera *með þeim* til þessa mála *um vetrinn eptir*   76.2–4 /
*iól* í Elfinni við landamœri.   371.13–15.

Þá sendi Óláfr konungr Sigríði dróttningu gullhring þann hinn   76.4–6 /
mikla er hann hafði tekit[1] ór hofshurðinni á *Hlǫðum.[2] Þótti þat   371.11–13.
ǫllum er *sá* hin mesta gersimi. [...]

Þar váru með dróttningu gullsmiðir hennar tveir. En er *hringrinn*   76.9–17 /
*kom til þeira, þá* handvéttu *þeir hringinn ok lǫgðu til ekki, útan*   372.1–10.
*þeir tǫluðuz* *við[3] einmæli. Ok er þat sá dróttning, *þá[4] kallaði*
hon þá til sín ok *spurði* hvat þeir spottaði at hringinum, *en* þeir
*duldu* þess. Hon *sagði* at þeir skyldi fyrir hvern mun *láta hana
vita[5] hvat þeir *hefði* at fundit. Þeir sǫgðu at fals var í hringinum.
Síðan lét hon brióta í sundr hringinn ok fannz þar í innan eirteinn.
*Hon* varð þá reið ok sagði at Óláfr *konungr* mundi svá *falsa
hana at[6] fleira.

## Chapter 195

Ásta *dóttir Guðbrands kúlu, er átt hafði Haraldr konungr grenski*,   77.2–8 /
giptiz brátt eptir *dauða hans* þeim manni er nefndr er Sigurðr sýr.   372.12–18.
Hann var konungr á Hringaríki. Sigurðr *konungr sýr* var son
Hálfdanar Sigurðarsonar hrísa, Haraldssonar hárfagra. Óláfr son
Haralds *konungs* grenska *ok* Ástu fœddiz upp í *bernsku á Hringa-
ríki* með Sigurði konungi stiúpfǫður sínum *ok Ástu móður sinni.*

---

[1] +hringinn A.   [2] BC[1]D[1,2]; hlavð A.   [3] BC[1]D[1,2]; með A.   [4] C[1]; ÷ABD[1,2].
[5] C[1]; segia A, segia henní BD[1,2].   [6] BC[1]D[2]; falsat hafa A.

120    ÓLÁFS SAGA TRYGGVASONAR

77.8–9 /   Þenna sama vetr fór Óláfr konungr *Tryggvason ór Víkinni* upp á
372.10–11. Hringaríki *ok boðaði* kristni.

77.9–13 /  Lét þá skíraz Sigurðr konungr sýr ok Ásta kona hans ok Óláfr son
373.1–5.   hennar; var hann þá þrevetr, ok gørði Óláfr konungr *siálfr* guðsifiar
           við Óláf Haraldsson. *Var þá kristnat allt Hringaríki ok víðara um
           Upplǫnd. Eptir þat* fór Óláfr konungr enn út í Víkina *ok dvalðiz* *þar[1]

77.13–     *til þess er hann* fór austr til Konungahellu til stefnu *við* Sigríði
78.16 /    dróttningu *sem mælt* hafði verit um vetrinn, at þau mundi gera
373.9–     samgang sinn. *Kom þar Sigríðr dróttning ok tóku þau konungr
374.5.     tal sitt.* Fór þat *í fyrstu* allt líkliga *til samþykkis ok þess* er rœtt
           hafði verit. Þá mælti Óláfr konungr at Sigríðr skyldi taka skírn ok
           trú rétta. Hon svarar: 'Ekki mun ek ganga af trú þeiri er ek hefi
           haft ok *haldit hér til* ok frændr mínir fyrir mér. Mun ek ok ekki at
           telia *þó at* þú trúir á þat *goð* er þér líkar.' Óláfr konungr varð
           miǫk reiðr *svǫrum hennar. Hann* laust glófa sínum *heldr* bráðliga
           í andlit henni ok mælti: '*Ætlar þú, hrokkinskinnan, at* ek vilia
           eiga þik afgamla ok *þó* hundheiðna [. . .]' Þá mælti Sigríðr: '*Þessi
           ǫll saman smán ok svívirðing er þú gørir mér, Óláfr*, mætti vel
           verða þinn bani.' Skilðu þau *svá sitt tal, bæði miǫk reið.* Fór *Óláfr*
           konungr þá norðr í Víkina, en dróttning austr í *Svíþióð til búa
           sinna.*

79.1–4 /   Ok litlu síðar *giptiz hon Sveini tiúguskegg Danakonungi, þvíat
Cf.419.7–14. þá var dauð Gunnhildr dóttir Búrizláfs Vinðakonungs, er hann
           hafði áðr átt. Gørðiz þá kær vinátta með tengðum milli Sveins
           Danakonungs ok Óláfs konungs sænska, sonar Sigríðar drótt-
           ningar.*

## Chapter 196

79.5–81.6 / Búrizláfr Vinðakonungr kærði þat mál *optliga* fyrir Sigvalda iarli
419.16–   mági sínum at sættargørð sú var rofin er Sigvaldi hafði gǫrt millum
422.6.    Sveins konungs ok Búrizláfs konungs, at Búrizláfr skyldi fá Þyri
          dóttur Haralds konungs Gormssonar, systur Sveins konungs. En
          þat ráð hafði ekki fram gengit, *svá sem ætlat var ok ákveðit, þvíat*
          Þyri setti *þar[2] þvert nei fyrir at hon mundi giptaz gǫmlum konungi
          ok heiðnum. [. . .] En er Búrizláfi konungi þótti fyrir ván komit at

[1] BC[1]D[2]; ÷ A.   [2] BC[1]; ÷ AD[2].

# TEXT FROM HEIMSKRINGLA 121

*Sveinn konungr mundi senda systur sína til hans, þá* segir *hann* Sigvalda iarli at hann vill *hafa máldaga sinn* ok bað iarl fara til Danmerkr ok *færa sér Þyri heitkonu sína.* Iarl lagðiz þá ferð eigi undir hǫfuð ok *fór* á fund Sveins konungs ok bar þetta mál upp fyrir hann. [...] *Kom* iarl svá sínum fortǫlum at Sveinn konungr *fekk* honum í hendr Þyri systur sína *nauðga,* ok fylgðu henni *ór Danmǫrk* nǫkkurar konur ok *fóstri* hennar er nefndr er Qzurr Agason, ríkr maðr, ok *enn fleiri menn.* Kom þat í einkamál með þeim Sveini konungi ok Sigvalda iarli, at eignir þær í Vinðlandi er átt hafði Gunnhildr dróttning skyldi þá hafa Þyri til eiginorðs ok þar með aðrar eignir stórar í tilgiǫf sína.

Þyri grét sárliga ok fór miǫk nauðig. En er þau kómu í Vinðland, þá gerði Búrizláfr konungr brúðhlaup sitt ok fekk Þyri dróttningar. En er hon var með heiðnum mǫnnum, þá vildi hon hvárki þiggia at þeim *vist* né drykk. Fór svá siau *daga. Síðan* hliópuz *þau* Þyri dróttning ok Qzurr *fóstri hennar* *í brott[1] *um* nótt til skógar. Er þat skiótaz frá þeira ferð at segia at þau *kómu* fram í Danmǫrk, ok *þorði* Þyri fyrir engan mun þar at vera, þvíat hon *þóttiz vita at* Sveinn *konungr mundi þegar er hann vissi þarkvámu hennar* senda hana aptr til Vinðlands. Fóru þau *þaðan ok* allt hulðu hǫfði þar til er þau kómu *norðr* í Nóreg á fund Óláfs konungs. Tók hann við þeim vel, ok váru þau þar í góðum fagnaði. Sagði Þyri *Óláfi* konungi allt um sín vandræði ok *bað* hann hiálpræða ok *beiddi* sér *friðlands* í hans ríki. Þyri var kona orðsniǫll, ok virðuz konungi vel rœður hennar. Hon var *ok* fríð kona *sýnum ok kurteislig. Kom konungi þá* í hug at þat *mundi* vera gott kvánfang at fá hennar. *Veik hann síðan þannig sinni rœðu at hann spurði* ef hon *vildi* giptaz honum. En svá sem hennar ráði var þá komit, *ok* í annan stað sá hon hversu þat giaforð var farsælligt at giptaz svá ágætum konungi, *þá sýndiz henni vant at neita þessu boði* ok bað konung *siá ráð* fyrir sér ok *sínum kosti. En er þetta mál* var talat, þá fekk Óláfr konungr Þyri *ok fastnaði hon sik sialf at ráði Qzurar fóstra síns.* [...]

[...] at þeir menn allir, *svá karlar sem konur,* er sannir ok kunnir 82.5–14 / yrði at því at fœri með galdra ok gørningar, *einkanliga* seiðmenn, 374.8–17. *skyldu[2] allir fara af landi á brott. Síðan lét konungr *leita at*[3] *þess* háttar mǫnnum um *Víkina ok ǫll nálæg heruð ok* byggðir ok bauð

---

[1] D[2]; æa braut A, ÷ BC[1]. [2] BC[1]D[2]; skyllði A. [3] + ollum A.

þeim ǫllum á sinn fund. En er þeir kómu til konungs *var þat fiǫlði manna, ok* var einn *allra þeira foringi. Sá hét* Eyvindr kelda. *Hann* var seiðmaðr ok allmiǫk fiǫlkunnigr. *Eyvindr var ættstórr ok auðigr.* Hann var sonarson Rǫgnvalds réttilbeina sonar Haralds konungs hárfagra. [...]

82.17–83.1 / [...] *þá skipaði hann ǫllu þessu fólki í eina mikla stofu. Þar var*
374.17–19. *búiz um vel ok gǫr þeim ǫllum hin bezta veizla ok gefinn hinn styrkasti drykkr ok borinn kappsamliga.* [...]

83.17–84.3 / Konungr lét *um kveldit* leggia eld í stofuna. *Vǫknuðu heiðingiar*
375.1–5. *eigi fyrr en eldr lék um þá.* Brann *þar stofan* ok allt þat er inni var, nema Eyvindr kelda komz út um *liórann[1] með fiǫlkynngi ok fiandans krapti.* Leitaði hann svá á braut *ok forðaðiz sem mest at sinni fund Óláfs konungs.* En er *Eyvindr* var langt á leið kominn fann hann *einn dag á leið sinni[2] nǫkkura menn saman.* [...]

84.6–13 / '[...] *ok segið honum* svá, at Eyvindr kelda *er* kominn *brott[3]* ór
375.5–12. eldinum *ok þat vænna at* hann *komi ekki* síðan á vald Óláfs konungs. En allt á sǫmu leið *ok* fyrr mun fara *með alla seið sína ok fiǫlkynngi, útan nǫkkut megi við auka. Fór Eyvindr þá leið sína,* en þessir menn kómu á konungs fund *ok sǫgðu honum erendi* Eyvindar *ok ǫll* orð *hans,* sem hann hafði þeim boðit. Konungr lét illa yfir er Eyvindr var eigi dauðr [...]

## Chapter 197

84.15–85.3 / Óláfr konungr sendi boð um Víkina at hann vill lið hafa úti um
375.14– sumarit ok fara norðr í land. Fór *konungr siálfr ok hirðin þegar er*
376.4. váraði út eptir Víkinni ok tók veizlur at stórbúum sínum. *Sótti hann* norðr á Agðir ok Rogaland er á leið langafǫstu. *Hann* kom *páskaaptaninn* í Kǫrmt á Ǫgvaldsnes. Var þar búin fyrir honum páskaveizla. [...]

## Chapter 198

86.1–87.18 / Svá er sagt at *þat fyrsta kveld* er Óláfr konungr *þá páskaveizlu á*
377.9–379.4. Ǫgvaldsnesi kom þar maðr gamall, miǫk orðspakr, einsýnn *ok*

---

[1] C[1]; glugginn AB, glvggan D[1], laundyrr D[2].  [2] D[1,2]; aa vegh sinum einn d. A, einn .d. a veg sínum BC[1].  [3] BC[1]D[1]; braut A, burt D[2].

## TEXT FROM HEIMSKRINGLA 123

*augdapr*, ok hafði hatt síðan. Hann kom sér í tal við konung, *ok þótti konungi gaman at rœðum hans, því at hann kunni af ǫllum lǫndum tíðindi* at segia, *eigi síðr forn en ný*. Spurði konungr *hann[1] margra hluta, en gestrinn fekk *órlausn[2] til allra spurninga. Sat konungr lengi um kveldit. *Ok um síðir spurði* konungr ef hann vissi *hvat manna* Ǫgvaldr hefði verit er bœrinn *var[3] við kenndr ok nesit. Gestrinn *svarar*: 'Ǫgvaldr var konungr ok hermaðr mikill; hann blótaði mest kú eina ok hafði hana með sér hvar sem hann fór *á siá eða landi*. Þótti honum *heilsamligt* at drekka iafnan miólk hennar. *Ok er sá orðskviðr þaðan er margir hafa, at allt skal fara saman, karl ok kýr*. Ǫgvaldr konungr barðiz við þann konung er Varinn hét. Ok í þeiri orrostu fell Ǫgvaldr konungr. Var hann þá hér heygðr skammt frá bœnum *á nesinu*, ok *þar* settir upp[4] bautasteinar þeir er enn standa hér *á nesinu*. En í annan haug héðan skammt *frá* var lagin kýrin.' Slíka hluti ok marga aðra sagði hann *frá fyrrum* tíðindum *ok af fornkonungum*.

En er lengi var setit *á nótt fram*, þá minnti byskup konung á at mál væri at ganga at sofa. Gørði konungr þá svá. En er hann var afklæddr ok hafði lagiz í *sængina*, þá kom þar gestrinn *gamli ok* settiz á fótskǫrina ok talaði enn lengi við konung, *því at* konungi þótti orðs vant er annat var *talat. Sigurðr byskup lá í næstu hvílu konungs sænginni. Ok er konungr hafði lengi vakat* mælti byskup at mál væri at sofa. *Hneigðiz konungr þá at hœgindum ok þótti* *þó[5] mikit fyrir at létta talinu*. En gestrinn gekk út. *Konungr sofnaði skiótt ok fast ok hraut miǫk. Hann* vaknaði litlu síðar ok spurði *þegar at* gestinum, bað hann kalla[6] til sín. *Var hans þá leita farit ok* fannz hvergi. *Þá stóð byskup upp ok klæddiz. Konungr spurði ef þegar væri mál til tíða. Byskup sagði at svá var. Klæddiz* konungr *þá ok bað* kalla til sín *matbúðarmenn* ok steikara ok spurði ef nǫkkurr ókunnr maðr hefði komit til þeira *fyrir litlu*. Þeir *svǫruðu*: 'At vísu, herra, kom til vár maðr *aldraðr, sá er vér kennum eigi*, þá er *vér biǫggum veizlu þessa. Hann* sagði at *vér syðim* furðu illt slátr *ok kvað ekki hœfa at bera slíkt á konungs borð á iafnmikilli hátíð sem í hǫnd fer*. Fekk hann *oss þá* tvær nautssíður, digrar ok feitar, ok *suðum vér þær með ǫðru kiǫti*.' [...]

---

[1] BC¹D¹,²; ÷ A.  [2] C¹; or lausnir ABD¹,².  [3] BC¹D¹,²; er A.  [4] + hia A.
[5] BC¹D¹,²; ÷ A.  [6] + þangat A.

## Chapter 199

89.1–17 / Nú er þar til at taka at á þessi sǫmu páskanótt kom þar við eyna
376.5– Eyvindr kelda; hann hafði mikit langskip alskipat. Váru þat allt
377.5. seiðmenn ok *fiǫlkunnigt* fólk. Eyvindr gekk upp af skipi ok *ǫll sveit*[1] hans. *Tóku þá at magna* fiǫlkynngi sína. Gørði Eyvindr þeim hulizhiálm ok þokumyrkr svá mikit at konungr ok lið hans skyldi eigi mega siá þá. En er þeir kómu *nær bœnum* á Ǫgvaldsnesi, þá varð miǫk annan veg en Eyvindr hafði ætlat. Þokumyrkvi sá er hann hafði gǫrt með fiǫlkynngi *stóð* yfir honum ok hans fǫruneyti. *Urðu þeir allir senn svá blindir* at þeir sá eigi heldr augum en hnakka ok *gengu allir í* hring ok í kring. En varðmenn konungs sá hvar þeir fóru ok vissu eigi hvat *flokki* þat var. Var þá sagt konungi *í þann tíma er lokit var óttusǫng. Konungr gekk út. Ok* er hann sá hvar þeir Eyvindr fóru bað hann menn sína vápna sik ok *ganga til at*[2] vita hvat mǫnnum *þat*[3] væri *er svá fóru undarliga. Þeir gørðu svá*. Kenndu konungsmenn þar Eyvind *keldu*, tóku þá alla ok leiddu *heim til bœiar ok síðan á* konungs *fund, er hann gekk frá messu*. Sagði Eyvindr þá allan atburð um sína ferð, [. . .]

91.3–6 / En annan dag eptir váru þeir fluttir í eitt flœðisker *at konungs*
377.5–7. *ráði skammt frá eyiunni, blindir ok bundnir.* Létu þeir Eyvindr þar *allir líf sitt, ok* er þat síðan kallat Skrattasker. [. . .]

## Chapter 200

91.13– Sigurðr er maðr nefndr, *en* annarr Haukr. Þeir váru háleyskir menn
92.18 / *at ætt, ungir at aldri, miklir ok styrkir* ok hǫfðuz miǫk í kaup-
389.8– ferðum. *Þetta sama vár er Óláfr konungr sigldi austan ór Víkinni*
390.7. *sigldu þeir Sigurðr ok Haukr vestr til Englands*. En er þeir kómu aptr til Nóregs *at áliðnu sumri*, þá sigldu þeir norðr með landi. Þeir mœttu liði Óláfs konungs á Norðmœri. En er konungi var sagt at þar váru kaupmenn háleyskir komnir *af Englandi* ok váru heiðnir, þá lét hann kalla stýrimenn til sín *ok* spurði ef þeir vildi *taka trú ok láta skíraz*, en þeir *neituðu því skiótt. Konungr* taldi fyrir þeim marga vega *fagrliga* ok *fekk* ekki *af þeim þat er hann vildi.* Hét hann þeim *þá afarkostum, lífláti eða lima, ok gerði þat ekki.* Þá lét konungr setia þá í iárn ok hafði með sér *norðr til*

---

[1] BC¹D¹,²; alt folk A.  [2] BC¹D¹; fara at A, ÷ D².  [3] BC¹D¹,²; þeir A.

Þrándheims. *Váru þeir um* hríð *haldnir í fiǫtrum.* Konungr *kom opt til þeira, hét þeim sœmðum ok sinni vináttu, en stundum hǫrðum píslum, ok stoðaði ekki, þvíat þeir gengu hvárki fyrir blíðu né stríðu.*En á einni nótt hurfu þeir *á braut ór varðhaldinu,* svá at engi maðr spurði til þeira *ok engi* vissi með hverium hætti þeir *hefði í braut komiz.* [. . .] *Síð* um haustit kómu þeir fram *brœðr, Sigurðr ok Haukr,* norðr *á Hálogalandi* með Háreki í Þióttu. Tók hann *allvel* við þeim, ok váru þeir þar um vetrinn með honum í góðu yfirlæti.

## Chapter 204

[. . .] Þat var um várit einn veðrdag góðan at Hárekr var heima ok fátt manna á bœnum. Þótti honum daufligt. *Þeir brœðr fylgðu honum iafnan.* Þá *spurði* Sigurðr ef *bóndi* vildi at þeir *fœri* nǫkkur *at skemmta* sér. Þat *líkaði* Háreki vel, *gengu* síðan til strandar ok settu fram sexæring. Tók Sigurðr ór *nausti* segl ok reiða er fylgði skipinu, sem þeir váru opt vanir at hafa *með sér*[1] *þó at* þeir *fœri skammt at skemmta* sér. Hárekr gekk *út á skipit* ok lagði stýri í lag. Þeir Sigurðr brœðr *hǫfðu* alvæpni sitt sem þeir váru vanir at ganga heima með bónda. Báðir váru þeir manna *sterkastir.[2] En áðr þeir gengi út á skipit, þá kǫstuðu þeir út smiǫrlaupum nǫkkurum ok brauðkass ok báru *í* milli sín mikla mungátsbyttu á skipit. *Hárekr bióz um aptr á skipinu ok geymði ekki um hvat þeir brœðr hǫfðuz at.* Síðan reru þeir frá landi. *Vindr var á lítill norðan ok veðrit blítt.* En er þeir váru skammt komnir frá eyiunni, þá *fœrðu* þeir *brœðr*[3] segl upp, en Hárekr stýrði. Bar þá brátt frá eyiunni. *Því næst gengu* þeir brœðr aptr þar til *sem* Hárekr sat *ok spurðu hvert hann ætlaði at þeir skyldi fara. Hann sagði at þeir mundi sigla at skemmta sér til hinnar næstu eyiar.* Sigurðr mælti: '*Svá er nú komit, bóndi, at þú skalt* hér nú kiósa um kosti nǫkkura. Sá er hinn fyrsti at *þú skalt* okkr brœðr láta ráða fyrir ferð várri ok stefnu. *Skal þá gera vel við þik sem þú ert makligr.* Hinn er annarr *kostr*, at láta okkr binda þik. Sá er hinn þriði at vit munum drepa þik.' Hárekr sá þá hvar komit var hans máli; hann var *eigi* betr en andvígr ǫðrum þeira brœðra ef þeir *váru* iafnbúnir. Kaus hann fyrir *því*[4] þann af *er*[5] honum þótti vildastr, at láta þá ráða fyrir ferðinni. Batt hann þat svardǫgum ok seldi *þeim*[6] trú sína til

115,2–
117.7 /
390.9–
392.19.

---

[1,3,4,6] BC[2,6,9]D[1,2]; ÷ A.   [2] BC[2,6,9]D[1,2]; styrkaztir A.   [5] BC[2,6,9]D[1]; sem AD[2].

þess. Gekk *þá* Sigurðr til stiórnar ok stefndi suðr með landi. *Gættu þeir brœðr þess at þeir skyldu hvergi menn finna, en byri gaf sem bezt ok blíðast.* Léttu þeir ferðinni eigi fyrr en þeir *kómu* suðr til Þrándheims ok inn til Niðaróss *á fund Óláfs konungs.* Konungr lét Hárek kalla *til tals* við sik ok bauð honum at láta skíraz. Hárekr mælti í móti. Þetta *tǫluðu* þeir konungr ok Hárekr *með sér* marga daga, stundum fyrir *fjǫlmenni*, stundum í *einmæli.¹ Kom *þar* ekki ásamt með þeim. *Ok at lykðum sagði* konungr Háreki: 'Nú skaltu fara heim, ok vil ek *ekki² granda þér. Fyrst heldr þat til at frændsemi er mikil *í* milli okkar, þat annat at þú munt kalla at ek *hafi* þik með svikum *fangit.* Vit þat til sanns at ek ætla í sumar at *fara* norðr *þangat at* vitia yðvar Háleygianna. Skulu þér þá *prófa* hvárt ek kann refsa þeim er neita kristninni.' Hárekr lét vel yfir því at hann *kœmiz* sem fyrst þaðan í *brott.³ Óláfr konungr fekk Háreki skútu góða; reru á borð tíu menn eða tólf. Lét *konungr* búa skip þat sem bezt at ǫllum fǫngum. Þar með fekk konungr Háreki til fylgðar þriá tigi manna, *vaska drengi* ok vel búna.

117.7–
119.4 /   Fór Hárekr þegar *í brott⁴ er hann var búinn, en Haukr ok Sigurðr váru *eptir* með konungi ok létu báðir skíraz.

393.2–
394.19.   Hárekr fór leið sína þar til er hann kom heim í Þióttu. Hann sendi þegar orð Eyvindi kinnrifu, vin sínum, ok bað svá segia *honum⁵ at Hárekr ór Þióttu hafði fundit Óláf konung ok hafði eigi kúgaz látit at taka við kristni. Hitt annat bað hann segia *Eyvindi*, at Óláfr konungr ætlar um sumarit at fara með her á hendr þeim; *sagði* Hárekr at þeir *mundi* þar verða varhuga við at gialda; bað Eyvind koma sem fyrst á sinn fund. En er þessi erendi váru borin Eyvindi, þá *sá* hann at œrin nauðsyn *mundi* til vera at gera þat ráð fyrir at þeir verði eigi upptœkir fyrir *Óláfi* konungi. Fór Eyvindr *þegar* sem skyndiligast með hleypiskútu ok fá menn á. En er hann kom til Þióttu *fagnaði* Hárekr honum vel. *Gengu* þeir þegar á *eintal tveir samt* annan veg frá bœnum. En er þeir *hǫfðu* litla hríð talat, þá *komu* þar konungs menn þeir er Háreki hǫfðu *norðr⁶ fylgt. *Gripu* þeir Eyvind hǫndum ok *leiddu* hann til skips með sér. *Fóru þeir* brott með Eyvind, *ok léttu* þeir sinni ferð eigi fyrr en þeir *kómu suðr* til Þrándheims ok *fundu* Óláf *konung⁷ í

---

¹ D¹,²; eínmælum AC²,⁶,⁹, hliod mælvm B.   ² D¹,²; eigi ABC²,⁶,⁹.
³ BC²,⁹D¹,²; braut A, brutt C⁶.   ⁴ C²,⁶,⁹; brotto A, brott D¹,², ÷ B.   ⁵ C²,⁶,⁹; ÷ ABD¹,².   ⁶ D¹,²; þangat AC²,⁶,⁹, heim B.   ⁷ BC²,⁶,⁹D¹,²; ÷ A.

Niðarósi. Var Eyvindi þá fylgt *á konungs fund.* Bauð konungr
honum sem ǫðrum mǫnnum at taka skírn. Eyvindr kvað þar nei
við. Konungr bað hann blíðum orðum at taka *rétta trú* ok *sagði*
honum marga skynsemi, ok svá byskup, *af dýrð ok iartegnum
almáttigs guðs, ok* skipaðiz Eyvindr ekki við þat. Þá bauð konungr
honum giafar *virðuligar* ok veizlur stórar *ok hét honum þar með
fullkominni sinni vináttu, ef hann vildi láta af heiðni ok taka skírn,*
en Eyvindr neitti því ǫllu *práliga.* Þá hét konungr honum meizlum
eða dauða. Ekki skipaðiz Eyvindr við þat. Síðan lét konungr bera
inn munlaug fulla af glóðum ok setia á kvið Eyvindi, ok brátt
brast kviðrinn sundr. Þá mælti Eyvindr: 'Taki af mér munlaugina.
Ek vil mæla nǫkkur orð áðr ek dey.' Þá var svá gǫrt. Konungr
mælti: 'Viltu nú, Eyvindr, trúa á Krist?' 'Nei,' *sagði* hann. 'Ek
má enga skírn fá [. . .]'

*Eptir þat* dó Eyvindr. Hafði hann verit hinn fiǫlkunnigasti maðr.  119.14–15/
395.3–4.

## Chapter 206

Óláfr konungr var mestr íþróttamaðr í Nóregi þeira *manna* er menn  121.1–122.3/
hafa frá sagt um alla hluti. Hverium manni var hann *styrkari* ok  408.11–14
fimari, ok eru þar margar frásagnir ritaðar um þat. Ein sú er hann  *and* 409.4–19
gekk *á árum* útbyrðis er menn hans reru á *langskipi* ok lék at
þrimr handsǫxum *senn,* svá at iafnan var eitt á lopti, ok hendi æ
meðalkaflann. Hann vá iafnt báðum hǫndum ok skaut tveim
spiótum senn, *manna fimastr við handboga ok allsháttar bogaskot
ok syndr hverium manni betr. Brattgengri var hann í biǫrg en
hverr maðr* *annarra,[1] ⌜sem síðar mun sagt verða.[2]*

Óláfr konungr var allra manna glaðastr ok leikinn miǫk, blíðr
ok lítillátr, *ǫrr ok* stórgiǫfull, ákafamaðr mikill um *marga* hluti,
*skartsamr ok* sundrgerðamaðr mikill, fyrir ǫllum mǫnnum um
frœknleik í orrostum, allra manna grimmastr þá er hann var reiðr
ok kvalði miǫk óvini sína. Suma brenndi hann í eldi, suma lét
hann ólma hunda rífa í sundr, suma lemia eða kasta fyrir há biǫrg.
Váru af *slíkum* *sǫkum[3] vinir hans ástúðigir við hann, en óvinir
hans hrædduz hann. Varð því mikil framkvæmð hans *um kristniboð
ok aðra hluti, bæði innanlands ok í ǫðrum lǫndum,* at sumir gerðu
hans vilia með blíðu ok vináttu, en sumir fyrir hræzlu sakir.

---

[1] BC¹D¹,²; aNaR A.   [2] ÷ BC¹D¹,².   [3] BC¹D¹,²; lutum A.

## Chapter 209

126.18–
127.8 /
395.6–
396.3.
Um várit eptir *aftǫku Eyvindar kinnrifu* lét Óláfr konungr búa skip sín ok lið. Þá hafði hann siálfr Trǫnuna *er hann hafði gera látit.* Hann hafði lið mikit ok frítt. En er hann var búinn helt hann út eptir firði *ok[1] norðr fyrir Byrðu ok svá norðr á Hálogaland. En hvar sem hann kom við land eða átti þing, þá bauð hann ǫllu fólki at taka skírn ok rétta trú. Bar þá engi maðr traust til at mæla í *mót,* ok kristnaðiz *þá[2] land allt þar sem hann fór.

Óláfr konungr tók veizlu í Þióttu at Háreks. Var Hárekr þá skírðr ok allt lið hans. Gaf Hárekr konungi giafar góðar ok gerðiz hans maðr. Tók Hárekr af konungi veizlur stórar ok lends manns rétt. [. . .]

## Chapter 210

127.14–
129.7 /
396.5–
398.4.
Rauðr hinn rammi er nefndr einn *ríkr* bóndi *ok auðigr. Hann* bió í firði þeim *á Hálogalandi* er heitir Sálfti, þar sem heitir Goðey. Rauðr hafði *með sér* marga húskarla, *ok helt hann ríkmannliga menn sína, þvíat hann var hǫfðingi mestr í firðinum ok svá *víða[3] norðr þar.* Fylgði honum fiǫlði Finna þegar hann þurfti *nǫkkurs við.* Rauðr var blótmaðr mikill ok *all*fiǫlkunnigr. Hann var vinr mikill þess manns er fyrr var nefndr *er hét* Þórir hiǫrtr; *hann réð fyrir norðr í Vágum.* Þeir váru báðir hǫfðingiar miklir. En er þeir spurðu at Óláfr konungr fór með her manns sunnan um Hálogaland, þá *sǫmnuðu* þeir her at sér ok *buðu* skipum út. *Fengu þeir* lið mikit. Rauðr hafði dreka mikinn ok gullbúin hǫfuð á. Var þat skip þrítøgt at rúmatali ok *þó* mikit at því. Þórir hiǫrtr hafði ok mikit skip. Þeir *heldu* liði því suðr *með landi* í móti Óláfi konungi. En er þeir *hittuz lǫgðu* þeir *þegar* til *bardaga* við konung. Varð þar *mikil orrosta ok hǫrð.* Sneri brátt mannfallinu í lið *heiðingia,* ok hruðuz skip þeira, *en* því næst sló á þá felmt ok *flótta.* Rauðr reri dreka sínum út til hafs. Því næst lét hann *vinda á* segl sitt. *Hann* hafði iafnan byr hvert er hann vildi sigla, ok var þat af fiǫlkynngi hans *ok gǫldrum.* Er þat skiótast at segia af ferð Rauðs at hann sigldi *þar til er hann kom* heim[4] í Goðey.

Þórir hiǫrtr flýði *með sitt lið* inn til lands ok hliópu þar af skipum. Óláfr konungr fylgði þeim *við sína menn;* hliópu þeir ok *á land ok eltu hina* ok drápu. Var *Óláfr* konungr fremstr sem *optast* þá er

---

[1] C[1]; ÷ ABD[1,2].   [2] BC[1]; ÷ AD[1,2].   [3] BC[1]D[1,2]; viðara A.   [4] + norðr A.

slíkt skyldi þreyta. Konungr sá hvar Þórir hiǫrtr hlióp. Hann var allra manna fóthvatastr. Konungr rann eptir *Þóri* ok fylgði *honum*[1] hundr hans, Vígi. Þá mælti konungr: 'Vígi. *Taktu[2] hiǫrtinn.' *Hundrinn* hlióp fram eptir Þóri ok þegar upp á hann. Þórir nam staðar við. Konungr skaut þá kesiu *sinni* at Þóri. Þórir lagði sverði til hundsins ok veitti honum mikit sár, en iafnskiótt flaug kesia konungs undir hǫnd Þóri svá at út stóð um aðra síðuna. Lét Þórir þar líf sitt, en Vígi var borinn sárr til skipa. *Fekk konungr til hinn bezta lækni at græða hundinn, ok varð hann heill.* Óláfr konungr gaf ǫllum mǫnnum grið þeim er báðu ok *rétta trú* vildu taka.

## Chapter 211

Óláfr konungr helt liði sínu norðr með landi ok kristnaði allt fólk þar sem hann fór. En er hann kom norðr at Sálfti ætlaði hann at fara inn *á fiǫrðinn* ok finna Rauð. En hregg *veðrs[3] ok stakastormr lá innan *eptir firðinum.[4] Lá konungr þar til viku *fulla,* ok heltz *æ* hit sama *sterkviðri[5] innan eptir *firðinum,* en hit ýtra var blásandi byrr at sigla norðr með landi. Sigldi þá konungr allt norðr í Ǫmð, ok gekk þar allt fólk undir kristni. Síðan *sneri hann* ferð sinni aptr suðr. En er hann kom norðan at Sálfti, þá var hregg ok siádrif út *fiǫrðinn.* Konungr lá þar nǫkkurar nætr, ok var veðr hit sama. Þá talaði konungr við Sigurð byskup ok spurði ef hann kynni þar nǫkkur ráð til at leggia. Byskup *sagði* at hann mun freista ef guð vill sinn styrk til *gefa* at sigra þenna fiándakrapt.

129.8–
130.1 /
398.6–
399.3.

Síðan *skrýddiz* byskup *ǫllum* messuskrúða *sínum* ok gekk fram í stafn á konungs *skipinu*; lét *hann þar setia* upp róðukross *ok* tendra *fyrir* kerti ok bar reykelsi. *Hann* las þar *fyrir* guðspiall ok margar bœnir aðrar. Stǫkkði *hann* vígðu vatni um allt skipit. Síðan bað hann taka af tiǫldin ok róa inn á fiǫrðinn. *Hann lét* þá kalla til annarra skipa, at allir *skulu* róa inn eptir *þeim.* En er róðr var greiddr á Trǫnunni, þá gekk hon inn á fiǫrðinn, ok kenndu þeir *menn*[6] engan vind á sér er á því skipi váru, ok svá stóð sú tópt eptir í varrsímanum, at þar var logn, en svá laus siórokan brott frá á hvárntveggia veg at hvergi sá fiǫllin. Reri þá hvert skipit eptir ǫðru þar í logninu. Fóru þeir svá allan daginn ok um nóttina eptir.

130.1–
132.4 /
399.5–
401.20.

---

[1] BC¹D¹,²; konungi A.  [2] BC¹D¹,²; tak þu A.  [3] BC¹; vidri AD¹,².  [4] C¹; fiðrðinn ABD¹,².  [5] BC¹D¹,²; styrk vidri A.  [6] BC¹D¹,²; ÷ A.

Kómu *þeir* litlu fyrir *dagan* inn í Goðeyiar. En er þeir kómu fyrir bœ Rauðs, þá flaut þar fyrir landi dreki hans sá hinn mikli. Óláfr konungr gekk þegar upp til bœiar *Rauðs* með lið sitt ok veittu *atsókn* lopti því er Rauðr svaf í ok brutu upp; hlópu menn *konungs* þar inn. Var Rauðr handtekinn ok bundinn, en *menn hans* drepnir þeir er þar váru inni, en sumir handteknir. Þá *var ok gengit* at skála þeim er húskarlar Rauðs sváfu í. Váru *þeir* sumir drepnir, en sumir barðir *eða* bundnir. *Því næst var Rauðr leiddr fyrir konung*. Konungr bauð honum at láta skíraz; 'mun ek þá,' segir konungr, 'ekki taka af þér *eignir* þínar, \*vera heldr vinr þinn[1] ef þú kannt til gæta.' Rauðr œpti í móti því; *sagði* at hann skyldi aldri á Krist trúa ok guðlastaði miǫk *á marga vega*. Konungr varð þá reiðr ok sagði at Rauðr skyldi hafa hinn versta dauða. Lét þá konungr taka hann ok binda opinn á slá eina ok setia kefli milli tanna honum ok lúka svá upp munninn. Þá lét konungr taka lyngorm einn ok bera at munni honum. En ormrinn vildi eigi[2] í munninn ok hrøkkðiz frá í brott, þvíat Rauðr blés *fast* í móti honum. Þá lét konungr taka hvannníólatrumbu ok setia í munn *honum*, en sumir menn segia at konungr léti setia lúðr sinn í munn *Rauð* ok \*lét[3] þar í orminn. Síðan lét *hann* bera at útan sláiárn glóanda. Hrøkkðiz þá ormrinn *undan iárninu* í munn Rauð ok síðan í *bríóstit til hiartans* ok skar út um *vinstri* síðuna. Lét Rauðr *svá* líf sitt.

Óláfr konungr tók þar *allmikit* fé í gulli ok silfri ok ǫðru lausafé, í vápnum ok margskonar dýrgripum. En menn alla þá er fylgt hǫfðu Rauð *ok þá váru á lífi* lét *hann* skíra, *þá er trú vildu taka*, en þá er þat vildu eigi lét hann drepa eða *pína*. Þar tók Óláfr konungr *drekann* er Rauðr hafði átt ok stýrði siálfr, þvíat þat var skip miklu meira ok fríðara en Tranan. Var \*fram[4] á drekahǫfuð, en aptr krókr ok fram af svá sem sporðr. Var hvártveggi svírinn ok *svá* stafninn með gulli lagðr. Þat skip kallaði konungr Orminn, þvíat þá er segl var á lopti skyldi þat vera fyrir væingi drekans. Var þetta skip *þá* fríðast í ǫllum Nóregi.

Eyiar þær er Rauðr byggði heita Gilling[5] ok \*Hæring,[6] en allar saman heita þær Goðeyiar ok Goðeyiastraumr fyrir norðan *í* milli ok meginlands.

---

[1] BC¹D¹,²; ÷ A. · [2] + iN A. [3] BC¹D¹,²; bera A. [4] BC¹D¹,²; framan A.
[5] ABC¹D¹,², *Jöfraskinna*; Gylling *Kringla, 39, Frissbók, PCl*. [6] BC¹D²; hræringh A, ǫringD¹.

## Chapter 212

Óláfr konungr kristnaði fiǫrð þann allan. *Fór hann síðan leið sína* 132.6–9 /
suðr með landi, ok varð í þeiri ferð mart til tíðinda þat er í *frásagnir* 401.20–
er fœrt, *er[1] trǫll ok[2] illar vættir glettuz við *konungs* menn ok 402.4.
stundum við hann siálfan. [...]

## Chapter 213

[...] Kom Óláfr konungr liði sínu um haustit *suðr til Þrándheims*, 142.12–13 /
helt *inn* til Niðaróss ok bió sér þar til vetrsetu. 402.7–8.

## Chapter 214

Þá er Haraldr konungr *hinn hárfagri* hafði eignaz allt *ríki í Nóregi* 142.14–
ok var á veizlu *með Rǫgnvaldi Mœraiarli*, þá tók konungr þar 143.4 /
laugar ok lét greiða hár sitt. Ok þá skar Rǫgnvaldr iarl hár hans, 130.8–16.
en áðr hafði verit óskorit tíu vetr, *ok fyrir því* var hann kallaðr
*Haraldr* lúfa. En síðan gaf iarl honum kenningarnafn ok kallaði
hann Harald hinn hárfagra, ok sǫgðu allir er sá at þat var hit mesta
sannnefni, þvíat hann hafði hár bæði mikit ok fagrt.

*Nǫkkuru síðar fór* Haraldr konungr með her *sinn[3] vestr um haf 143.5 / *Cf*.
[...] 128.8–9.

En *áðr hann fór* vestan gaf hann Orkneyiar ok Hialtland Rǫgnvaldi 143.6–8 / *Cf*.
iarli í sonarbœtr. *Gǫrðiz Sigurðr bróðir Rǫgnvalds þar iarl yfir,* 129.9–14.
[...]

En er Rǫgnvaldr iarl spurði fall Sigurðar *iarls* bróður síns, þá 143.10–11 /
sendi hann vestr *til Orkneyia* Hallað son sinn. [...] 137.2–4.

## Chapter 217

[...] Þar var *einn maðr*, Halldórr son Guðmundar *hins ríka* af 161.1–5 /
Mǫðruvǫllum, *annarr* Kolbeinn son Þórðar Freysgoða, bróðir 402.15–
Brennu-Flosa, *þriði* Svertingr son Rúnólfs goða. Þar *réð* ok fyrir 403.3 *and*
skipi Þórarinn Nefiúlfsson. Þessir allir váru heiðnir ok margir aðrir 403.17.
*bæði* ríkir *ok* óríkir.

---

[1] BC[1]D[2]; ÷ AD[1].  [2] + aðrar A.  [3] BC[1]; ÷ A. *Different text in* D[1,2].

161.5–11 / Þessir menn sem nú váru nefndir, hverr með sína skipveria, leituðu
403.12–16. til brautsiglingar þegar Óláfr konungr var *kominn norðan af
Hálogalandi, þvíat þeim var sagt at konungr nauðgaði alla menn
til kristni*. Lǫgðu heiðingiar þegar út ór ánni er konungr var
kominn til bœiarins; sigldu þeir út eptir firði. Því næst gekk þeim
veðr í þrá ok rak þá[1] aptr undir Niðarhólm.

161.11–15 / Þetta var sagt Óláfi konungi, at Íslendingar *lágu út undir Hólmi
403.19–23. nǫkkurum skipum ok váru allir heiðnir ok vildu flýia fund hans*.[2]
Konungr sendi *þegar* menn *út* til þeira ok bannaði þeim *\*brottferð*[3]
*ok* bað þá leggia inn til bœiarins. Þeir gerðu svá, en báru ekki af
skipum sínum.

161.15–18 / Í þann tíma kómu af Íslandi gǫfgir menn *ok mikils verðir þeir er
403.3–9. við* kristni hǫfðu tekit af Þangbrandi *presti*, Gizurr hvíti *ok* Hialti
Skeggiason *ór Þiórsárdal*. Hialti átti Vilborgu dóttur Gizurar hvíta
[. . .]

## Chapter 218

163.8– *Litlu síðar kom* Þangbrandr *á fund* Óláfs konungs, *nýkominn af
164.12 / Íslandi. Sagði hann konungi hversu Íslendingar hǫfðu illa við
407.5– honum tekit* [. . .] *Við þessa kærslu* Þangbrands *varð konungr
408.7. ákafa reiðr, svá at hann lét þegar blása til þings ok boða til* ǫllum
íslenzkum mǫnnum þeim *sem þar váru í bœnum eða á skipum,
bað síðan taka alla er heiðnir váru, ræna, meiða eða* drepa. En
*hǫfðingiar íslenzkir*, Kiartan Óláfsson, Gizurr, Hialti ok aðrir þeir
er kristnir váru gengu *fyrir konung ok báðu Íslendingum friðar*
ok mæltu: 'Eigi muntu, *herra* konungr, ganga á bak orðum þínum.
Þú *segir* at engi maðr *\*skal*[4] svá mikit hafa gǫrt til reiði þinnar at
eigi viltu þat upp gefa þeim er skíraz vilia ok láta af heiðni. Nú
vilia *þeir* allir íslenzkir menn sem hér eru *taka sanna trú ok* láta
skíraz. En vér munum finna þat ráð til at *kristnin* mun við ganga
á Íslandi. Eru hér *\*margir*[5] ríkra manna synir af Íslandi ok munu
feðr þeira mikit liðsinni veita at þessu máli. [. . .] En Þangbrandr
[. . .] fór með ofstopa *ok harðindi ok drap menn ef honum mislíkaði
við*, ok þolðu menn honum þar ekki slíkt.' [. . .]

---

[1] + inn A. [2] ABD[1,2]; kongs C[1]. [3] BC[1]D[1,2]; braut ferð A. [4] BC[1]D[2]; skuli A. [5] D[2]; margra ABC[1].

## Chapter 222

Guðrøðr konungr son Eiríks blóðøxar ok Gunnhildar hafði verit í hernaði í Vestrlǫndum síðan hann flýði land *í Nóregi* fyrir Hákoni iarli. En á þessu sumri *sem* nú er áðr frá sagt, þá er Óláfr konungr Tryggvason hafði fióra vetr ráðit Nóregi, kom Guðrøðr til Nóregs ok hafði mǫrg herskip. Hann hafði þá siglt út af Englandi. *En* er hann kom í landsván við Nóreg, þá stefndi hann suðr með landi, *þangat[1] er honum var minni ván fyrir Óláfs konungs. Sigldi Guðrøðr *austr* til Víkrinnar. En þegar hann kom til lands tók hann at heria ok *braut* undir sik *landsfólkit*, en beiddi sér viðtǫku. En er landsmenn sá at herr mikill var kominn á hendr þeim, þá *leituðu þeir sér griða* ok sætta ok *buðu* konungi at þingboð *skyldi fara um landit, sǫgðu at þeir vildu* heldr *veita* honum viðtǫku en þola her hans, *ok stefna til fiǫlmennt þing at taka hann til konungs*. Váru þar *mælt á lǫng* frest meðan þingboð fœri *um alla Víkina*. Krafði þá konungr vistagialds meðan sú bíðandi skyldi vera, en bœndr *køru* heldr hinn kost, at búa konungi veizlur *svá lengi sem þurfti ok þingboð stœði yfir*. *Guðrǫðr* konungr tók þann kost at hann fór *yfir landit* at veizlum með sumt lið sitt, en sumt gætti skipa hans. Þeir brœðr Þorgeirr ok Hyrningr [. . .] *Reðu sér síðan til skipa ok fóru* norðr í Víkina. *Kómu þeir* á einni nótt með *lið sitt* þar sem Guðrøðr konungr var á veizlu, *veittu* honum þar atgǫngu *bæði* með eldi ok vápnum. Fell þar Guðrøðr konungr ok flestallt lið hans. *Síðan heldu þeir til móts við þat lið sem at* skipunum *var*; var *þat* sumt drepit, en sumt komz undan ok flýði víðs vegar. Váru þá dauðir allir synir Eiríks ok Gunnhildar. [. . .]

171.8–
172.18 /
410.7–
412.2.

## Chapter 223

Þann vetr eptir er Óláfr konungr hafði komit af Hálogalandi lét hann reisa skip *mikit[2] inn undir Hlaðhǫmrum, þat er meira var miklu en ǫnnur skip þau er þá váru í *Nóregi*, ok eru enn *þar bakstokkar þeir[3] svá at siá má. Þorbergr *Skafhaugsson* *er sá maðr nefndr[4] er stafnasmiðr var at skipinu *ok hǫfuðsmiðr at reisa í fyrstu*. En þar váru margir aðrir at, sumir at fella, sumir at telgia, sumir saum at slá, sumir til at flytia viðu *eða aðra hluti þá sem þurfti*. Váru þar allir hlutir miǫk vandaðir til. Var *skip þat* bæði langt ok breitt, borðmikit ok stórviðat.

172.21–
175.14 /
412.4–
414.14.

---

[1] BC[1]D[2]; þar A.  [2] C[1]; ÷ AD[2].  [3] C[1]; þeir bak stockar þar A. *Different text in* D[2].  [4] C[1]; het sa maðr A. *Different text in* D[2].

En er þeir báru skipit borði, þá átti Þorbergr nauðsyniaerendi at fara heim til bús síns, ok dvalðiz hann þar miǫk lengi. En er hann kom aptr var skipit fullborða. Fór konungr þegar um kveldit ok Þorbergr með honum at siá skipit, *hvernveg* orðit var, ok mælti þat hverr maðr *er sá* at aldri hefði sét langskip iafn mikit ok iafn frítt. *Fór þá* konungr aptr í bœinn. En snimma um morgininn *fór* konungr enn til skipsins ok þeir Þorbergr. Váru þá smiðir áðr þar komnir; stóðu þeir allir ok hǫfðuz ekki at. Konungr spurði hví þeir fœri svá. Þeir sǫgðu at spillt var skipinu, *at* maðr mundi gengit hafa frá framstafni til lyptingar ok sett í borðit ofan hvert skýlihǫgg at ǫðru. Gekk konungr þá til ok sá at satt var. Mælti *hann* þegar ok *sór* um at sá maðr skyldi deyia ef *hann* vissi hverr fyrir ǫfundar sakir hefði spillt skipinu. 'En sá er mér kann segia,' *sagði konungr,* 'skal mikil gœði af mér hlióta.' Þá svaraði Þorbergr: 'Ek mun kunna *at* segia yðr, *herra*, hverr þetta verk mun gǫrt hafa.' *Konungr mælti*: 'Mér er *ok* eigi at ǫðrum *manni*[1] meiri ván at *þat* happ muni henda at verða þessa víss ok kunna mér *at* segia.' *Þat skal ek ok* segia þér, *herra*. Ek hefi gǫrt.' Konungr *svaraði*: 'Þá skaltu *ok* bœta svá at iafnvel sé sem áðr var *eða betr.* Skal þar líf þitt við liggia.' Síðan gekk Þorbergr til ok telgði borðin, svá at ǫll gengu ór skýlihǫggin. Mælti þá konungr ok allir *þeir er sá* at skipit væri miklu fríðara á þat *borðit* er Þorbergr hafði skorit. Bað konungr hann þá svá gera á bæði borð ok bað hann hafa mikla þǫkk fyrir. Var þá Þorbergr hǫfuðsmiðr fyrir skipinu þar til er algǫrt var. Var þat dreki ok *gǫrr*[2] eptir því sem *var* dreki sá er *Óláfr* konungr hafði *norðan* af Hálogalandi. En *þó* var þetta skip miklu meira ok at ǫllum hlutum meir vandat. *Þenna dreka* kallaði hann Orm hinn langa, en hinn Orm hinn skamma. Á langa Ormi váru fiǫgur rúm ok þrír tigir; *hǫfuðit* ok krókrinn var allt gullbúit. Svá váru borðin há sem á hafskipum. Þat hefir skip verit bezt gǫrt ok með mestum kostnaði í Nóregi.

Chapter 230

198.12–
199.18 /
422.9–
423.18.

[. . .] En *er á leið vetrinn ok* um várit kærði Þyri dróttning *optliga* fyrir konungi ok grét sárliga þat er eignir hennar váru miklar í Vinðlandi, en hon hafði engan fiárhlut þar í landi *svá*[3] sem dróttningu *sómði*. Stundum bað hon konung fǫgrum orðum at hann

[1] C¹D²; ÷ A.  [2] C¹; gort AD².  [3] D²; eptir þvi A, ÷ BC¹.

skyldi fá henni eign sína; *sagði* at Búrizláfr konungr var svá mikill vin Óláfs konungs at þegar þeir fyndiz mundi *hann* fá Óláfi konungi allt þat er hann beiddiz. En er *þessarrar* røðu urðu varir vinir Óláfs konungs, þá lǫttu allir konung *at fara til Vinðlands, þó at dróttning eggiaði. Þann vetr var veðrátta góð ok grøri snemma um várit.* Svá er sagt at þat var *á pálmdróttinsdag* at *Óláfr* konungr gekk úti um stræti. *Þá gekk maðr í móti honum með hvannir margar ok undarliga stórar í* þann tíma várs. Konungr tók einn hvannniólann í hǫnd sér ok gekk heim til herbergis. Þyri dróttning sat inni í stofunni ok grét er hann kom inn. Konungr mælti *til hennar*: 'Sé hér hvannnióla mikinn er ek gef þér.' Hon laust við hendinni ok mælti: 'Stœrrum gaf Haraldr Gormsson *faðir minn*, en minnr œðraðiz hann at fara af landi at sœkia *eign[1] sína en þú gerir nú, ok reyndiz þat þá er hann fór hingat í Nóreg ok eyddi land þetta at mestum hlut, en eignaðiz allt at skǫttum ok skyldum. [. .] *ok* þorir þú eigi at fara í gegnum Danaveldi *at sœkia eignir mínar, en sœmð þína, fyrir Sveini konungi bróður mínum.*' Óláfr konungr hlióp upp við er hon mælti þetta ok *svaraði* hátt: 'Aldri skal ek hræddr *fara[2] fyrir Sveini konungi bróður þínum, ok ef okkrir fundir verða, þá skal hann fyrir láta.'

Óláfr konungr stefndi þing í bœnum litlu síðar. Hann gerði þá 199.18– bert fyrir allri alþýðu, at hann mun leiðangr hafa úti um sumarit 200.3 / fyrir landi, ok hann vill nefnd hafa ór hveriu fylki bæði at *skipum 424.2–10. ok liði.[3] Sagði þá hversu mǫrg skip hann vill hafa þaðan ór firðinum. Síðan *gerði konungr* orðsendingar bæði norðr ok suðr með landi[4] hit *ýtra ok hit efra,[5] ok lætr liði út bióða. Lét konungr þá setia fram Orminn langa ok ǫll ǫnnur skip sín, bæði smá ok stór.

## Chapter 231

*Á því sama vári* sendi *Óláfr* konungr Gizur ok Hialta til Íslands, 200.4–15 / *sem áðr er ritat. Þá* sendi konungr ok Leif Eiríksson til Grœnlands 427.2–3 at boða þar kristni. *Fekk konungr honum prest ok nǫkkura aðra* and 14– *vígða menn at skíra þar fólk ok kenna þeim trú rétta.* Fór *Leifr* þat 428.9. sumar til Grœnlands. Hann tók í hafi *skipshǫfn* þeira manna er þá váru ófœrir ok lágu á skipsflaki *albrotnu.* Ok *í þeiri sǫmu ferð*

---

[1] BC[1]; tign AD[2].  [2] BC[1]D[2]; ÷ A.  [3] BC[1]D[2]; liði ok skipum A.  [4] + bæði AC[1].  [5] D[2]; efra ok hit ytra A, ytra ok (+ ít C[1]) innra BC[1].

fann hann *Vínland hit[1] góða ok kom *at áliðnu því sumri* til Grœnlands ok fór til vistar í Brattahlíð til Eiríks fǫður síns. Kǫlluðu menn hann síðan Leif hinn heppna. En Eiríkr faðir hans sagði at þat var samskulda, er Leifr hafði borgit *ok gefit líf* skipshǫfn manna ok þat er hann hafði flutt skémanninn til Grœnlands. *Svá kallaði hann prestinn.* [...]

## Chapter 233

205.13–
206.7 /
424.9–
425.2.

Óláfr konungr lét *búa* skip sín *um várit er á leið ór Niðarósi*; *skyldi* hann siálfr *stýra* Orminum langa *er hann hafði þá gera látit um vetrinn áðr, þvíat hann var þá mest langskip ok fríðast í Nóregi*. Ok þá er menn váru ráðnir til skipanar, þá var þar svá mjǫk vandat ok valit lið *á*, at engi maðr skyldi vera á Orminum ellri en sextøgr ok *engi* yngri en tvítøgr, en valit mjǫk at afli ok hreysti. Þar váru *fyrstir* til skoraðir hirðmenn Óláfs konungs, þvíat *hirðin* var *valin* af *innlendum* mǫnnum ok *útlendum,* allt þat er *styrkast* var ok frœknast.

206.7–
207.18 /
425.4–
426.16.

Úlfr rauði hét maðr er bar merki Óláfs konungs ok var í stafni á Orminum ok annarr *Kolbiǫrn[2] stallari, Þorsteinn uxafótr, Vikarr af Tíundalandi bróðir Arnlióts gellina. Þessir váru á *rausn* í sǫxum: Vakr *elfski Raumason,[3] Bersi hinn sterki, Án skyti af Iamtalandi, Þrándr rammi af Þelamǫrk ok Óþyrmir bróðir hans, þeir Háleygir Þrándr skiálgi, Ǫgmundr sandi, Hlǫðver langi ór Saltvík, Hárekr hvassi. *Þessir* innan ór Þrándheimi: Ketill *hinn* hávi, Þorfinnr eisli, Hávarðr ok þeir brœðr ór Orkadal. Þessir váru í fyrirrúmi: Biǫrn af Stuðlu *ok* Bǫrkr ór Fiǫrðum, Þorgrímr ór Hvini Þióðólfsson, *Ásgrímr* ok Ormr, Þórð ór *Marðarlaug,[4] Þorsteinn hvíti af *Oprostǫðum,[5] Arnórr mœrski, Hallsteinn, Eyvindr snákr, Bergþórr bestill, Hallkell af Fiǫlum, Óláfr drengr, Arnfinnr sygnski, Sigurðr bíldr, Einarr hǫrðski, *Finnr,[6] Ketill rygski, Gríotgarðr *raumski*. Í krapparúmi váru þessir: Einarr þambarskelfir — hann þótti þeim eigi hlutgengr, þvíat hann var átián vetra — Hallsteinn Hlífarson,

---

[1] C[1]; vindland hit A, vínlandit B, ÷ D[2].  [2] BD[2]; kolbeinn A, kolfeínn C[1].  [3] D[2]; enski af ravma A, af lidi Rauma BC[1].  [4] BD[2]; marða lǫg A, marda laug C[1].  [5] ofro stǫðum A, gróstǫdum BC[1], offrustôdum D[2].
[6] BC[1]D[2]; ÷ A.

Þórólfr, Ívarr smetta, Ormr skógarnef. Margir aðrir menn miǫk
ágætir váru á Orminum, *þó at* vér kunnim eigi at nefna. Átta menn
váru í hálfrými á Orminum ok var valit einum manni ok einum.
Þrír tigir manna váru í fyrirrúmi.

Þat var mál manna at þat mannval er á Orminum var bar eigi
*minnr* af ǫðrum mǫnnum um fríðleik, afl ok frœknleik en Ormrinn
langi af ǫðrum skipum. Þorkell nefia, bróðir konungs, stýrði
Orminum skamma. Þorkell *dyrðill[1] ok Jósteinn, móðurbrœðr
konungs, hǫfðu Trǫnuna, ok var hvártveggia þat *skipit* allvel skipat.
Níu stórskip *bió* Óláfr konungr ór Þrándheimi ok umfram tvítøg-
sessur ok smæri skip.

En er konungr hafði miǫk búit lið sitt ór Niðarósi, þá skipaði    207.18–20/
hann mǫnnum í sýslur ok ármenningar um ǫll Þrœndalǫg. [...]    426.18–
                                                                 427.2.

## Chapter 241

Óláfr konungr fór liði sínu suðr *um Stað.* [...] Sóttu þá til fundar    237.13–21/
við hann vinir hans, margir ríkismenn, þeir er búnir váru til ferðar    428.11–
með konungi. Var þar hinn fyrsti maðr Erlingr Skiálgsson mágr    429.1.
hans, ok hafði hann skeið *sína* hina miklu. Hon var þrítøg at rúma-
tali, *ok[2] var þat skip allvel skipat. Þá komu ok til hans mágar
hans *austan ór Víkinni*, Hyrningr ok Þorgeirr, ok stýrði hvártveggi
miklu skipi. Margir aðrir ríkismenn fylgðu konungi. [...]

## Chapter 242

[...] Hann hafði sex tigi langskipa. [...]    238.18/
                                              429.1.

Sigldi *hann þegar er byr gaf ǫllum flotanum* suðr til Danmerkr *ok*    240.13–
*svá í gegnum *Eyrarsund.[3] Kom Óláfr konungr í þeiri ferð *suðr*    241.3/
til Vinðlands ok gerði stefnulag við Búrizláf konung. Funduz þeir    429.2–9.
konungarnir *ok* tǫluðu um eignir þær er Óláfr konungr heimti.
Fóru allar rœður *vingiarnliga* milli *konunganna*, ok varð góðr
greiðskapr um þær heimtingar er Óláfr konungr þóttiz þar eiga.
Dvalðiz *Óláfr konungr[4] þar lengi um sumarit ok fann marga
vini sína. [...]

---

[1] BC¹D²; dyðrill A.  [2] C¹D²; ÷A.  [3] C¹D²; eyra sund A.  [4] BC¹D²; hann A.

## Chapter 243

241.7– Eiríkr iarl Hákonarson *flýði land í Nóregi* eptir fall Hákonar iarls
242.23 / *fǫður síns, sem fyrr er getit*. Fór Eiríkr iarl fyrst austr *til Svíþióðar*
414.16– á fund Óláfs sœnska Svíakonungs, ok fekk hann þar góðar
416.16. viðtǫkur. Veitti Óláfr *Svíakonungr* *iarli þar[1] friðland ok veizlur
stórar, svá at hann mátti þar vel halda sik ok lið sitt. Þess getr
Þórðr Kolbeinsson í Belgskagadrápu:

> Meinremmir[2] brá mána.

*Var Eiríkr iarl í Svíþióð um vetrinn.* Þann vetr sótti til *hans* *af
Nóregi[3] lið mikit þat er landflótta varð fyrir Óláfi konungi Tryggvasyni. Tók Eiríkr þá þat ráð, at hann *fekk sér skip* ok fór í hernað
*um sumarit* at *afla* sér fiár ok liði sínu. Hann helt fyrst[4] til Gotlands
ok lá þar lengi um sumarit. Sætti[5] *kaupmǫnnum* er sigldu til
landsins eða víkingum. Stundum gekk hann upp á *land* ok heriaði
þar víða með siánum. Svá segir í Bandadrápu:

> Meir vann miklu fleiri
> *malmhríð[6] iǫfurr síðan,
> áðr frágum þat, aðra,
> Eiríkr und sik geira,
> þá er garðvala gerði
> Gotland vala strandar
> virvils vítt of heriat,
> veðrmildr ok semr hildi.

Síðan sigldi Eiríkr iarl suðr til Vinðlands. Hann hitti fyrir Staurinum víkingaskip nǫkkur ok lagði til orrostu við þá. Þar fekk Eiríkr
iarl sigr, en drap *lið mikit*. Svá segir í Bandadrápu:

> Stœrir lét at Stauri
> stafnviggs hǫfuð liggia,
> gramr vélti svá, gumna,
> gunnblíðr, ok réð síðan.
> Sleit á sverðamóti
> svǫrð víkinga hǫrðu
> unda már á eyri,
> iarl goðvǫrðu hiarli.

[1] BC¹D²; þar j. A.  [2] AB, Meinren*n*ir C¹, Menræíter D². [3] BD²; or
Noregi, *after* mikit C¹, ÷ A.  [4] + liði sino A.  [5] + hann A.  [6] C¹D²; malm
hridir A, malmhrída*r* B.

# TEXT FROM HEIMSKRINGLA

Á því sumri fór Eiríkr iarl *ok* til Danmarkar á fund Sveins 242.24–
tiúguskeggs Danakonungs ok bað til handa sér Gyðu dóttur hans, 243.3 /
*ok[1] var þat at ráði gǫrt. Fekk Eiríkr iarl Gyðu. Vetri síðar áttu 418.19–
þau son er Hákon hét. 419.3.

*Þá er* Eiríkr iarl *hafði fengit Gyðu ok verit eitt sumar í hernaði* 243.3–20 /
sigldi *hann* um haustit aptr til Svíþióðar ok var þar vetr annan. En 416.18–
at vári bió hann her sinn ok sigldi síðan í Austrveg. Ok þá er hann 417.17.
kom í ríki Valdamars konungs tók hann at heria, *drap* mannfólkit,
*en brenndi byggðir* þar sem hann fór, *ok[2] eyddi landit. Hann
kom til Aldeigiuborgar ok settiz þar um, þar til er hann vann
staðinn, drap þar mart fólk, en braut ok brenndi borgina alla. Fór
hann síðan víða herskildi um Garðaríki. Svá segir í Bandadrápu:

> Oddhríðar fór eyða,
> óx hríð *af því* síðan,
> logfágandi lægis
> land Valdamars brandi.
> Aldeigiu *brauztu,[3] œgir,
> oss numnaz skil, gumna.
> Sú var hildr með hǫlðum
> hǫrð. Komt austr í Garða.

Eiríkr iarl var fimm sumur í þessum hernaði ǫllum samt.

*En* á vetrum var *hann* í Danmǫrku *með Sveini konungi tiúguskegg* 243.20–22 /
*mági sínum*, en stundum í Svíaveldi. 419.4–5.

Sveinn Danakonungr *hafði átt* Gunnhildi dóttur Búrizláfs Vinða- 243.22–
konungs. *En er hon var dauð* fekk *hann* Sigríðar *dróttningar* hinnar 244.3 /
stórráðu, móður Óláfs Svíakonungs, *sem fyrr er ritat*. Tókz þar þá 419.7–14
með tengðum *konunganna* kærleikr, ok með þeim ǫllum *ok* Eiríki *and*
iarli. 429.11–12.

## Chapter 244

Sigríðr *dróttning* var hinn mesti óvin Óláfs konungs Tryggvasonar 244.4–10 /
ok fann þat til saka, at Óláfr konungr *hefði* slitit við hana einka- 429.12–
430.1.

---

[1] BC[1]D[2]; ÷ A.   [2] C[1]D[2]; en AB.   [3] BC[1]D[2]; bravtz þu A.

málum ok lostit hana í andlit. [...] Eggiaði hon miǫk Svein konung at halda orrostu við Óláf konung Tryggvason [...]

246.4–6 /
430.4–6.
*En er* Sigríðr hafði optliga slíkar rœður í munni, *þá* kom hon svá sínum fortǫlum um síðir at Sveinn konungr *varð* fullkominn *óvin Óláfs konungs.* [...]

## Chapter 245

247.9–
248.8 /
430.7–
431.12.
*Litlu síðar* sendi Sveinn konungr menn austr *til Svíþióðar* á fund Óláfs konungs mágs síns ok Eiríks iarls ok lét segia þeim at Óláfr Nóregskonungr hafði *her* úti ok ætlaði *at fara[1] um sumarit[2] til Vinðlands. Fylgði þat orðsending at[3] Svíakonungr ok *iarl[4] skyldu her úti hafa[5] ok fara til móts við Svein konung. Skyldu þeir þá allir samt *halda* orrostu við Óláf Nóregskonung. En Svíakonungr ok Eiríkr iarl váru *þeirar* ferðar albúnir ok drógu saman skipaher mikinn af *Svíþióð*. Fóru *þeir* liði því suðr til Danmerkr ok kómu þar svá at Óláfr Tryggvason hafði áðr austr siglt. Þess getr Halldórr *hinn* ókristni er hann orti um Eirík iarl, *at hann hafði her úti af Svíþióðu ok honum varð gott til liðs*:

> Út bauð iǫfra hneitir,
> élmóðr af Svíþióðu,
> sunnr helt gramr til gunnar,
> gunnbliks liði miklu.
> *Hverr[6] vildi þá *hǫlða,[7]
> hrægeitunga feitir,
> már fekk á siá sára
> sylg, Eiríki fylgia.

Heldu þeir[8] Svíakonungr ok Eiríkr iarl til fundar við *Svein* Danakonung ok hǫfðu þá allir *saman[9] ógrynni hers.

248.8–17 /
431.14–
432.4.
Sveinn konungr [...] *Sendi Sveinn konungr* Sigvalda til Vinðlands *um sumarit* at niósna um ferðir Óláfs konungs Tryggvasonar ok gildra svá til at fundr þeira *Sveins konungs mætti verða ok Óláfs[10] konungs. *Fór* þá Sigvaldi *iarl[11] leið sína ok kom fram í Vinðlandi;

---

[1] BC¹D²; ÷ A.  [2] + suðr A.  [3] + olafr A.  [4] BC¹D²; jarlin A.  [5] + vm sumarit A.  [6] BC¹; huarr A, heria D².  [7] BC¹; hallda A, haulldar D².  [8] + Ol. A.  [9] C¹D²; samt AB.  [10] BC¹D²; Ol'... Sueins A.  [11] C¹D²; ÷ AB.

fór *hann* til Iómsborgar ok síðan á fund Óláfs Tryggvasonar. Váru
þar *fǫgr orð ok* vináttumál *af iarli við Óláf konung.* Kom Sigvaldi
sér í hinn mesta kærleik við konung.

Sigvaldi iarl var maðr vitr ok ráðugr. En er hann kom sér í ráðagerð    248.17–
með konungi, þá dvalði hann miǫk *ferð* konungs austan at sigla         249.5 /
ok fann til þess ýmsa hluti. En lið Óláfs konungs lét geysi illa, ok    432.7–19.
váru menn *hans* miǫk heimfúsir, er þeir lágu *þar lengi* albúnir, en
veðr *byrvæn.¹ Sigvaldi iarl fekk niósn leyniliga af *Danmǫrku* at
þá var austan kominn herr *Óláfs Svíakonungs ok Eiríks iarls, svá
þat at Danakonungr* hafði þá ok búit sinn her, ok þeir hǫfðingiarnir
mundi þá sigla *austan* undir Vinðland *með allan herinn, þar er*
þeir hǫfðu ákveðit at þeir mundi bíða Óláfs konungs *Tryggvasonar*
við ey þá er Svǫlðr hét. Sendu þeir ok þau orð Sigvalda iarli at
hann skyldi svá til stilla at þeir mætti þar finna Óláf *Nóregs-
konung.²

Þá kom pati nǫkkurr til Vinðlands at Sveinn Danakonungr hefði         249.5–15 /
her úti, ok gerðiz brátt sá kurr at Sveinn konungr mundi vilia        433.2–12.
halda ófrið við Óláf *Nóregskonung.* En *er* Sigvaldi iarl *varð þess
áheyrsi sagði hann svá til Óláfs konungs:* '[. . .] En ef yðr er
nǫkkurr grunr á því at ófriðr muni vera *gǫrr* fyrir *yðr,* þá skal ek
fylgia yðr með mínu liði, ok þótti þat enn *nǫkkurr* styrkr fyrr hvar
sem Iómsvíkingar fylgðu hǫfðingium. Mun ek fá þér tíu skip vel
skipuð.' Konungr iátti því. [. . .]

Lét *Óláfr* konungr þá leysa flotann ok blása til brottlǫgu. Drógu    250.18–19 /
menn þá upp segl sín.                                                 433.12–14.

Óláfr konungr *hafði þar sex tigi* skipa, *sem áðr er ritat, en Sigvaldi   250.19–
iarl ellifu skip* er *þeir leystu ór hǫfninni. Þess getr Halldórr hinn*    251.3 / Cf.
*ókristni at þeir hǫfðu báðir samt einu skipi meir en siau tigi er*        434.18–
*þeir sigldu af Vinðlandi.*                                               435.2.

Þess getr Halldórr hinn ókristni [. . .] *Hann segir svá:*            251.2–12 /
                                                                      434.8–17.
    Óna fór ok einu,
    unnviggs, konungr sunnan,
    sverð rauð mætr at morði
    meiðr, siau tigum skeiða,

¹ BC¹; byr vænt AD². ² C¹D²; n̄or. A, T'. s. B.

142 ÓLÁFS SAGA TRYGGVASONAR

þá er húnlagar hreina
hafði iarl of krafða,
sætt gekk seggia *áttar¹
sundr, Skánunga fundar.

Chapter 247

252.6–17 / Þann dag er Óláfr konungr leysti flota sinn af hǫfninni var veðr
433.12 and lítit ok hagstœtt þegar undan landi kom. Gengu meira smáskipin
433.14– ǫll, ok sigldu þau undir veðr á hafit út. En Sigvaldi iarl sigldi nær
434.8. konungs skipinu ok kallaði til þeira, bað konung sigla eptir sér.
'Mér er *kunnigaz*,' *segir hann,² 'hvar *hér* er diúpast um eyiasundin, en þér munuð þess þurfa *við* þau hin stóru skipin.' Sigldi
iarl þá fyrir með *sínum skipum³, en *Óláfr* konungr sigldi þar
eptir með *stórskipunum*. En er Sigvaldi iarl sigldi inn at *eyiunni*
Svǫlðr, þá reru *þar menn *í*⁴ móti honum *á einni skútu*. Þeir sǫgðu
iarli at herr Danakonungs *ok Svíakonungs* lá þar í hǫfninni fyrir
þeim. Þá lét iarl hlaða seglunum *á sínum skipum ok heimtu* þeir
*með árum skipin* undir eyna [...]

Chapter 248

253.11– Sveinn Danakonungr *ok⁵ Óláfr Svíakonungr ok Eiríkr iarl *lágu*
254.2 / *þar undir eyiunni með allan her sinn, sem áðr er sagt*. Þá var
435.4–15. veðr fagrt ok sólskin biart. Gengu þeir þá upp á hólminn allir
hǫfðingiarnir ok miklar sveitir *hersins* með þeim. *En er þeir* sá *at
skipin Norðmanna* sigldu miǫk mǫrg saman út á hafit [...] Ok
nú sá þeir hvar *sigldi* mikit skip ok glæsiligt. Þá mæltu báðir
konungarnir: 'Þetta er mikit skip ok *einkar* fagrt. *Þat* mun vera
Ormrinn langi.' Eiríkr iarl svarar: 'Ekki *mun* þetta Ormrinn langi
[...]' Ok svá var sem *iarl* sagði. Þat skip átti *Styrkárr*⁶ af Gimsum.
Litlu síðar sá þeir hvar sigldi annat skip miklu meira⁷ [...]

254.14– Þá mælti Sveinn konungr *hlæiandi*: 'Hræddr er Óláfr Tryggvason
257.1 / nú, er hann þorir eigi at sigla við hǫfuð *á dreka sínum*.' Eiríkr iarl
435.15– svarar: 'Ekki er þetta konungs skip. Þetta skip kenni ek *gǫrla* ok
437.9.

---

¹ *written* ættar ABC¹. *The stanza is omitted in* D². ² B; segir A, ÷ C¹D².
³ B; sín skip AC¹D². ⁴ BC¹D²; æ A. ⁵ BC¹D²; ÷ A. ⁶ Styrkárr AC¹D²;
Eíndriþí B. ⁷ + ok æ hôfut A.

*svá seglit, því at hér er stafat segl; þat á Erlingr Skiálgsson af Iaðri.* Látum þá sigla, *því at ek segi yðr satt af at þar eru þeir drengir innanborðs, ef vér leggium til bardaga við Óláf Tryggvason, at oss er betra þar skarð ok missa í flota hans* en þetta skip *svá skipat sem er* [...]' Þá sá þeir ok kenndu skip Sigvalda iarls, ok viku þau þangat at hólminum. Síðan sá þeir hvar sigldu þriú skip ok var eitt *af þeim* mikit hǫfðaskip. Þá mælti Sveinn konungr: '*Gangi menn nú til skipanna, því at hér* ferr *nú* Ormrinn langi.' Eiríkr iarl *mælti*: 'Mǫrg hafa þeir ǫnnur stór skip ok glæsilig en Orminn langa, *en fá hafa enn um siglt ok bíðum* enn.' Þá mæltu margir menn: '*Nú má siá,' sǫgðu þeir,* 'at Eiríkr vill eigi beriaz *við Óláf Tryggvason ok eigi þorir hann nú at* hefna fǫður síns, ok er þetta svá mikil skǫmm at spyriaz mun um ǫll lǫnd, ef vér liggium hér með iafn miklu liði, en *Nóregskonungr* sigli *við hǫnd fulla manna við her várn at iafna* á haf út hér hiá oss siálfum.' [...] En er þeir *gengu ofan* sá þeir hvar sigldu fiǫgur skip *mikil,* ok eitt af þeim var dreki mikill, gullbúinn. [...] Þá stóð upp Sveinn konungr ok mælti: 'Hátt mun Ormrinn bera mik í kveld. Honum skal ek stýra.' Þá mælti Eiríkr iarl: 'Þó at Óláfr konungr *Tryggvason* hefði ekki meira skip en þetta *er vér siám nú,* þá mundi Sveinn konungr þat aldri fá *unnit* af honum með einn saman Danaher.'

En *þessi* hin stóru *hǫfðaskip er þeir ætluðu Orminn langa* var hit 257.1–3 / fyrra Tranan, en hit síðara Ormrinn skammi. 437.13–15.

Dreif *nú allt fólk* til skipanna ok ráku af sér tiǫldin. [...] 257.3–4 / 437.9–10.

En er *hǫfðingiarnir áttu þetta at tala* sín *í* milli sem nú var *frá* 257.9–11 / sagt, þá sá þeir hvar sigldu þriú skip *allstór* ok hit fiórða síðast. [...] 437.10–12.

[...] þat var Ormrinn langi. [...] 257.16 / 437.12–13.

## Chapter 249

Þá er þeir Sigvaldi iarl *hǫfðu hlaðit seglum á skipum sínum ok* 258.1–20 / reru inn undir hólminn, þá sá þeir þat Þorkell *dyrðill[1] af *Trǫnunni[2] 438.10– ok aðrir skipstiórnarmenn þeir er með honum fóru, at iarl sneri 439.11. sínum skipum inn undir hólminn. Þá hlóðu þeir seglunum ok reru[3]

---

[1] C[1]; dyðrill AD[2]. [2] C[1]D[2]; trananum A. [3] + inn A.

eptir honum *ok spurðu¹ hví *hann sigldi eigi.* Iarl *sagði* at hann vildi bíða Óláfs konungs, 'ok er meiri ván,' *segir hann,* 'at ófriðr sé fyrir oss.' Létu þeir þá flióta skipin þar til er Þorkell nefia kom með Orminn skamma ok þau fiǫgur skip er honum fylgðu. Váru þeim sǫgð hin sǫmu tíðindi. Hlóðu þeir þá ok *seglum² sínum ok létu flióta ok biðu svá Óláfs konungs. [. . .] En er Óláfr konungr sigldi inn at hólminum *ok hann sá at hans menn hǫfðu lægt seglin ok biðu hans, þá stýrði hann á veðr þeim ok spurði hví þeir sigldi eigi. En þeir sǫgðu konungi at ófriðarherr var fyrir þeim ok báðu hann flýia.* Konungr stóð upp í lyptingunni *við þessa tíðindasǫgn ok mælti til sinna manna*: 'Látið *síga* seglit [. . .] Ek hefi *enn* aldri flýit í orrostu. Ráði guð lífi mínu, en aldri *skal* ek á flótta leggia [. . .]'

259.16 /  *Óláfr* konungr svarar hátt *ok mælti* [. . .]
Cf. 439.8.

259.18 /  '[. . .] Ekki skulu mínir menn hyggia á flótta.'
439.9–10.

259.18–  Þess getr Hallfrøðr *vandræðaskáld*:
260.6 /
439.12–20.

Geta skal máls þess er mæla
menn at vápna sennu
dolga fangs við drengi
dáðǫflgan gram kváðu.
Baða hertryggðar hyggia
hnekkir sína rekka,
þess lifa þióðar sessa
þróttarorð, á flótta.

260.7–9  Óláfr konungr lét blása til samlǫgu *þeim ellifu* skipum *sem hann*
and 17–18 / *hafði þar.* Var *konungsskipit* í miðiu liði, en þar á annat borð
440.2–4.  Ormrinn skammi, en á annat borð Tranan [. . .] *þess getr* Hallfrøðr:

260.20–  Þar hykk víst til miǫk *misstu,³
261.2 /   mǫrg kom drótt á flótta,
443.8–15. gram þann er gunni framði
          gengis þrœnzkra drengia.

¹ C¹D²; ok kalladi Þorkell æ sigvald j. sp(urði) A.  ² C¹; seglunum AD².
³ C¹D²; misti A.

Næfr vá einn við iǫfra
allvaldr tvá snialla,
frægr er til slíks at segia
siðr, ok *iarl hinn[1] þriðia.

[...]

En er *konungr sá at* þeir tóku at tengia stafnana á Orminum langa 261.3–17 /
ok *á Orminum skamma*, þá kallaði hann hátt: '*Leggið* fram betr 440.4–17.
hit mikla skipit. Eigi vil ek vera aptastr *allra minna manna* í her
þessum *ef orrostan tekz*.' Þá mælti Úlfr hinn rauði [...]: 'Ef Orminn
skal því lengra fram leggia sem hann er *meiri ok* lengri en ǫnnur
skip, þá mun ávinnt um sǫxin.' Konungr svaraði: '[...] ek vissa
*þá* eigi at ek *munda eiga* stafnbúann bæði rauðan ok ragan.' Úlfr
svarar: '*Snú þú, konungr,* eigi meir baki *við at veria* lyptingina en
ek mun stafninn.' Konungr helt á boga ok lagði ǫr á streng ok
sneri at Úlfi. Þá mælti Úlfr: 'Skiót *þú eigi mik, herra, heldr þangat
sem meiri er þǫrf, þat er á óvini yðra, þvíat* þér vinn ek þat er ek
vinn. [...]' [...]

## Chapter 250

Óláfr konungr stóð í lyptingu á Orminum. Bar hann hátt miǫk. 262.5–
Hann hafði gylldan skiǫld ok gullroðinn hiálm. Var hann miǫk 263.7 /
auðkenndr frá ǫðrum mǫnnum. Hann hafði rauðan *kyrtil[2] stuttan 441.2–
útan yfir bryniu. En er Óláfr konungr sá *at flokkar hans mótstǫðu- 442.6.
manna tóku at riðlaz* ok upp váru sett merki fyrir hǫfðingium, þá
spurði hann *sína menn*: 'Hverr er hǫfðingi fyrir því *liði[3] er gegnt
oss er?' Honum var sagt at þar var Sveinn konungr með Danaher.
Konungr mælti: 'Ekki hræðumz vér bleyður þær, *þvíat eigi er
heldr hugr í Dǫnum en í skógargeitum.* [...] En hverr hǫfðingi
fylgir þeim merkium er þar eru út í frá á hœgra veg?' Honum var
sagt at þar var Óláfr konungr *sænski* með Svíaher. Konungr mælti:
'*Auðveldra ok blíðara mun* Svíum *þikkia at sitia* heima ok sleikia
blótbolla sína en ganga á Orminn *í dag* undir vápn yðr [...] En
hverir eiga þau hin stóru skip er þar liggia á *útborða* Dǫnum?'
'Þar er,' sǫgðu þeir, 'Eiríkr iarl Hákonarson.' Þá mælti Óláfr
konungr: '[...] Mun *Eiríkr iarl* þikkiaz eiga við oss skapligan

---

[1] C[1]D[2]; iarlinn A.  [2] C[1]; silkikyrtil A. *Altered text in* D[2].  [3] C[1,7]; merki A. *Altered text in* D[2].

fund. Er oss ván af *honum ok hans* liði snarprar orrostu, þvíat þeir
eru Norðmenn sem vér erum.'

263.13–16 / Þessu næst greiddu konungarnir *ok iarl* atróðrinn. *Nú segir svá*
Cf. 442.8–9. *Snorri Sturluson ok flestir menn aðrir at* Sveinn Danakonungr
lagði *fyrst með* sitt *lið at* Orminum langa *ok hinum stærstum
skipum Óláfs konungs.* [. . .]

264.1–4 / *Svá segir Snorri at* Sveinn konungr lagði sín skip *at* Orminum
442.8–12. langa, en Óláfr sœnski lagði út frá ok stakk stǫfnum at ýzta skipi
Óláfs Tryggvasonar, en ǫðrum megin lagði at Eiríkr iarl. [. . .]

264.9–20 / Tókz þá hǫrð orrosta. Sigvaldi iarl lét skotta við skip sín ok lagði
442.12– ekki *at sinni* til orrostu. *Er hans lítt getit við bardaga þenna. En
443.6. þó segir svá Skúli Þorsteinsson* — hann var *þá[1] með Eiríki iarli:

Fylgða ek Frísa dolgi,
fekk ek ungr þar er spiǫr sungu,
nú finnr ǫld at ek eldumz,
aldrbót ok Sigvalda,
þar er til móts við *mætan*
malmþings í dyn hialma
sunnr fyrir Svǫlðrar mynni
sárlauk roðinn bárum.

265.1 /
444.3. Þessi orrosta varð hin snarpasta. [. . .]

266.8 /
444.3. Var *þá* orrosta hin snarpasta ok allmannskœð. [. . .]

267.25– Dǫnum veitti þungt atsóknin, *þvíat* frambyggiar á Orminum langa
268.7 / ok *stafnbúar á* Orminum skamma ok á Trǫnunni fœrðu akkeri ok
444.4–11. stafnliá á skip Sveins konungs, en áttu vápnin at bera niðr undir
fœtr sér, *er þeir hǫfðu skipin miklu stœrri ok borðhærri.* Hruðu
þeir ǫll *Danaskip* þau er þeir fengu haldit, en konungrinn Sveinn
ok lið *hans* þat er undan komz flýði á ǫnnur skipin, ok því næst
lǫgðu þeir frá, *þreyttir ok sárir,* ór skotmáli, ok fór þessi herr
*svá[2]* sem Óláfr konungr Tryggvason gat *til* [. . .]

268.13 / *Svá segir Snorri Sturluson *at* Óláfr sœnski lagði[3] þá at í staðinn
Cf. 444.11. [. . .]

270.20 /
444.13. Svíar hǫfðu látit lið mikit ok *svá* stórskip sín. [. . .]

[1] BC[1]; ÷AD[2].  [2] BD[2]; ÷C[1]. *Lacuna in the exemplar of A, 265.13–273.13;
the text here is taken from* C[1].  [3] BC[2]D[2]; legdí C[1].

# TEXT FROM HEIMSKRINGLA 147

## Chapter 251

[...] *Iarlinn lagði fyrst at fremsta skipi Óláfs konungs Tryggva-* 271.14–
*sonar í annan arminn, sem áðr er sagt.* Síbyrði hann þar við 273.8 /
*Iárnbarðann.* Hrauð hann þat *skip* ok hió þegar ór tengslum, en 444.14–
lagði þá at því er þar var næst ok barðiz til þess er þat var hroðit. 446.12.
Tók þá liðit at hlaupa af hinum smærum skipum ok upp á
stórskipin, en iarl hió hvert ór tengslum *er* hroðit var, en Danir ok
Svíar lǫgðu þá í skotmál *ǫllum[1] megum at skipum Óláfs konungs.
En Eiríkr iarl lá ávallt síbyrt við skipin ok átti hǫggorrostu. En
svá sem menn fellu af skipum hans, þá gengu *þegar* aðrir upp í
staðinn, Danir ok Svíar, *blóðkýlarnir hvíldir ok ómóðir ok ekki
sárir*. Svá segir Halldórr *hinn ókristni*:

> Gørðiz snarpra sverða,
> slitu drengir frið, lengi,
> þar er gollin spiǫr gullu,
> gangr um Orminn langa.
> Dolgs kváðu fram fylgia
> fráns leggbita hánum
> sœnska menn at sennu
> sunnr ok danska runna.

Þá var orrosta *hin snarpasta.[2] Fell *þá[3] miǫk *lið Óláfs konungs*.
Svá kom at lykðum at ǫll váru hroðin skip *hans* nema Ormrinn
langi. Var þar *þá[4] á komit allt fólk *Nóregskonungs* þat er vígt
var. Lagði Eiríkr iarl þá at Orminum. [...] *Iarlinn* lagði Barðann
síbyrt við Orminn. Var þar þá[5] *hin ógurligsta* hǫggorrosta *er verða
mátti*. Svá segir Halldórr:

> Fiǫrð kom heldr í harðan,
> *hnitu[6] reyr saman dreyra,
> tungl skáruz *þar* tingla
> *tangar,[7] Ormrinn langi,
> þá er borðmikinn Barða
> *brynflagðs[8] reginn lagði,
> iarl vann hialms at holmi
> hríð, við Fáfnis síðu.

[1] BD²; ollu- C¹.  [2] BD²; bædi hord ok snorp C¹.  [3] BD²; ÷ C¹.  [4] BD²; ÷ C¹.
[5] + enn grimmasti bardagi ok C¹.  [6] BD²; hítta C¹.  [7] BD²; tangri C¹.
[8] B; brimflagds C¹, brynflags D².

273.9– Eiríkr iarl var í fyrirrúmi á skipi sínu ok var þar fylkt með skiald-
274.8 / borg. Var þar þá bæði hǫggorrusta ok spiótum lagit ok kastat ǫllu
446.14– því er til vápna *var.[1] Sumir skutu bogaskoti eða handskoti. Var
447.18. þá *svá[2] mikill vápnaburðr á Orminn[3] at varla mátti hlífum fyrir
koma, *svá flugu[4] þykkt spiót ok ǫrvar, þvíat ǫllum megin lágu
þá herskip at Orminum. En menn Óláfs konungs *gerðuz* þá svá
óðir at þeir hliópu upp á borðin til þess at ná sverðshǫggum *til
óvina sinna*, at drepa fólkit, en margir lǫgðu eigi svá undir Orminn
at í hǫggorrostunni vildi vera, *þvíat flestum þótti hart við *at[5]
eiga kappa Óláfs konungs*. En Norðmenn hugsuðu ekki annat en
vildu æ fram ok drepa sína mótstǫðumenn. Gengu þeir þá slétt út
af borðunum, *þvíat þeir geymðu eigi annars fyrir ákefð ok ofrhuga*
en þeir berðiz á sléttum velli ok sukku niðr *margir milli skipanna*
með vápnum sínum. Þess getr Hallfrøðr *vandræðaskáld*:

> Sukku niðr af Naðri,
> naddfárs í bǫð sárir,
> baugs, gørðut við vægiaz,
> verkendr Heðins serkiar.
> Vanr mun Ormr þó at Ormi
> alldýrr konungr stýri,
> þars hann skríðr með lið lýða,
> lengi slíkra drengia.

[. . .]

274.11–15 / Þar var þá ok með iarli norrœnn maðr sá er nefndr er Finnr
Cf. 448.9–12. Eyvindarson *af Herlǫndum*. Sumir *menn* segia at hann væri
finnskr. *Svá er sagt at hann væri fimastr við boga ok beinskeytastr
allra manna í Nóregi. Hann hafði gǫrt boga Einars þambarskelfis.*

274.15– Einarr var á Orminum í krapparúmi *ok skaut þaðan um daginn af
275.13 / boga; hann* var allra manna harðskeytastr. Einarr skaut ǫru at Eiríki
448.2– iarli ok *laust[6] í stýrishnakkann fyrir ofan hǫfuð iarli *svá hart, at
449.2. allt gekk upp á reyrbǫndin. Iarl leit til ok spurði *sína menn* ef þeir
vissi hverr þar skaut *svá hart*. Ok iafnskiótt kom ǫnnur ǫrin svá
nær iarli at *sú* flaug milli *síðu hans* ok handarinnar ok svá aptr í
hǫfðafiǫlina at úti stóð broddrinn. Þá mælti iarl við Finn *Eyvindar-
son*: '*Skióttu[7] manninn þann hinn mikla í krapparúminu.' [. . .]

---

[1] BD[2]; heyrdi ok hendr matti a festa C[1].  [2] BD[2]; all- C[1].  [3] + sua C[1].
[4] BC[1]D[2]; Þa flugu sva A, *which with these words resumes*.  [5] BC[1]D[2];
÷ A.  [6] BC[1]; flaug A, kom D[2].  [7] BC[1]D[2]; Skíot þv A.

# TEXT FROM HEIMSKRINGLA

Finnr skaut þá bíldǫr ok kom á miðian boga Einars í því er *hann dró hit þriðia sinn bogann sem fastast*. *Hraut þá í sundr boginn ok brast við hátt.* Þá mælti Óláfr konungr: 'Hvat brast þar svá hátt?' Einarr *svaraði*: 'Nóregr ór hendi þér, konungr.' '*Eigi[1] mun svá mikill brestr orðinn,' *sagði* konungr, '*þvíat guð mun ráða ríki mínu, en ekki bogi þinn.* Tak *nú* boga minn ok skiót af.' Kastaði konungr til hans boganum. Einarr tók[2] bogann ok dró þegar fyrir odd ǫrina *ok[3] mælti: 'Of veykr, of veykr allvalds bogi.' Kastaði hann þá aptr boganum *til konungs, en* tók skiǫld sinn ok sverð ok barðiz *diarfliga*.

## Chapter 252

Óláfr konungr Tryggvason stóð í lyptingu á Orminum ok skaut 275.14–16 / *lengstum* um daginn, stundum *bogaskotum,* en stundum gaflǫkum 449.4–6. ok iafnan tveim senn. [. . .]

*Óláfr konungr* sá fram á skipit *at* menn *hans reiddu ótt* sverðin ok 276.24– *hiǫggu* títt, ok *þat* sá hann *með* at sverðin bitu illa. *Hann* mælti þá 277.8 / hátt: 'Hvárt reiðið þér svá *slióliga* sverðin, er ek sé at yðr bíta 449.6–15. ekki?' Maðr *svaraði*: '*Bæði* eru sverð vár, *herra, slió* ok brotin miǫk.' Þá gekk konungr ofan *ór lyptingunni* í fyrirrúmit ok lauk upp hásætiskistuna. Tók *hann* þar ór mǫrg sverð, *biǫrt ok* hvǫss[4] ok fekk mǫnnum sínum. En er hann tók niðr hœgri hendi, þá sá menn at blóð rann ofan undan brynstúkunni, en engi vissi hvar hann var sárr.

Mest var vǫrnin *á Orminum[5] ok mannskœðust af fyrirrúms- 277.8– mǫnnum ok stafnbúum, *þvíat* þar var hvártveggia mest valit 278.17 / mannfólkit ok hæst *borði*. En er *mannfallit tók til á Orminum, þá* 450.2– fell liðit fyrst um mitt skipit. [. . .] 451.2.

Þá er fátt stóð manna upp um sigluskeiðit *á Orminum,* þá réð Eiríkr iarl til uppgǫngu *við[6] fimmtánda mann ok *komz* upp á Orminn. Þá kom *á* mót honum Hyrningr mágr Óláfs konungs *með[7] sveit manna. Varð *með þeim hin harðasta hríð*. [. . .] Lauk svá *með þeim* at *Eiríkr* iarl hrǫkk ofan *aptr[8] á Barðann, en þeir menn er honum hǫfðu fylgt fellu sumir, en sumir váru særðir. *Varð Hyrningr allfrægr af þessi sókn. Þess getr Þórðr Kolbeinsson:*

---

[1] C¹D²; Ecki A, Ei B.   [2] + vpp A.   [3] B; hann AC¹D².   [4] + miok A.
[5] C¹D²; ÷ A.   [6] C¹D²; æ orminn með A.   [7] C¹D²; við A.   [8] C¹; ÷ AD².

150  ÓLÁFS SAGA TRYGGVASONAR

> Þar var hialmaðs heriar
> hropts við dreyrgar toptir.
> Orð fekk gótt en gerði
> grams vǫr blám hiǫrvi,
> hǫll bilar hárra fialla,
> Hyrningr, áðr þat fyrniz.

[...]

## Chapter 255

283.12– [...] En er þynntiz *skipanin[1] til varnar á Orminum, þá *leitaði*
284.6 / Eiríkr iarl til uppgǫngu. *Varð þá enn[2] hǫrð viðtaka. En er
451.4– stafnbúar *Óláfs konungs* sá *at iarl var upp kominn á Orminn*, þá
452.2. *gengu[3] þeir aptr á skipit ok sneruz til varnar móti *honum* ok veittu hit snarpasta viðrnám. En fyrir því at þá *tók* svá miǫk *at falla liðit* á Orminum at víða *gerðuz* auð borðin, þá tóku *iarls[4] menn víða upp at ganga. En allt þat lið er þá stóð upp til varnar sótti aptr á skipit þar til *er* konungrinn var. Svá segir Halldórr *hinn* ókristni at iarl eggiaði þá sína menn:

> Hét á heiptar nýta
> hugreifr, með Óleifi
> aptr stǫkk þióð um þoptur,
> þengill sína drengi,
> þá er hafvita hǫfðu
> hallands um gram sniallan,
> varð fyrir Vinða myrði
> vápneiðr, lokit skeiðum.

[...]

285.14–18 / *Nú fyrir þá sǫk at* mart *fólk af liði* *iarls[5] var þá komit upp á
452.7–13. Orminn, svá sem vera mátti á skipinu, ok skip hans lágu ǫllum megin útan at Orminum, en lítit fiǫlmenni til varnar í móti svá miklum her, þá fellu nú á lítilli stundu margir kappar Óláfs konungs, þó at þeir væri bæði styrkir ok frœknir. [...]

286.5–7 / [...] þá gekk Kolbiǫrn upp í lyptingina til konungs. *Mátti þá eigi
452.4–6. skiótt kenna hvárr þeira var, þvíat* Kolbiǫrn var ok allra manna mestr ok fríðastr *sýnum*. [...]

---

[1] BC[1]D[2]; skip*an* A.  [2] BD[2]; ok varð þa A, ok var þar enn C[1].  [3] C[1]D[2]; sóttu A, hlupu B.  [4] C[1]; iarlsins AB (*after* menn B), j. D[2].  [5] C[1]; jarlsins AB, j. D[2].

# TEXT FROM HEIMSKRINGLA

## Chapter 256

[...] Óláfr konungr ok Kolbiǫrn stallari hliópu þá báðir fyrir 286.15–
borð, ok á sitt *borð[1] hvárr. En iarlsmenn hǫfðu lagt útan at 287.3 /
smáskútur ok drápu þá *menn* er á kaf hliópu. Ok þá er konungr 452.13–
siálfr hafði á kaf hlaupit vildu þeir *er á skútunum váru* taka hann 453.9.
hǫndum ok fœra *hann* iarli. En Óláfr konungr brá yfir sik skildinum
ok steypðiz í *kafit*. En Kolbiǫrn stallari skaut sínum skildi undir
sik ok hlífði sér svá við spiótum er lagt var af þeim skipum er
undir lágu, ok fell hann *svá[2] á sióinn, *at[3] skiǫldrinn varð undir
honum, ok komz hann *af því* eigi í *kafit áðr hann* varð handtekinn.
Þessi er sǫgn Snorra. [...]

Því næst var Kolbiǫrn handtekinn ok dreginn upp í *skútu eina.* 287.19–
Hugðu þeir at þar væri *Óláfr konungr.* Var hann þá leiddr fyrir 288.1 /
*Eirík* iarl. En er iarl varð þess varr at þar var Kolbiǫrn, en eigi kon- 453.8–14.
ungr, þá váru Kolbirni grið gefin. Í *þeiri* svipan hliópu margir menn
Óláfs konungs fyrir borð af Orminum, þeir er þá váru á lífi [...]

Váttar Hallfrøðr *þat með fullkomliga,* at Þorkell hlióp síðast fyrir 288.14–23 /
borð allra manna *Óláfs konungs*: 453.14–
454.2.

Ógrœðir sá auða
armgrióts Trǫnu flióta,
hann rauð geir at gunni
glaðr, ok báða Naðra,
áðr hialdrþorinn heldi
hugframr *ór* bǫð ramri
snotr *á* snœris vitni
sunds Þórketill undan.

[...]

En er Óláfr konungr hafði fyrir borð hlaupit, þá œpti herrinn allr 289.7–18 /
sigróp, ok þá lustu þeir árum í *siá[4] Sigvaldi ok hans menn ok 454.7–18.
reru þá til bardagans. Þess getr *Halldórr:[5]

*Dróguz[6] vítt at vígi
Vinða skeiðr, ok ginðu
Þriðia hauðrs á þióðir
þunn galkn *vafit*[7] munnum.

[1] BC[1]; borþit A; ÷ D[2].   [2] BC[1]D[2]; ÷ A.   [3] C[1]D[2]; ok A, er B.   [4] BC[1]D[2]; ÷ A.
[5] BD[2]; hallfreðr A, hallar steínn C[1].   [6] BC[1]D[2]; Drogv A.   [7] varít BC[1], varín D[2].

## 152 ÓLÁFS SAGA TRYGGVASONAR

> Gnýr varð á siá sverða,
> sleit ǫrn gera beitu.
> Dýrr vá drengia stióri,
> drótt kom mǫrg á flótta.

[...]

290.2–6 / Reru þeir aptr undir Vinðland, ok var þat þegar rœða margra
455.1–6. manna, at Óláfr konungr mundi *steypt hafa[1] af sér bryniunni í kafi ok kafat út undan langskipunum *ok* lagiz síðan til Vinðasnekkiunnar ok hefði menn Ástríðar flutt hann til lands.

290.6–9 / Er þat allt saman síðan leitt til líkinda [...] ok þær frásagnir er
Cf. 455.6–8. Snorri Sturluson váttar at gǫrvar hafa verit síðan um ferðir Óláfs konungs [...]

290.13– En þó segir svá Hallfrøðr vandræðaskáld:
291.2 /
455.8–20.
> Veitkat ek hitt hvárt Heita
> hungrdeyfi skal ek leyfa
> dynsæðinga dauðan
> *dýrbliks[2] eða þó kvikvan,
> alls sannliga segia,
> sárr mun gramr at hváru,
> hætt er til hans at frétta,
> hvártveggia mér seggir.

En hvárn veg sem þat hefir verit, þá kom Óláfr Tryggvason aldri síðan til ríkis í Nóregi. En þó *kallar* Hallfrøðr [...]:

292.21–
293.26 /
456.1–
457.6.
> Samr var árr, um æfi,
> *oddflagðs*, hinn er þat sagði,
> at lofða gramr lifði,
> læstyggs sonar Tryggva.
> Vera *kveðr[3] ǫld ór éli
> Óláf kominn stála,
> menn geta *málin* sǫnnu,
> miǫk er verr *en svá,[4] ferri.

Ok enn *kvað hann*:

---

[1] C¹D²; hafa steypt AB.   [2] D²; dyrðliks AB, dyrligs C¹.   [3] C¹; kueda AB.
[4] BC¹; ek var A. The stanza is omitted in D².

# TEXT FROM HEIMSKRINGLA

[...]

    Mundut þess er þegnar
    þróttharðan gram sóttu,
    frá ek með lýða líði
    landherðar, skǫp verða,
    at mundiǫkuls myndi
    margdýrr koma *rýrir,*
    geta þikkiat mér gotnar
    glíkligs, *ok* styr slíkum.

    Enn segir auðar kenni
    austr ór malma gnaustan
    seggr frá sárum tiggia
    sumr eða braut *of komnum.[1]
    Nú *hefk* sannfregit sunnan
    siklings ór styr miklum,
    kann ek *ei[2] mart við manna,
    morð, veifanar orði.

[...]

### Chapter 258

Eiríkr iarl Hákonarson eignaðiz Orminn langa með sigrinum ok hlutskipti mikit. Svá segir Halldórr:

    Hialmfaldinn bar hilmi
    hrings af miklu þingi,
    skeiðr glæstu þá þióðir,
    þangat Ormrinn langi.
    En sunnr at gný Gunnar
    glaðr tók iarl við Naðri.
    Áðr varð egg at rióða
    ótrauðr Hemings bróðir.

[...]

### Chapter 260

Sveinn *iarl Hákonarson hafði verit í Svíþióð síðan hann flýði ór Nóregi eptir dráp fǫður síns.* Hafði hann þá *fengit Hólmfríðar* *dóttur[3] Óláfs Svíakonungs. En er þeir skiptu Nóregi með sér

---

[1] BC[1]; of komna A, hafi komízst D[2].   [2] BC[1]D[2]; ÷ A.   [3] D[2]; systur ABC[1].

Sveinn Danakonungr *ok[1] Óláfr Svíakonungr ok Eiríkr iarl, þá hafði Óláfr Svíakonungr fiǫgur fylki í Þrándheimi ok Mœri hváratveggiu, Raumsdal ok austr Ranríki frá Gautelfi til Svínasunds. Þetta ríki fekk Óláfr konungr í hendr Sveini *Hákonarsyni mági sínum* með þvílíkum formála sem fyrr hǫfðu haft skattkonungar eða iarlar af yfirkonungum, *ok gaf hann Sveini þar með iarls nafn*. Eiríkr iarl hafði fiǫgur fylki í Þrándheimi ok[2] Naumudal ok Hálogaland, Fiǫrðu ok Fialir, Sogn, Hǫrðaland, Rogaland ok Norðr-Agðir allt til Líðandisness. Svá segir Þórðr Kolbeinsson:

Ok enn kvað hann:

Veit ek, fyrir Erling útan,
ár at hersar váru,
lofa[3] fasta tý, flestir,
farlands, vinir iarla.
En *ept[4] víg frá *Veigi*,[5]
vel ek orð at styr, norðan
land eða lengra stundu
lagðiz suðr til Agða.

Allvalds nutu aldir,
una líkar vel slíku.
Skyldr létz hendi at halda
hann *of[6] Nóregs mǫnnum.
En Sveinn konungr sunnan
sagðr er dauðr, en auði,
fátt bilar flestra ýta
fár, hans bœir váru.

Sveinn Danakonungr hafði *einn* Víkina, sem hann hafði fyrr haft, en hann veitti Eiríki iarli Raumaríki ok Heiðmǫrk.

300.19–24 / Eiríkr iarl ok Sveinn iarl létu báðir skíraz ok tóku trú rétta. En
459.13–18. meðan þeir réðu fyrir Nóregi létu þeir gera hvern sem vildi um kristnihaldit, en forn lǫg heldu þeir vel ok alla landssiðu. Váru þeir menn vinsælir ok *þó* stiórnsamir. Var Eiríkr iarl miǫk fyrir þeim brœðrum um ǫll *ráð*.

300.24 / *En* Sveinn iarl var allra manna fríðastr[7] er menn hafi sét.
459.12–13.

[1] BC[1]; ÷AD[2]. [2] + i AB. [3] + ek *Hkr*. [4] B (*written* eft); eptir AD[2], opt C[1].
[5] Veigu *Hkr*. [6] BC[1]; af A, ok D[2]. [7] + þeira A.

# INDEX TO TEXT

Aðalráðr Játgeirsson 8, 90.
Aðalsteinn sigrsæli Játvarðsson 27–30, 32.
Agðanes 25, 104.
Agðir 21, 72, 92, 110, 122, 154.
Aldeigjuborg 139.
Álfhildr Hringsdóttir 3.
Álfr askmaðr 45, 46.
Alfvini 86, 87.
Allogia drottning 65.
Álof (Ólof) árbót Haraldsdóttir 3, 4, 26, 102.
Alreksstaðir 27, 48, 60.
Án skyti 136.
Ari fróði Þorgilsson 53, 71.
Arinbjǫrn hersir Þórisson 70, 71.
Arnfinnr sygnski 136.
Arnfinnr Þorfinnsson hausakljúfs 36, 72.
Arnkell Torf-Einarsson 32, 33.
Arnljótr gellini 136.
Arnórr mœrski 136.
Ása Hákonardóttir 3.
Ása Haraldsdóttir 21.
Ásbjǫrn 60.
Ásbjǫrn af Meðalhúsum 39, 41.
Ásbjǫrn Þorbergsson 116.
Ásgrímr 136.
Áskell Qlmóðsson 112.
Áslaug Sigurðardóttir Fáfnisbana 21.
Áslaug Sigurðardóttir orms í auga 21.
Áslákr Erlingsson 7, 10.
Áslákr Fitjaskalli Áskelsson 112.
Áslákr hólmskalli 95.
Ásmundarvágr 104.
Ásta Guðbrandsdóttir 119, 120.
Ástríðr Búrizláfsdóttir 152.
Ástríðr Eiríksdóttir 61–64, 97, 98.
Ástríðr Njálsdóttir 4.
Ástríðr Tryggvadóttir 7, 98, 112, 113.
Auðr djúpauðga Ketilsdóttir 101.
Austr-Agðir 42.
Austrátt 117.
Austrlǫnd 37.
Austrvegr 10, 23, 25, 37, 57–59, 97, 139.
*Bandadrápa* 138, 139.
Barðinn (Barði, Járnbarðinn) 147–149.
*Belgskagadrápa* 138.

Bergljót Hákonardóttir 8, 14.
Bergljót Þórisdóttir 4, 26, 37.
Bergþórr af Lundum 105.
Bergþórr bestill 136.
Bersi sterki 136.
Birgir bryti 88.
Birkistrǫnd 43.
Bjarmaland 23, 59.
Bjarmar 59.
Bjǫrn af Stuðlu 136.
Bjǫrn brezki 96.
Bjǫrn eitrkveisa 63, 64.
Bjǫrn kaupmaðr (farmaðr) Haraldsson 3, 4, 5, 25.
Blóðøx (Eiríkr blóðøx) 44.
Borgundarhólmr 77, 89.
Bókn 13, 17.
Bótólfr af Qlvishaugi 41.
Brattahlíð 136.
Brennu-Flosi Þórðarson 131.
Bretland 23, 24, 32, 33, 84.
Búi digri Vésetason 89, 90, 92–96.
Búrizláfr Vinðakonungr 77, 78, 81, 89, 120, 121, 135, 137, 139.
Býnes 105.
Byrða 74, 128.
Bǫrkr ór Fjǫrðum 136.
Dagr Haraldsson 3, 4.
Dala-Guðbrandr 56.
Danaherr 68, 143, 145.
Danakonungr 36, 61, 67, 69, 70, 72, 78, 88, 109, 141, 142.
Danaskip 146.
Danaveldi 67, 68, 89, 135.
Danavirki 78, 79, 81.
Danir 32, 34–36, 45, 47, 69, 79, 88, 89, 91, 93, 101, 145–147.
Danmǫrk 8, 11, 12, 16, 22, 23, 25, 36, 41, 43, 58, 61, 69, 70, 72, 78, 82, 88, 89, 92, 97, 121, 137, 139, 140, 141.
Dinganes 74.
Dragsheiðr 113.
Dyflinn 23, 86, 99.
Egg 41.
Eið 92.
Eikundasund 12, 13.
Einarr Rǫgnvaldsson, *see* Torf-Einarr.

Einarr hǫrðski 136.
Einarr skálaglamm Helgason 54, 55, 60, 72–76, 79, 80, 82.
Einarr þambarskelfir Eindriðason 8, 9, 10, 14, 16, 17, 60, 136, 148, 149.
Eindriði Einarsson 8, 14.
Eindriði Styrkársson 8, 60, 142 n.
Einriði (Þórr) 73.
Eiríkr bjóðaskalli 61–64, 98.
Eiríkr blóðøx Haraldsson 4–6, 23–26, 29–34, 36, 41, 43, 44, 49, 73, 133.
Eiríkr jarl Hákonarson 6, 8–10, 56, 91–97, 109, 110, 138–143, 145–151, 153, 154.
Eiríkr konungr af Jótlandi 23.
Eiríkr rauði Þorvaldsson 136.
Eiríkr sigrsæli Svíakonungr Bjarnarson 22, 58.
Eiríkr konungr af Hǫrðalandi 3, 21.
*Eiríksdrápa* 9, 91–93, 109.
Eiríkssynir 36, 37, 42, 43, 45, 47, 48, 50, 55, 58.
Eistland 23, 65, 97.
Eistr 65.
Ekkjall 101.
Ekkjalsbakki 101.
Elfarkvíslar 23.
Elfr 4, 11, 119.
England 8–10, 12, 16, 28, 30, 32–34, 38, 51, 83, 84, 86, 87, 90, 124, 133.
Englar 84.
Erlendr (*error for* Erlingr) Eiríksson 52, 53, 61, 66.
Erlendr Hákonarson 105, 106, 107.
Erlendr Torf-Einarsson 32, 33.
Erlingr Eiríksson 30. *See* Erlendr.
Erlingr Skjálgsson 6, 7, 10–14, 17, 111–113, 137, 143, 154.
Eyin iðri 41.
Eylimafiǫrðr 71.
Eyrarsund 35, 82, 137.
Eysteinn glumra 100.
Eysteinn iarl af Heiðmǫrk 3.
Eystrasalt 77.
Eyvindr kelda 122, 124.
Eyvindr kinnrifa 114, 126, 127, 128.
Eyvindr skáldaspillir Finnsson 4, 44–46, 49–51.
Eyvindr skreyja 45, 46.

Eyvindr snákr 136.
Fáfnir (Ormrinn langi) 147.
Farmannshaugr 25.
Féeyjarsund 43.
Fetbreiðr 46.
Finnar 24, 128.
Finnmǫrk 23, 24.
Finnr 136.
Finnr Eyvindarson 148, 149.
Finnr skiálgi 4, 44.
Firðafylki 34, 72, 74.
Firðir 3, 13, 58, 70, 92, 113, 136, 154.
Fitjar 27, 44, 46.
Fjalir 10,136, 154.
Fjón 88.
Flæmingjaland 8, 83.
Flæmingjar 83.
Foldi 51.
Foldin 12, 57.
Frakkar 79.
Frakkland 78.
Freiða 43.
Freiðarberg 43.
Frísir 83, 146.
Frísland 23, 78, 83.
Fróði Danakonungr 50.
Fróði Haraldsson 3, 4, 23.
Frosta 114, 116.
Frostaþing, Frostuþing 38, 39, 117.
*Frostaþingslǫg* 37.
Fýrisvellir 50.
Gamli Eiríksson 30, 36, 43, 45, 48, 49.
Garðar 77, 139.
Garðaríki 10, 64, 66, 85, 99, 139.
Gaulardalr 39, 105, 107, 108, 116.
Gautar 35, 36, 82.
Gautasker 82.
Gautelfr 154.
Gautland 11, 35, 82, 83.
Gautr (Óðinn) 33.
Geira Búrizláfsdóttir 77.
Geirmundr 92.
Gilling 130.
Gimsar 93, 116, 142.
Gizurr af Valdresi 96.
Gizurr hvíti Teitsson 132, 135.
Glúmr Geirason 33, 37, 48, 51, 59, 70, 71, 73.
Goðey 128.

# INDEX TO TEXT 157

Goðeyjar 130.
Goðeyjastraumr 130.
Gormr gamli Danakonungr 21, 22, 67, 68.
Gotar 81.
Gotland 80, 138.
*Gráfeldardrápa* 33, 37, 70, 73.
Grenland 57.
Grjótgarðr Hákonarson 52, 53, 60.
Grjótgarðr raumski 136.
Grímsbœr 32.
Grýtingr 40, 41,116.
Grœnland 135, 136.
Guðbrandr hvíti 93.
Guðbrandr kúla 119.
Guðbrandsdalir 4.
Guðmundr ríki Eyjólfsson 131.
Guðrún Járn-Skeggjadóttir 118.
Guðrún Lundasól Bergþórsdóttir 105.
Guðrøðr Bjarnarson 5, 25, 30, 31, 48, 52, 56, 57, 72.
Guðrøðr Eiríksson 30, 56, 57, 59, 60, 62, 73, 133.
Guðrøðr ljómi Haraldsson 3, 5, 102.
Guðrøðr veiðikonungr 21.
Gulaþing 112.
*Gulaþingslǫg* 37.
Gull-Haraldr Knútsson 61, 66–71.
Gunnhildarsynir 42–44, 50, 51, 54, 58–60, 62, 66, 68, 71, 72, 78.
Gunnhildr Búrizláfsdóttir 89, 120, 121, 139.
Gunnhildr Hálfdanardóttir 4, 49.
Gunnhildr konungamóðir 6, 24, 25, 29, 30, 33, 36, 47, 48, 52, 53, 55, 56, 62–64, 69, 72, 73, 133.
Gunnhildr Sveinsdóttir 10.
Gunnrøðr (Guðrøðr) Haraldsson 3, 4.
Guthormr Eiríksson 30, 42.
Guthormr Haraldsson 3, 4, 23.
Guthormr Sigurðarson 101.
Guthormr Sigurðarson hjartar 21, 22.
Guthormr sindri 26, 34–36, 42, 43.
Gyða dróttning enska 17, 86, 87.
Gyða Eiríksdóttir 3, 21, 22.
Gyða Sveinsdóttir 139.
Haðaland 4, 5.
Hákon Aðalsteinsfóstri Haraldsson 27–32, 34–51, 53, 55, 68, 71, 115.
Hákon gamli 64, 65.

Hákon Hlaðajarl Grjótgarðsson 3, 26, 27, 34.
Hákon jarl ríki Sigurðarson 4, 8, 9, 54–56, 58–61, 66–72, 74–76, 78–82, 88–99, 104–109, 114, 118, 133, 138.
Hákon jarl Eiríksson 9, 10, 14, 16, 139.
Hákon norrœni 63, 64.
*Hákonardrápa* 34, 42.
Hákonarhella 48.
Háleygir 114, 126, 136.
Hálfdan háleggr Haraldsson 3, 23, 102, 103.
Hálfdan hvíti Haraldsson 3, 4, 23.
Hálfdan jarl 4, 49.
Hálfdan hinn mildi ok hinn matarilli 21.
Hálfdan Sigurðarson hrísa 119.
Hálfdan svarti Haraldsson 3–6, 25, 26, 37.
Hálfdan svarti Upplendingakonungr Guðrøðarson 21.
Hallaðr Rǫgnvaldsson 100, 102, 131.
Halland 34, 37.
Halldórr af Skerðingssteðju 105, 116.
Halldórr Guðmundarson ríka 131.
Halldórr ókristni 140, 141, 147, 150, 151, 153.
Hallfrøðr vandræðaskáld 77, 80, 82–84, 115, 118, 144, 148, 151, 152.
Hallkell af Fjǫlum 136.
Hallkelsvík 93.
Hallsteinn 136.
Hallsteinn Hlífarson 136.
Hálogaland 4, 24, 25, 74, 91, 93, 114, 125, 128, 132–134, 154.
Háls í Limafirði 70, 71, 81, 82.
Haraldr Gormsson 36, 61, 66–72, 78, 81, 88, 89, 120, 135.
Haraldr granrauði 21.
Haraldr gráfeldr Eiríksson 29, 30, 36, 45, 48–53, 56, 57, 59–62, 68–71, 73.
Haraldr grenski Guðrøðarson 57, 58, 72, 110, 119.
Haraldr hárfagri Hálfdanarson 3–6, 21–23, 25–29, 34, 39, 45, 49, 52, 72, 98–100, 102, 103, 109, 119, 122, 131.
Haraldr Sveinsson 89.
Harðangr 60, 69.
Hárekr hvassi 136.
Hárekr ór Þjóttu 114, 125, 126, 128.
Haugar 29.
Haukr hábrók 28.

Haukr háleygingr 124, 125, 126.
Hauksfljót 32.
Hávarðr hǫggvandi 96.
Hávarðr ór Orkadal 136.
Heiðabœr 82.
Heiðmǫrk 3, 4, 56, 154.
*Heiðsævislǫg* 37.
*Heimskringla* 40 n., 63, 103, 154 n.
Helsingjaland 59.
Hemingr Hákonarson 153.
Hereyjar 92.
Herlǫnd 148.
Hildr (Svanhildr) Eysteinsdóttir 3.
Hildr Hrólfsdóttir 100.
Hjalti Skeggjason 132, 135.
Hjaltland 33, 101, 102, 131.
Hjǫrungavágr 93.
Hlaðhamrar 133.
Hlaðir 26, 37, 40, 41, 59, 108, 114, 119.
Hlóriði (Þórr) 73.
Hlǫðver langi 136.
Hlǫðver Þorfinnsson 72.
Holdsetuland 78.
Hólmfríðr Óláfsdóttir 153.
Hólmgarðr 65.
Hólmr (Niðarhólmr) 132.
Hólmrýgjar 23.
Hrani víðfǫrli Hróason 57, 58.
Hreiðarr 60.
Hreinsslétta 26.
Hringaríki 3, 4, 119, 120.
Hringr Dagsson 3.
Hringr Haraldsson 3, 4.
Hrói hvíti 57.
Hrólfr (Gǫngu-Hrólfr) Rǫgnvaldsson 100.
Hrólfr nefja 100.
Hrollaugr Rǫgnvaldsson 100.
Hrœrekr Haraldsson 3, 4.
Húsabœr 41.
Hvelpr (Hundi) Sigurðarson 104.
Hvinir 136.
Hvítingsey 11.
Hyrningr 110, 133, 137, 149, 150.
Hæring 130.
Hǫð 92, 93.
Hǫlgi 23.
Hǫrða-Kári 27, 111, 112.
Hǫrða-Knútr 67.

Hǫrðaland 3–5, 12, 17, 21, 27, 29, 34, 44, 59, 72, 74, 75, 111–113, 154.
Hǫrðar 23, 49.
Hǫrundarfjǫrðr 92–93.
Ingibjǫrg Haraldsdóttir hárfagra 3, 49.
Ingibjǫrg Tryggvadóttir 98.
Ingibjǫrg Þorkelsdóttir 90, 97.
Ingigerðr Haraldsdóttir hárfagra 3.
Ingigerðr Loðinsdóttir 98.
Ingiríðr Loðinsdóttir 98.
Innþrœndir 41, 116.
Írar 23, 36, 84.
Írland 23, 24, 32, 33, 36, 84, 86, 87, 99, 100.
Ísafjǫrðr á Siálandi 89.
Ísland 88, 132, 135.
Íslendingar 88, 132.
Ívarr Rǫgnvaldsson 101.
Ívarr smetta 136.
Jaðarbyggvar 12.
Jaðarr 5, 12, 13, 17, 143.
Jamtaland 59, 136.
Jamtr 80.
Jarlsdalr 105.
Jarlshellir 106.
Járnbarðinn *see* Barði.
Járn-Skeggi (Skeggi, Yrja-Skeggi) Ásbjarnarson 60, 93, 115, 117, 118.
Játmundr Englakonungr Aðalráðsson 8.
Játmundr Englakonungr Játvarðsson 32, 33.
Játmundr helgi Englakonungr 8.
Jómsborg 140.
Jómsvíkingabardagi 104.
Jómsvíkingar 9, 89–94, 96, 97, 100, 141.
Jórsalir 15.
Jórunn skáldmær 26.
Jórvík 32.
Jósteinn Eiríksson 98, 137.
Jótar 34.
Jótland 21, 23, 34, 42, 69, 81.
Júlíánus níðingr 8.
Karkr þræll 106, 107, 108.
Karlshǫfuð Eiríksson 98.
Karmsund 11, 29.
Kárr af Grýtingi 39, 41, 116.
Katanes 101, 104.
Ketill hávi 136.
Ketill rygski 136.
Kispingr 47.

## INDEX TO TEXT 159

Kjartan Óláfsson 132.
Kjǫlr 59.
Klakk-Haraldr jarl 21.
Klerkon 65.
Klerkr 65.
Klyppr hersir Þórðarson 59, 60, 111.
Knútr Gormsson 61.
Knútr ríki Sveinsson 8, 9, 11, 12, 14, 16, 89.
Kolbeinn Þórðarson Freysgoða 131.
Kolbjǫrn stallari 136, 150, 151.
Konungahella 11, 120.
Kristr (Máríuson) 38, 90, 127, 130.
Kvernbítr 29, 45, 46.
Kǫrmt 27, 42, 122.
Leifr Eiríksson 135, 136.
Limafjǫrðr 70, 80, 81, 82, 91.
Líðandisnes 11, 72, 113, 154.
Ljótr Þorfinnsson 72.
Ljoxa, *see* Lyxa, 41.
Loðbrókarsynir 32.
Loðinn 97, 98.
Loðinn Erlingsson 7.
Lundar 105.
Lundúnaborg 9.
Lundúnir 28.
Lyxa, *see* Ljoxa, 116.
Læradalr 88.
Marðarlaug 136.
Mársey 81.
Meðaldalr 56.
Meðalhús 39, 41, 105, 116.
Melbrigða tǫnn 101.
Merkúríus, hinn helgi 8.
Michael 90.
Morstr 27, 111, 104.
Morstrstangarson, *see* Hákon Aðalsteinsfóstri, 27.
Mærin 41, 115, 116.
Mærir 38.
Mœrr 25, 41, 53, 58–60, 74, 75, 91–93, 106, 154.
Mǫðruvellir í Eyiafirði 131.
Mǫn 84, 101.
Naðr, Naðrar (Ormrinn langi *and* Ormrinn skammi) 151, 153.
Narfi af Staf 41.
Naumudalr 74, 91, 154.
Nes (Katanes) 103.

Nesjaorrosta 14.
Nið 118.
Niðarhólmr 108, 132.
Niðaróss 12, 114, 117, 126, 131, 136, 137.
Njáll Finnsson 4.
Norðimbraland 32, 33, 84.
Norðimbrar 84.
Norðmenn 23, 32, 33, 46, 101, 142, 146, 148.
Norðmœrr 4, 52, 72, 100, 114, 124.
Norðr-Agðir 42, 154.
Norðr-Hǫrðaland 48.
Norðrlǫnd 9,77.
Nóregr 3, 7–11, 14–17, 22, 23, 27–30, 32, 34, 36–38, 43, 44, 48, 51, 52, 66, 68–72, 74, 76, 78, 80–82, 88–90, 98–100, 102–104, 109, 112, 121, 124, 127, 130, 131, 133–136, 138, 148, 149, 152–154.
Nóregskonungr 143, 147.
Óðinn 40, 82.
Óláfr drengr 136.
Óláfr Haraldsson hárfagra 3–6.
Óláfr helgi Haraldsson 10–16, 119, 120.
Óláfr hvíti Ingjaldsson 101.
Óláfr konungr á Bretlandi 33.
Óláfr kváran 86, 99.
Óláfr sœnski Eiríksson 14, 58, 109, 120, 138–142, 145, 146, 153.
Óláfr Tryggvason 6, 7, 9–11, 15, 17, 62, 64–66, 76, 77, 80, 82–88, 99, 100, 104, 106–122, 124, 126–128, 130–152.
Óláfr Tryggvason Haraldssonar 23, 25, 29, 30.
*Óláfs saga helga en sérstaka* 6 n., 15, 27 n.
*Óláfsdrápa* 82.
Óli girzki (Óláfr Tryggvson) 85, 86, 99.
Ólof árbót *see* Álof.
Ólof Ásbjarnardóttir 60.
Oprostaðir 61, 62, 63, 64, 136.
Orkadalr 8, 105, 116, 136.
*Orkneyinga saga* (Saga Orkneyinga iarla) 103.
Orkneyingar 103.
Orkneyjar 23, 32, 33, 36, 72, 74, 100–103, 131.
Ormr 136.
Ormr af Ljoxu (Lyxu) 41, 116.
Ormr lyrgja 105, 116.
Ormr skógarnef 136.

Ormrinn langi 134–137, 142, 143, 145–151, 153.
Ormrinn skammi 130, 134, 137, 143–146.
Óslóarfjǫrðr 12.
Ottó keisari 78, 79.
Ottó Sveinn (Sveinn tjúguskegg) 81.
Óttarr jarl 82.
Óþyrmir 136.
Pálnatóki 88, 89.
Péttlandsfjǫrðr 103.
Ragnarr loðbrók 21, 67.
Ragnarr rykkill Haraldsson 3, 4.
Ragnfrøðr Eiríksson 30, 73–76.
Ragnhildr Eiríksdóttir blóðøxar 30, 36.
Ragnhildr ríka Eiríksdóttir Jótakonungs 23.
Ragnhildr Erlingsdóttir 7.
Ragnhildr Sigurðardóttir hjartar 21.
Ranríki 4, 31, 154.
Rastarkálfr 43.
Rauðr rammi 128, 129, 130.
Raumaríki 4, 91, 154.
Raumdœlir 38, 113.
Raumsdalr 4, 54, 58, 72, 74, 91, 100, 154.
Reás 65.
Rekón 65.
Rekóni 65.
Rimull 105, 107.
*Róðadrápa* 11.
Róðrarfjǫrðr 15.
Rogaland 6, 27, 29, 34, 72, 74, 92, 113, 122, 154.
Róm 16.
Rómferð 10.
Rúnólfr goði Úlfsson 131.
Rýgjarbit 12.
Rǫgnvaldr jarl Úlfsson 6.
Rǫgnvaldr Mœrajarl Eysteinsson 100–102, 131,
Rǫgnvaldr ór Ærvík 93.
Rǫgnvaldr réttilbeini Haraldsson 3, 5, 122.
Rǫgnvaldsey 104.
Rǫnd 12.
Sálfti 128, 129.
Saltvík 136.
Sarpsborg 11.
Sauðungssund 10,
Saxar 80, 83.
Saxland 23, 25, 78, 81, 83.
Selundir 88.

Selund, Sjáland, Sjólǫnd 35, 37, 89.
Sendibítr 26.
Sighvatr Þórðarson 6.
Sigríðr stórráða 58, 119, 120, 139, 140.
Sigrøðr Haraldsson 3, 4, 6, 26, 29, 30.
Sigtryggr (Tryggvi) Haraldsson 3, 4.
Sigurðr bíldr 136.
Sigurðr Búason 96.
Sigurðr byskup 123, 129.
Sigurðr Eiríksson 64–66, 98.
Sigurðr Erlingsson 7, 21.
Sigurðr Fáfnisbani 21.
Sigurðr Finnsson 4.
Sigurðr háleygingr 124, 125, 126.
Sigurðr hjǫrtr 21.
Sigurðr Hlaðajarl Hákonarson 26, 27, 30, 34, 37, 40–42, 48, 50, 52–55, 71.
Sigurðr hrísi Haraldsson 3.
Sigurðr jarl Eysteinsson 101, 102, 131.
Sigurðr jarl Hlǫðversson 103, 104.
Sigurðr kápa Vésetason 89, 90, 93.
Sigurðr ormr í auga 67.
Sigurðr slefa Eiríksson (Gunnhildarson) 30, 59, 60, 111.
Sigurðr sýr Hálfdanarson 119, 120.
Sigvaldi jarl Strút-Haraldsson 89, 90, 92, 93, 95, 120, 121, 140–143, 146, 151.
Sjáland, Sjólǫnd *see* Selund.
Skáney, Skáni 33, 80, 81, 89, 90.
Skáneyjarsíða 35, 82.
Skánungar 142.
Skaun 63.
Skeggi af Yrjum, *see* Járn-Skeggi.
Skeggjahaugr 117.
Skerðingssteðja 105, 116.
Skjálgr Erlingsson 7, 11.
Skipakrókr 114.
Skotar 84, 101.
Skotland 23, 32, 33, 36, 84, 101.
Skrattasker 124.
Skúli Þorfinnsson 72, 146.
Skǫglar-Tósti 58.
Slé 81.
Snjófríðr finnska 3.
Snorri Sturluson 146, 151, 152.
Snæfríðarsynir 4.
Sogn 4, 34, 72, 74, 75, 88, 154.
Sognsær 11, 113.
Sóknarsund 17.

Sóleyjar 13.
Sóli 111.
Sótanes 41, 57.
Staðr 10, 12, 15, 26, 42, 43, 58, 59, 74, 75, 92, 93, 113, 137.
Stafr í Veradal 41.
Staurinn (Staurr) 138.
Steinkell Svíakonungr 4.
Stiklarstaðir 16.
Stjóradalr 53.
Storð 44, 46.
Strind 116.
Strút-Haraldr jarl 89.
Stuðla 136.
Styrbjǫrn Óláfsson 58.
Styrkárr Hreiðarsson 60, 93, 116, 142.
Suðreyjar 32, 84, 100, 101.
Suðrland 101.
Sunnhǫrðaland 27, 111.
Sunnmœrr 43, 54, 72, 74.
Sunnmœrir 113.
Sveinn Alfífuson 16, 17.
Sveinn jarl Hákonarson 8–11, 14, 93, 94, 109, 153, 154.
Sveinn tjúguskegg Haraldsson 8, 81, 88, 90, 120, 121, 135, 139, 140, 142, 143, 145, 146, 154.
Svertingr Rúnólfsson 131.
Svíaherr 145.
Svíakonungr 10, 142.
Svíar 145, 147.
Svíaveldi 22, 64, 109, 139.
Svínasund 4, 154.
Svíþjóð 10, 12, 14, 58, 119, 120, 138–140, 153.
Svǫlðr 141, 142.
Svǫlðrarbardagi 8,
Sygnir 113.
Syllingar 84, 85, 86.
Sæheimr á Vestfold 25.
Sæheimr á Norðr-Hǫrðalandi 27, 48.
Sæla 10
Sǫlvi á Norðmœri 25.
Sǫlvi klofi 23.
Thómasmessudagr 13.
Tindr Hallkelsson 94, 97.
Tíundaland 136.
Torf-Einarr jarl (Einarr) Rǫgnvaldsson 32, 33, 100, 102, 103.
Tósti, see Skǫglar-Tósti.
Tranan (Tráninn) 118, 128, 129, 130, 137, 143, 144, 146, 151.
Tryggvaflokkr 17.
Tryggvareyrr 57.
Tryggvi Óláfsson Haraldssonar 5, 30, 31, 36, 37, 41, 48, 52, 56, 57, 61–63, 83, 97–99, 109, 110, 112, 152.
Tryggvi Óláfsson Tryggvasonar 17.
Túnsberg 12, 13, 25, 29, 30, 57, 72.
Úlfasund 10.
Úlfkell snillingr 9.
Úlfr rauði 136, 145.
Upphaugr 93, 115.
Upplendingar 4, 5, 99.
Upplǫnd 3, 5, 21, 30, 31, 56–58, 62, 91, 93, 97, 109, 120.
Uppsalir 22, 58.
Útsteinn 27.
Útþrœndir 41.
Vágar 114, 128.
Vagn Ákason 90, 93–97.
Vakr elfski Raumason 136.
Valdamarr Garðakonungr 64–66, 76, 99, 139.
Valdres 21, 96 96.
Valkerar 83.
Valland (Wales) 23, 84.
Valldalr 15.
Varinn 123.
Varnes 41.
Veggirnir 57.
Veiga 154.
Vellekla 54, 72, 76, 78, 79, 98.
Vémundr vǫlubrjótr 60.
Veradalr 41.
Véseti 89.
Vestfold 3–5, 25, 31, 48, 72.
Vestra-Gautland 11.
Vestrlǫnd 99, 133.
Vestrvíking 36.
Vigfúss Víga-Glúmsson 95.
Vigg 105.
Vígi 88,129.
Vík (Víkin) 6, 11, 13, 16, 17, 25, 29–31, 34, 36, 37, 41, 48, 52, 57, 58, 62, 70, 72, 73, 90, 97, 109, 110, 119–122, 124, 133, 154.
Vikarr af Tíundalandi 136.

## 162 INDEX TO TEXT

Víkverjar 5, 6, 25, 31, 50, 56.
Vilborg Gizurardóttir 132.
Vína 59, 60.
Vinðasnekkja 152.
Vinðland 77, 78, 80, 81, 90, 121, 134, 135, 137, 138, 140, 141, 152.
Vinðr 35, 79, 80, 89, 97,150, 151.
Vingulmǫrk 4, 31, 72.
Vínland hit góða 136.
Vínubakki 59.
Vitgeirr 5.
Vizlar 63.
Vǫrs 60.
Yrjar 60, 93, 115, 117.
Þangbrandr Vilbaldason 132.
Þelamǫrk 4, 136.
Þjórsárdalr 132.
Þjótta 114, 125, 126, 128.
Þóra af Rimul 105, 107.
Þóra Finnsdóttir 4.
Þóra Hákonardóttir 48.
Þóra Morstrstǫng 27.
Þórálfr hinn sterki Skólmsson 45, 46.
Þórarinn Nefjúlfsson 131.
Þorbergr af Varnesi 41.
Þorbergr Árnason 7.
Þorbergr Skafhaugsson 133, 134.
Þorbjǫrn hornklofi 23, 101.
Þórðr Freysgoði 131.
Þórðr Hǫrða-Kárason 59, 111.
Þórðr Kolbeinsson 9, 91, 109, 138, 149, 154.
Þórðr ór Marðarlaug 136.
Þórðr Siáreksson 11, 46, 47.
Þorfinnr eisli 136.
Þorfinnr hausakljúfr Torf-Einarsson 33, 36, 72.
Þorgeirr 110, 133, 137.
Þorgils (Þorgísl) Haraldsson 3, 4, 23.
Þorgils Þórólfsson 62, 65.
Þorgrímr ór Hvini Þjóðólfsson 136.
Þórir Erlingsson 7.
Þórir hersir Hróhallsson 3.
Þórir hjǫrtr 93, 114, 128, 129.
Þórir jarl þegjandi Rǫgnvaldsson 4, 26, 100, 102.
Þórir klakka 99, 100, 104, 106.
Þórir skegg 41.
Þorkell dyrðill Eiríksson 98, 137, 143, 151.
Þorkell hávi Strút-Haraldsson 90.
Þorkell leira 90, 93, 95–97.
Þorkell nefja Loðinsson 98, 137, 144.
Þorleifr Rauðfeldarson 108.
Þorleifr spaki Hǫrða-Kárason 37, 56, 111.
Þórólfr 137.
Þórólfr lúsarskegg 62, 65.
Þórólfr skjálgr Ǫgmundarson 111.
Þórr 40, 117.
Þórsbjǫrg 26.
Þorsteinn hvíti Eiríksson 136.
Þorsteinn í Vizlum 63, 64.
Þorsteinn miðlangr 95.
Þorsteinn rauðr Óláfsson 101.
Þorsteinn uxafótr 136.
Þótn 4.
Þrándheimr 3, 4, 6, 14, 17, 26, 30, 31, 34, 37–39, 41, 48, 50, 52–55, 58–61, 66, 71, 72, 74, 83, 91, 97, 100, 104, 114, 116, 117, 125, 126, 131, 136, 137, 154.
Þrándheimsmynni 54.
Þrándr haka 41.
Þrándr rammi 136.
Þrándr skjálgi 136.
Þrœndalǫg 8, 26, 29, 34, 38, 41, 52, 74, 91, 115, 117, 137.
Þrœndir 6, 26, 30, 31, 37, 38, 41, 42, 50, 52, 54, 58, 98, 110, 116, 108.
Þyri Danamarkarbót 21.
Þyri Haraldsdóttir 89, 120, 121, 134.
Þyrni Klakk-Haraldsdóttir 21.
Ærvík 93.
Ǫgló 53.
Ǫgmundr Hǫrða-Kárason 111.
Ǫgmundr sandi 136.
Ǫgvaldr 123.
Ǫgvaldsnes 27, 42, 122, 124.
Ǫlmóðr gamli Hǫrða-Kárason 111.
Ǫlvishaugr 41.
Ǫmð 129.
Ǫnundr Óláfsson Svíakonungr 11.
Ǫrnes (Varnes) 116.
Ǫzurr Agason 121.
Ǫzurr toti 24, 25.